地情资料丛书第九辑

北辰志语

中共北辰区委党史研究室
北辰区地方志编修委员会办公室　编

方志出版社
Publishing House of Local Records

图书在版编目（CIP）数据

北辰志语 / 中共天津市北辰区委党史研究室，天津市北辰区地方志编修委员会办公室编，—北京：方志出版社，2016.10

ISBN 978-7-5144-2114-9

Ⅰ. ①北… Ⅱ. ①中… ②天… Ⅲ. ①北辰区—地方志—编辑工作—概况 Ⅳ. ① K292.13

中国版本图书馆 CIP 数据核字（2016）第 238684 号

北辰志语

编　　者：中共天津市北辰区委党史研究室
天津市北辰区地方志编修委员会办公室
责任编辑：冯　松

出 版 人：冀祥德
出 版 者：方志出版社
地址　北京市朝阳区潘家园东里 9 号（国家方志馆 4 号）
邮编　100021
网址　http：//www.fzph.org
发　　行：方志出版社发行中心
电话（010）67110500
经　　销：各地新华书店
印　　刷：天津午阳印刷有限公司

开　　本：889×1194　　1/16
印　　张：21
字　　数：350 千
版　　次：2016 年 11 月第 1 版　　2016 年 11 月第 1 次印刷
印　　数：0001～1000 册

ISBN　978-7-5144-2114-9　　定价：85.00 元

序

邱新立

说起天津北辰，同我还真有一些缘分。记得1999年12月8日，刚参加地方志工作一年多的我应邀至北辰，参加首轮新编《北辰区志》蓝本评审会。评稿会名家云集，当时年轻、还不怎么懂如何修志的我，以忐忑之心提了一些修改意见，大到篇目的调整，小到错别字的纠正，抱持的是姑妄言之之意，想来也有点初生之犊的味道。一年后再收到他们正式出版的《北辰区志》，一看之下令我非常感动，因为在蓝本评审会上提出的意见，都得到了北辰诸君的重视和修改。后来，我还以《展现新世纪志书的风采》为题，撰写了一篇书评。

2009年，北辰启动二轮修志。在其后五六年的编修中，他们一直坚持高标准高起步，探索出一条“上下同修、学用结合、志鉴网刊并举”的史志工作新路径。区志篇目经多位专家指导，数易其稿，最终不仅形成了一部200万字的志稿，还造就了一支20多人、老中青、专兼职、拥有不同知识结构和工作经验的编修队伍。2012年，北辰区被中国地方志指导小组确定为全国第二轮修志工作试点单位，北辰诸君更是以编纂精品佳志为职责，“不待扬鞭自奋蹄”，拼搏创新，勤奋耕耘。

2014年10月，北辰诸君又主动改变原定该年年底出版志书的计划，将志稿文化部类6篇和社会部类1篇提供给于当月29—30日在江苏扬州召开的中国地方志学会城市区志专业委员会2014年学术年会评议。在全国方志专家和各省市同仁面前，敢于拿出志稿让人品评，北辰区的勇气可嘉。后来，在全国地方志工作会议和全国精品志书工程及名镇志文化工程的一些会议上，我又多次见到北辰区方志人忙碌的身影，知道他们一直在以不同方式征求意见、修改志稿，争创精品佳志。

此次见到《北辰志语》，心中对北辰区同仁更添敬意。全国修志推出志评文集的不少，但像北辰区这样，收录蓝本评审意见和对部分志稿评议意见的则不多。在不同阶段存在这样那样的一些问题，是所有志稿编修过程中必然出现的缺陷与不足。北辰区把当时遇到的问题、如何分析解决这些问题的体会和方法收录其中，既反映了不怕亮丑的勇气，也体现了他们好学深思、不耻下问的求实精神。这样的前后之别，彼此对照，前车后鉴，其嘉惠志林之处，北辰诸君之用心可谓深矣！

此外，2016年8月24日，中指办下发通知，《北辰区志（1979—2009）》等3部志书入选“中国志书精品工程”，成为中国志书精品工程首批志书之一。这对于一个城市区来说实属难得，必是经过了多次艰辛的修改。《北辰志语》中把这样反复修改的成书过程以体会文章的方式记录下来，既有经验又有教训，既可供模仿又可资规避，使后来者少走些弯路。北辰区这些一路探索过来的真实体会，相信一定会给全国修志同仁提供一些难得的参考借鉴，发挥全国二轮修志试点单位应有的引领示范作用。

粗观《北辰志语》，觉得内容十分丰富。既有全国知名专家的点评，高屋建瓴，尽显真知灼见；又有基层编修人员的真实体会，平实真切，又可见微知著；还有一些修志的论文、讲稿，针对性、操作性强，颇具实用性。同时，通过这本《北辰志语》，还能看见北辰区在读志用志等方面工作富有创造性的开展，地情丛书的整理挖掘，分志丛书的系统补充，史志刊物的宣传普及，年鉴服务水平的不断提升……各项工作可谓有声有色，精彩纷呈。从中亦可以看出，北辰区能够获得第三届全国地方志系统先进集体荣誉称号，可谓实至名归！

能够把一部精品志书从组织到编写，从评审到雕琢的全过程，原原本本地展现出来，奉献给广大修志同仁，编者用意良苦，精神可嘉！希望这本《北辰志语》，一如编者的初衷，能对全国修志工作起到一定的启发借鉴作用。

2016年9月1日

（作者系中国地方志指导小组办公室副主任）

序

苏长伟

编修地方志是中华民族优秀文化传统，至今已有两千年的悠久历史。在修志实践中，随之而来的相关探索研究应运而生，志书评介、观点考证、撰写感言、理论探讨成为必然。天津市北辰区地志办在着力编修《北辰区志（1979—2009年）》的同时，注重兼顾方志理论方面的研究，倾力推出了《北辰志语》。这部书收录了地方志专家、编修人员的志书点评、志稿审读以及编修体会等共计50余篇文章，是我市方志界汇集志书编修经验的一朵奇葩。

盛世修志，志载盛世。天津市委、市政府始终重视地方志工作，适时作出一系列安排部署。各区县、各部门认真贯彻落实，把地方志作为一项重要文化基础工作来抓，完善党委领导、政府主持、地方志工作机构组织实施、社会各界广泛参与的工作机制，全市地方志工作取得明显成效。北辰区立足本区实际，辛勤耕耘，积极探索，在志书的编修理念、工作方法、创新机制、产品成果等方面都走在了全市乃至全国的前列，其“抓住一个中心，开发两条副线，打造三个平台”的工作格局已被许多区县所借鉴；其“上下同修、学用结合、志鉴网刊并举”的史志工作路径也被许多区县所效仿。2015年6月，中国社会科学院院长、中国地方志指导小组组长王伟光一行到天津调研地方志工作，充分肯定了天津地方志工作取得的成就。我觉得，这些成就饱含各区县、各部门地方志工作者的艰辛努力，其中北辰区方志工作队伍的努力功不可没。从事地方志工作，就是要想干事、能干事、干成事，在党和政府的领导下干事创业，为传承好传统、弘扬正能量而殚精竭虑。

行是知之始，知是行之成。《北辰区志（1979—2009年）》的编修，与其他区县志书编修一样，经历了资料收集、整理、筛选、修改、撰写、审核等等，并循环往复，不断修订考证补充完善。一部二百万字的志书，编纂过程中的文字量是实际出版成书的几倍，需要付出难以量化的心血。同时，从2009年编修工作启动开始，北辰区地方志编修团队就一步一个脚印，不断朝着精品佳志的目标奋力前行。在2013年完成蓝本评审后，他们又积极申报中国志书精品工程，并最终通过中国志书精品工程学术委员会评选。实践出真知，在这一过程中，北辰区地志办的同志们积累了丰富的工作经验和真切的感悟体会。作为中国地方志指导小组办公室确定的全国二轮志书编修试点单位之一，他们及时将此汇编成书，设有回顾篇、志评篇、蓝本篇、感悟篇和讲稿篇五部分，内容丰富，图文并茂。既有针对性强的讲稿，又有切实可行的经验；既有对蓝本鞭辟入里的修改意见，又有对志书直抒胸臆的评论文章，极具实用性和借鉴性。这部书不仅为北辰区二轮修志留下了一份珍贵的历史纪录，也为全市志书编修工作起到了示范引领的作用。经过多年的努力，我市各县区的地方志工作水平有了显著提升，各区县竞相发展，各有特色，呈现空前活跃的局面，其中北辰区地志办是全国地方志系统的先进集体，充分发挥了典型引路作用。

行远自迩，登高自卑。希望北辰区地志办以这部书的出版为新的契机，在志鉴编修、方志理论研究、读志用志等方面再接再厉，严谨求实，开拓创新，力争出版更多精品佳作，推进地方志工作迈上新的台阶。

是为序。

2016年1月

（作者时系天津市地方志办公室主任）

目　录

Contents

回顾篇

志评篇

蓝本篇

感悟篇

讲稿篇

回顾篇

努力探索北辰史志工作新路径

霍贵兴

北辰历来有重视编史修志的传统，其先民皆为元、明、清三代由中原各地移民而来，故民间一直有深厚的根祖文化情结。改革开放后群众生活逐步富裕，人们寻根问祖的热忱日益高涨，全区人民因此也更加珍视对历史资料的挖掘和整理，为我区史志编修提供了丰厚的土壤和难得的人文环境。2009年3月，我们按照天津市二轮修志的总体部署，召开了全区续志动员大会，同年9月修志工作全面铺开。几年来，在中国地方志指导小组办公室和天津市地志办的精心指导下，在区委、区政府的正确领导和全区史志工作者的共同努力下，我们以更加饱满的热情、求真存实的作风努力做好地方志编纂和开发利用工作。打造了一支20人的老中青相结合、在职与外聘相结合、各专业特长相结合的编修工作队伍，并逐渐锤炼成为严谨求实善于钻研、踏实肯干善于攻关、团结协作善于配合、拼搏进取善于创新的地方史志团队。全区史志工作逐步形成了“抓住一个中心，开发两条副线，打造三个平台”的工作格局，探索出一条“上下同修、学用结合、志鉴网刊并举”的史志工作新路径。

一、紧紧抓住一个中心

在续志伊始，我们即秉承力争出精品佳志的宗旨，树立了修志为用的理念，不断研究和把握地情特色和时代特征，逐步深化对志书内容的理解认识，在创新篇目、深挖资料、客观记述、贴近民生、凝练文字等方面严格把关，狠抓质量。为此，我们主要在三个方面力求做足功课。

（一）注重在篇目设计上下工夫

篇目是志书的蓝图，也是志书的灵魂。篇目的好坏，决定着志书的质量。因此，我们不断思考、修改、完善续志篇目，先后购买或交流了高安、淄川、德江、青田、义乌等一批志书，学习借鉴了江西、吉林、河北、山东等多地市县的修志经验，努力挖掘编写“人无我有、人有我精、人少我多、人迟我早”的特色篇章。我们先后对篇目作了9次较大修改，突出了体制改革、宏观经济、政区地理、环境保护、居民生活、社会民情、补遗专记等内容，使续志篇目最大限度地贴近地情和时代，力求分类科学而合理。在这里我们尤其感谢张英聘博士先后4次对北辰篇目给予了精心细致的修改指导，为我区续志篇目的最终形成付出了巨大努力。

（二）注重在深挖资料上下工夫

在收集资料方面，由于我们鼓励、倡导全区上下同修，有效调动了各基层单位的修志热情，保证了各单位上报资料的相对全面完整。同时通过查档、采访、调查等多渠道搜集方式，力求入志资料更真实更权威，更加贴近民生和社会生活。对改革开放30多年人民生活的巨大变化，我们注重从衣食住行用等全方位客观反映，采用大量照片和图表，突显反差，利用视觉的直接冲击，增强志书的可读性和可信度。为了获取反映人民生活和民风民情方面的真实数据，我们开展了较大规模的专项社会调查，总共设计了7套调查问卷、81个选项内容，选取13个镇街的19个村和11个社区共1300多户家庭作为问卷调查点，对农民实际从业、居民婚嫁支出、城镇居民住房、中老年居民生活、农村丧葬费用以及家庭教育支出等官方未纳入数据统计的有关选项和内容，进行多角度多侧面的问卷调查，从而获得了大量第一手数据。对首部志书存在的较大遗漏方面，我们采用专记形式加以补记，多次组织相关内容的座谈研讨，并查阅整理了大量的历史档案，对前志给予了必要而充分的补遗，从而增强了志稿的历史厚重感。

（三）注重在内容记述上下工夫

在编纂过程中，我们严格把握入志标准，着重记述“大事、要情、折点、特色”，力求简洁，重点突出。紧紧把握全书一把尺子、一个调子，使每一位编辑的笔下，从始至终贯彻着主编的总体思路和观点。在志稿修改打磨阶段，我们采取多轮次、多人次、多角度、全方位以及面对面与背对背相结合的模式修改提炼志稿，前后共进行6轮次全面修改；随后又根据志办人员的专长特点，分成3个小组，分别负责行文规范、补充缺漏和图片设计，力求志稿完整生动、科学规范。

在突破重点、难点方面，我们着力处理好以下三个问题：

首先，精心处理好复载问题。主要采取节点归纳法、新视角改记法和择要复载等多种方式，做到既体现30多年改革开放全貌，又不简单重复。对前志记载详细的，编写时重点记述兴衰起伏的转折变化，拉大节点简记；前志记载概略的，有意加密节点详记。对政治、经济、社会部类变化大的内容，不仅用新视角改记，更从不同侧面、不同角度，运用不同资料详记特色与变化。

其次，重视述体的运用。反复斟酌推敲总述、编（章）下无题序、人物传记和补遗专记的记述内容。志稿的总述力求秉笔直书、客观公正，在主要记述成绩的同时，对五大文明建设过程中出现和存在的问题不避讳、不遮丑。在全书各编和各章下，均做了编下无题序和章下无题序，使全书各编章皆有点睛之笔。三篇专记则更加注重辩证史观的运用，增强了志稿的可读性和著述性。

第三，讲究修改方法。针对志稿存在的统计表过多、公文痕迹较浓、专业术语频现、语式句群冗长等突出问题，我们归纳出8种方法，全面提升总纂修改水平，即删表、撤目、减庸、去痕、调优、归重、补缺、求衡。前4种方法侧重于志稿瘦身，后4种方法侧重于全书结构风格的整体把握。在为志稿瘦身的同时，对重点和特色事物的记述，我们又不惜浓墨重笔；在删表的同时，又提倡多角度绘制各类示意图，以期突出史料及事物的对比效果。

总之，几年来，我们始终坚持“篇目突出地域特色、资料突出重点亮点、主线突出时代特征、记述突出要点折点、语言突出朴实简洁”的目标要求，兢兢业业，精益求精，努力把差距缩小在过程中。

二、开发两条副线

我们认为，如何实现历史资料的编研整理与应用，更好地为各级领导决策提供依据、为改革开放和经济社会发展大局提供更有参考价值的地情资料，是史志部门应该主动思考、有所作为的课题。为此，我们在立足完成续志这个中心任务的前提下，主动进位，不断探索，努力开发两条副线（两套丛书）。

（一）编纂北辰区地方志分志丛书

借二轮修志的契机，我们加强与基层单位的沟通交流，采取上下同修的方法，鼓励支持有条件的基层单位编修志书，所编志书均纳入北辰区地方志分志丛书。几年来，相继编纂了《北辰教育志》《北辰人口与计划生育志》《天穆镇志》《北辰水利志》《北辰民革志》《双街镇志》《小淀镇志》等一批分志。编纂完成了全国名镇志《天穆镇志》及天津市志《天津水务志（北辰卷）》。其中，《天穆镇志》入选首批中国名镇志文化工程《中国名镇志丛书》。

实践证明，采取上下同修、编纂分志丛书的做法，不仅是一条好的修志经验，更是一种服务基层、积聚成果、扩大史志工作影响力的工作方法。

（二）发掘整理北辰区地情资料丛书

以辖区内重要史实为线索，深入挖掘历史资源和地情信息，编写北辰区地情资料丛书，是我们努力开发的另一条副线。在修志过程中，经常会遇到对历史事件、历史人物的资料核实问题。由于缺乏第一手档案资料，得不到可信的数据依托，因此便油生出一个发掘北辰历史档案的想法。经过两年多的努力，我们与天津市档案局（馆）合作完成了《档案中的北辰》一书，作为北辰区地情资料丛书第一辑；2013年上半年，又出版了北辰区地情资料丛书第二辑《北辰纪事》，并于当年5月14日举行全区首发式；2014年，丛书第三辑《北辰星迹》、第四辑《媒体看北辰》也相继出版。

2015年初，我们深入挖掘地情信息文化历史资源，收集整理编纂出版地情资料丛书之五《北辰民间传说故事集》，全书共36万字，选用近200个传说故事。是年底，出版地情资料丛书之六《闪光的足迹——北辰历史故事集》，全书36万字，收录98篇故事。两部书为姊妹篇，是北辰区地情资料丛书的重要组成部分，历时6年，收集范围涉及100余个村，参加整理的人员达到120余人，对传承北辰优秀历史文化，增强文化软实力，促进文化大发展、大繁荣，起到了积极的作用。2016年4月，地情资料丛书之七《北仓皇会》出版。是年8月，地情资料丛书之八《北辰大事纪略》出版。

实践证明，开发两条副线，也就是长期编辑这两套丛书，为史志工作在二轮修志结束后确立了新的工作目标和任务，从而保证史志队伍不散，史志部门功能不削弱。

三、打造三个平台

在修志过程中，我们越来越深刻地认识到，史志工作在服务经济社会发展大局、传承民族优良传统、促进文化发展繁荣等方面，拥有自己独特的优势和潜力。只要我们努力创新，不断探索，一定会大有所为。因此我们在修志的同时，不断拓展读志用志新模式，努力打造三个平台。

（一）强化年鉴和简志服务平台的功能

说到在全区有一定知名度而且越来越被全区各单位认可的案头资料工具书，非《北辰年鉴》莫属。自2003年起至今，北辰区已连续出版《北辰年鉴》14卷。

这对北辰历史资料的保存和使用起到了不可替代的作用，其资政作用越来越明显，对二轮修志贡献也很大。近年来，我们更加注重年鉴的编写质量和服务功能，精心选题，突出特色，大胆改版，推陈出新，不断增强年鉴的资政性、工具性和可读性。着重打造“专记”“特载”“统计资料”及“附录”中服务指南等兼具资料与实用的服务性栏目，力求贴近基层、贴近生活、贴近百姓。

简志系列开拓服务经济社会发展的新渠道。为镇街、委办局等基层单位量身制作图文版简志，打开了直接服务经济发展和对外交流的一个新窗口。2015年，相继出版《双街镇简志》《小淀镇简志》，全彩印刷，精装设计，既符合志体，又做到特色突出，得到了有关单位的高度肯定，全面提升了史志服务经济社会发展的水平。

（二）发挥内部刊物《北辰史志》教育平台的作用

为了更好地发挥史志资治、教化作用，我们于2013年8月创办了双月刊《北辰史志》，至今已出版19期。《北辰史志》秉承“以史鉴今，资治育人”的宗旨，以知识性、可读性、博览性为着力点，打造了一个了解北辰历史的平台，开辟了一块博览史志的园地，打开了一个对外宣传北辰历史文化的窗口，为服务全区工作大局和加强社会教化找到一个新的契合点。

（三）提升读史读志资治育人网上平台的功效

第一轮修志后，大部头的志书往往被束之高阁，在工作实际中很少得到充分利用。而实际现状是，党员干部和广大青少年对本区历史缺乏了解，新任领导干部、新录入的公务员来自客籍的越来越多，急需知晓当地历史，而又无暇翻阅厚重的历史书籍，为此，我们借纪念我区行政建制60周年之机，开启了读史、读志、资治、育人网上平台。甄选一些可读性强、关注度高、资治作用明显的重要史料，利用全区政务网推出“北辰纪事——史志之页”资政卡片。同时在《天津日报·北辰之声》上设专栏连载，并刊发多篇学习体会及评论文章。这是我区有史以来规模最大、受众人口最广泛的读史读志活动，我们将继续利用好这个平台，把历史文化知识普及活动持续开展下去。

2014年年底，我们开通“史志北辰”微信公众平台，2015年正式运作。截至2016年8月，发表文章132篇，共计25万字，平均每篇阅读人数约400人，单篇最高阅读人数达3万人。

至2016年8月，区委党研室、区地志办编修完成《北辰区志（1979—2009）》，相继编纂出版年鉴8部、地方志分志丛书7部、地情资料丛书8部，创新编纂图文版简志丛书2部，编纂《奋斗的历程》3部，编著《北辰区历次党代会资料汇编》《中共北辰区历史》《北辰区改革开放三十年大事记》等党史专著，累计出版史志书籍34部，出版文字2300万字。其中，《北辰区志（1979—2009）》入选“中国志书精品工程”，《天穆镇志》入选首批“中国名镇志文化工程”，《北辰年鉴》两次获奖。2012年4月，北辰区地志办被确定为全国第二轮修志试点单位；2013年，被评为天津市地方志系统先进集体。2015年12月29日，在全国地方志系统先进模范座谈会上，北辰区地志办被国家人力资源和社会保障部、中国地方志指导小组授予“全国地方志系统先进集体”荣誉称号。

《北辰区志（1979—2009）》编修人员合影

多年来，北辰史志工作在彰显历史文化成果、搭建对外宣传平台、传播优秀文化正能量方面，进行了一些有益地探索，我们将认真总结，逐步深化，以期不断取得新的成果。

（作者系北辰区委党史研究室、区地志办主任）

回顾之一——区志编纂

【召开北辰区地方志第二轮编修工作动员大会】

2009年3月5日，北辰区在区政府301会议室召开地方志第二轮编修工作动员大会。区委副书记、区长马明基，区委副书记、组织部部长高学忠，天津市地方志办公室主任何志英，区人大常委会副主任王俊明，副区长陈文慧，区政协副主席张普通等出席大会。区地方志编委会全体成员，区委各部室、区政府各委办局、各镇街、区直单位、各人民团体主要负责人及编纂人员共计150余人参加大会。下图为大会会场

区委副书记、区长马明基做动员讲话

天津市地方志办公室主任何志英提出指导意见

区委副书记、组织部部长高学忠主持会议

副区长陈文慧宣读北辰区地方志第二轮编修委员会成员名单和续修《北辰区志》实施方案

【举办续志工作专题培训班】

2009年3月11日，继全区动员大会后，北辰区地志办及时在区委党校举办续志工作专题培训班，全区各镇街、部委办局（公司）及有关单位主笔撰稿人共100余人参加培训。下图为培训班会场

区委党史研究室、区地志办主任董学清做开班动员

天津市地志办区县志指导处处长于棣做业务辅导

区地志办原主任杨光祥做业务辅导

区委党史研究室、区地志办副主任霍贵兴主持开班仪式

【召开镇街、区级机关座谈会】

2009年6月3日和30日，区地志办在区政府外院会议室分别召开续志工作镇街座谈会和区级机关部门座谈会。与会各单位围绕如何配备编修队伍、完善办公条件、细化篇目设计、搜集整理资料等内容进行汇报交流。区人事局、信访办、文明办、团区委等单位介绍经验做法，为其他单位提供了借鉴。区地志办就全区续志工作总体情况做了简要归纳，提出续志工作要完成好六个阶段任务，并对各单位细化完善篇目做专题业务培训。

左图为6月3日镇街座谈会会场

右图为6月30日区级机关座谈会会场

【召开委办局交流推动会】

2009年9月23—27日，区地志办分组召开续志工作委办局交流推动会。来自全区54个委办局的办公室主任和续志主笔人、区地志办全体编修人员参加了会议。各委办局就续志工作人员落实、篇目设计、资料收集及最新进展情况等进行汇报交流。下四图分别为社会事业、经贸、城建、政法组的汇报交流会场

【举办续志专题培训】

2009年11月20日，区地志在区委党校办召开续志专题培训，对来自全区78个单位的办公室主任和续志主笔人就志稿的撰写方法、上报志稿的有关要求以及志书行文的一些规定进行专题培训。下图为培训会场

前排为区地志办聘请的编修人员

【召开初稿修改专题培训会】

2010年5月10日，区地志办在区委老干部局一楼多功能厅召开续志初稿修改与资料补充专题培训会，全区各部门、各单位具体负责续志工作的编撰人员参加。下图为培训会场

培训会上，区委党史研究室、区地志办副主任霍贵兴做专题辅导

2010年7月5日，区地志办全体编修人员就上报志稿存在问题进行研讨

【召开塌河淀专记座谈会】

为做好前志补遗，增强志书的历史厚重感，2010年5月19日和6月22日，区地志办分别在宜兴埠镇和西堤头镇组织召开塌河淀专记座谈会。涉及淀边文化的宜兴埠、西堤头、大张庄、小淀4镇分管领导、编修人员和天津市有关专家，就塌河淀的形成、历史文化变迁、风俗传说等进行交流研讨。下两图为6月22日西堤头座谈会会场

【召开非区属单位供稿会】

为全面展现《北辰区志（1979—2009）》志稿的地域性和全面性，使其内容更加丰富系统，2010年6月8日，区地志办在区委老干部局召开北辰区辖内非区属单位《北辰区志（1979—2009）》续修工作供稿会议，辖区内各银行、保险证券、路政、邮政、电信、供电及给排水等20余家非区属单位分管领导或办公室主任参会。区地志办要求与会单位按时完成《北辰区志（1979—2009）》的供稿任务，并对上报内容提出史实客观真实、数字准确无误、记述全面具体、多使用图表等要求。下图为非区属单位供稿会会场

【召开深入挖掘资料镇街座谈会】

2010年7月28日和2011年1月5日，区地志办分别在区委老干部局召开深入挖掘资料镇街座谈会，来自全区13个镇街的编修人员参加会议。各镇街分别就续志工作进展情况、工作中遇到的困难和问题，人物、人民生活、民情风俗等贴近民生方面资料及亮点工作的挖掘与整理进行汇报交流。针对较为普遍存在的行文不太规范，数据说服力不强，图表使用、老照片、新资料较少等问题，区地志办给予具体指导，并提出深入挖掘资料“进馆、下村、问卷”六字要求。

右图为2010年7月28日会场

左图为2011年1月5日会场

【中国地方志指导小组办公室张英聘到北辰指导篇目设计】

2011年1月26日，中国地方志指导小组办公室联络处处长张英聘一行专程到北辰区指导续志工作。副区长陈文慧致辞，天津市地志办区县志指导处处长于棣、年鉴指导处处长邹积浩，区委党史研究室、区地志办主任董学清和副主任霍贵兴及部分编修人员参加。

陈文慧致辞

张英聘具体指导篇目设计

从左至右依次为邹积浩、于棣、董学清

【举办分纂培训会】

为提高区志分纂水平，2011年5月19日，区地志办召开续志分纂培训会。邀请市方志专家赵继华就志稿分纂应注意的问题和述体的特征、作用以及与资料使用的关系等对区地志办全体编修人员进行专题辅导。下图为培训会场

天津市方志专家赵继华

赵继华和与会人员合影

【召开研讨培训会】

2011年9月21日，区地志办在万源龙顺度假庄园会议中心召开区地方志工作研讨培训会。13个镇街分管领导及志稿主撰人员和区地志办工作人员参加了会议。会上，区地志办就镇街上报志稿存在的问题、需要补充完善的内容等做进一步辅导；就居民生活篇目设计及进一步挖掘资料进行研讨；就下一步续志工作提出要求。

研讨培训会会场

与会人员合影

【开展人民生活和民风民情专项问卷调查】

为提高《北辰区志（1979—2009）》编修水平，突出贴近基层、贴近群众、贴近民生的志书特点，客观反映改革开放30多年来人民生活发生巨变的脉络和轨迹，真实记述域内民风民情的发展演变过程，区地志办全面启动有关人民生活和民风民情专项问卷调查工作。2011年10月25日，区地志办在区委党校召开专题问卷调查培训会。会议对如何填写问卷调查表进行了专题辅导。此次问卷共设计了7套问卷、81个选题，各镇街精心挑选1—2个村或社区为抽样调查点，每个调查点采取百户问卷和重点人群座谈两种方式，获取居民生活及民风民俗方面最鲜活、最有收录价值、最具北辰特点的民间第一手数据资料，增强了志书存史价值和资治功能。下图为问卷调查培训会会场

镇街工作人员开展问卷调查

【张英聘第二次到北辰指导续志工作】

2012年2月28日，中国地方志指导小组办公室联络处处长张英聘、天津市地志办主任苏长伟、市地志办区县志指导处处长邹积浩专程到北辰区指导续志工作，张英聘对《北辰区志（1979—2009）》的篇目设计再次提出具体修改意见。下图为会议现场

张英聘（左二）与天津市地志办主任苏长伟（左一），北辰区副区长陈文慧（右二），北辰区委党史研究室、区地志办主任霍贵兴（右一）合影

与会人员合影

【北辰成为全国第二轮修志试点单位】

2012年4月12日，北辰区地志办被中国地方志指导小组办公室确定为全国第二轮修志试点单位，为当年全国新确立的7家试点单位之一。4月24—26日，2012年全国第二轮修志试点工作经验交流会在海南省海口市召开。中国地方志指导小组办公室党组书记田嘉、中国地方志指导小组秘书长兼办公室主任李富强等出席会议并讲话。全国23家试点单位（2008年确定16家，2012年确定7家）和所在省市地方志办公室代表参加会议。北辰区委党史研究室、区地志办主任霍贵兴随市地志办市志指导处副处长张月光一行前往参会。

霍贵兴在全国第二轮修志试点工作经验交流会上领取标牌

霍贵兴在全国第二轮修志试点工作经验交流会上发言

【召开总纂培训会】

2013年2月28日，区地志办召开志稿总纂修改提高培训会，市方志专家赵继华、市地志办区县志指导处有关负责同志及区地志办全体编修人员参加培训。培训围绕总纂中志稿存在的共性问题，采取理论与实际结合、授课与点评结合的方式，从总纂目标、原则、要求以及志稿中存在的主要问题、修改重点、修改方法等方面进行培训，为提升整部志书的编写质量打下良好基础。

天津市方志专家赵继华做方志理论辅导

区委党史研究室、区地志办主任霍贵兴以点评志稿的方式做专题辅导

培训会会场

【区地志办负责人参加城市区志专业委员会学术年会活动】

2013年11月6日，中国地方志学会城市区志专业委员会第三次会员代表大会暨2013年学术年会在浙江杭州举行，中国地方志指导小组秘书长兼办公室主任、中国地方志学会副会长李富强出席会议并讲话。来自全国24个省、自治区、直辖市和55个城市区的122名代表参加会议，北辰区委党史研究室、区地志办主任霍贵兴参加会议，并当选为第三届理事会副会长。

年会会场（主席台右一为霍贵兴）

【召开蓝本评审会】

2013年11月28—29日，天津市《北辰区志（1979—2009）》蓝本评审暨修志业务培训会在万源龙顺度假庄园召开。中国地方志指导小组秘书长兼办公室主任李富强，方志出版社常务副社长陈海力，中国地方志指导小组办公室联络处处长张英聘，天津社科院历史所研究员、市文史馆馆员、史志专家罗澍伟，天津市地方志办公室主任苏长伟，北辰区副区长陈文慧等出席会议。市有关方志专家及各区县地志办主任和主笔共计70余人参加会议。

蓝本评审会会场

从左至右依次为邹积浩、陈海力、苏长伟、李富强、陈文慧、张英聘、霍贵兴等领导

与会人员合影

中国地方志指导小组秘书长兼办公室主任李富强对蓝本做重要点评

天津市地方志办公室主任苏长伟对蓝本做评审结论

北辰区人民政府副区长陈文慧致辞

方志出版社常务副社长陈海力对蓝本进行点评

中国地方志指导小组办公室联络处处长张英聘对蓝本进行点评

北辰区委党史研究室、区地志办主任霍贵兴汇报蓝本编纂情况

【全国城市区志学术年会评议北辰志稿】

2014年10月29—30日，中国地方志学会城市区志专业委员会2014年学术年会在江苏扬州召开。年会主题之一是专题评议《北辰区志（1979—2009）》文化部类6篇志稿和社会部类1篇志稿。来自全国22个省市地区志办主任和专家对《北辰区志（1979—2009）》上述志稿给予高度评价，同时也提出了中肯的意见和建议。

中国地方志学会城市区志专业委员会会长邱新立（左三）在开幕式上讲话，副会长霍贵兴（右一）主持开幕式

学术年会会场

上海市地方志办公室副主编颜小忠评议北辰志稿

山西省地方志办公室原副巡视员任根珠评议北辰志稿

安徽省地方志办公室原处长、江淮时报社原总编辑欧阳发评议北辰志稿

秦皇岛市地方志办公室原主任齐家璐评议北辰志稿

北辰区委党史研究室、区地志办主任霍贵兴介绍《北辰区志（1979—2009）》文化部类志稿编纂情况

【北辰区地志办获得全国地方志系统先进集体】

2015年12月29日，全国地方志系统先进模范座谈会在北京人民大会堂召开。中共中央政治局委员、国务院副总理刘延东接见与会代表并发表重要讲话。会上，北辰区地志办等32个单位被人力资源和社会保障部、中国地方志指导小组授予“全国地方志系统先进集体”荣誉称号。

在全国地方志系统先进模范座谈会上，北辰区委党史研究室、区地志办主任霍贵兴（前排右二）上台领取奖牌

刘延东副总理（第一排中）与参会人员合影

【《北辰区志（1979—2009）》通过“中国志书精品工程”复审】

在完成蓝本修改后，北辰区积极申报“中国志书精品工程”。《北辰区志（1979—2009）》经逐级上报、评审和中国志书精品工程学术委员会专家审读、初审后，2016年4月7—8日，在山东烟台召开的中国志书精品工程专家审定会上，《北辰区志（1979—2009）》通过复审。下图为复审会会场

中国地方志指导小组副秘书长兼办公室副主任冀祥德在中国志书精品工程专家审定会上讲话并对《北辰区志（1979—2009）》进行点评

中国地方志指导小组办公室副主任邱新立在中国志书精品工程专家审定会上，对《北辰区志（1979—2009）》进行点评

在中国志书精品工程专家审定会上，专家梅森对《北辰区志（1979—2009）》进行点评

在中国志书精品工程专家审定会上，专家王铁鹏对《北辰区志（1979—2009）》进行点评

在中国志书精品工程专家审定会上，专家王晖对《北辰区志（1979—2009）》进行点评

在中国志书精品工程专家审定会上，中国地方志指导小组办公室方志处处长陈旭对《北辰区志（1979—2009）》进行点评

北辰区委党史研究室、区地志办主任霍贵兴在中国志书精品工程专家审定会上发言

方志出版社综合年鉴编辑部主任、《北辰区志（1979—2009）》责任编辑冯松参加中国志书精品工程专家审定会

【北辰区在天津市地方志工作会上做典型发言】

2016年6月8日，天津市地方志工作会议在天津大礼堂召开。市政府秘书长、天津市地方志编修委员会副主任于秋军，中国地方志指导小组副秘书长兼办公室副主任冀祥德出席会议并讲话。市地方志办公室主任关树锋做工作报告。市地方志编修委员会委员，各区县分管地方志工作的区县长、修志机构负责人，各委办局负责修志工作的分管领导、修志工作负责人共计160余人参加会议。

北辰区主管地方志工作的政协副主席陈文慧代表北辰区做典型发言

【《北辰区志(1979—2009)》入选“中国志书精品工程”】

2016年8月24日，中国地方志指导小组办公室下发《关于公布入选“中国志书精品工程”志书的通知》,《北辰区志(1979—2009)》经逐级上报、评审和中国志书精品工程学术委员会评选、专家匿名投票、公示后，首批入选“中国志书精品工程”志书名单(共3部)。9月14日，北辰区委副书记、区长吕毅在该文件上作出批示：“向区志办的同志表示祝贺！望再接再厉，为北辰区奉献更多更新的优秀的精品志书佳作!”

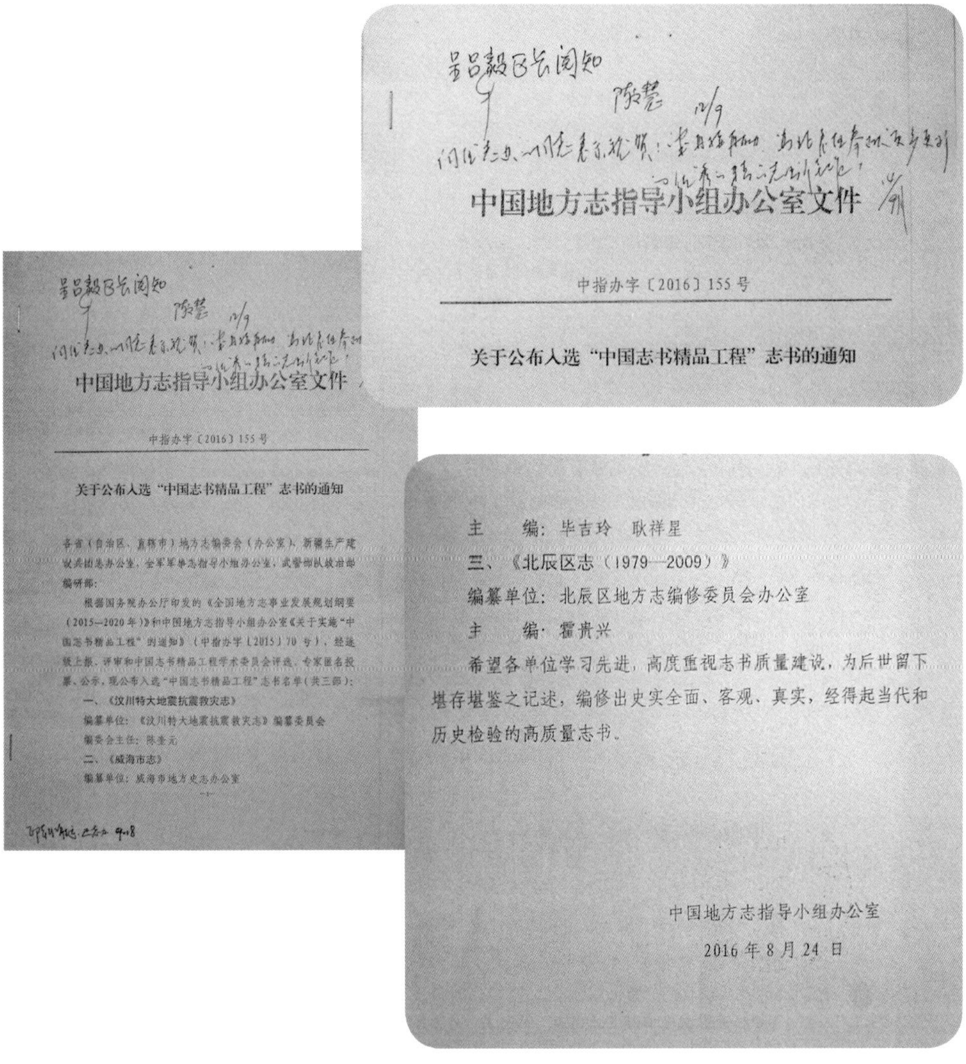

中国地方志指导小组办公室文件

中指办字〔2016〕155号

关于公布入选“中国志书精品工程”志书的通知

各省(自治区、直辖市)地方志编委会(办公室)、新疆生产建设兵团志办公室、全军军事志指导小组办公室、武警部队政治部编研部:

根据国务院办公厅印发的《全国地方志事业发展规划纲要(2015—2020年)》和中国地方志指导小组办公室《关于实施“中国志书精品工程”的通知》(中指办字〔2015〕70号)，经逐级上报、评审和中国志书精品工程学术委员会评选、专家匿名投票、公示，现公布入选“中国志书精品工程”志书名单(共三部):

一、《汶川特大地震抗震救灾志》

编纂单位:《汶川特大地震抗震救灾志》编纂委员会

编委会主任：陈奎元

二、《威海市志》

编纂单位：威海市地方史志办公室

—1—

中国地方志指导小组办公室文件

中指办字〔2016〕155号

关于公布入选“中国志书精品工程”志书的通知

主　编：毕吉玲　耿祥星

三、《北辰区志(1979—2009)》

编纂单位：北辰区地方志编修委员会办公室

主　编：霍贵兴

希望各单位学习先进，高度重视志书质量建设，为后世留下堪存堪鉴之记述，编修出史实全面、客观、真实，经得起当代和历史检验的高质量志书。

中国地方志指导小组办公室

2016年8月24日

○回顾之二——上下同修

【召开镇街志研讨会】

2009年12月3日，区地志办在区委老干部局召开镇街修志工作研讨会。来自全区13个镇街的办公室主任和续志主笔人参加会议。与会人员就镇街续志工作进展、工作中遇到的困难和问题以及镇街志的编修进行交流研讨。下图为研讨会会场

【北辰区地方志分志丛书之一、之二出版】

2011年底，《北辰教育志》出版。此部志书为北辰区首部教育志书，也是二轮修志中北辰区地方志分志丛书的第一本分志。全书共设22章77节110万字，照片400余幅，彩页分3个板块，卷首卷末分置，随文引用大量图片资料，图文并茂。它的出版为今后北辰区教育事业发展的规划、决策提供了科学依据和历史借鉴；为后人传播办学经验，研究北辰域内教育发展史积累、保存了较为系统翔实的资料；为开展社会主义、爱国主义、革命传统和国情、乡情教育提供了生动材料。

2012年7月，北辰区地方志分志丛书之二——《北辰人口和计划生育志》出版，为北辰区首部人口和计划生育志书。该书采用16开本圆脊装帧，卷首图片全部彩印。全书共设15章53节80万字，220余幅图片，客观记录了北辰区人口变化状况及改革开放以来北辰计划生育工作情况，反映了不同年代人口与计划生育基本国策在北辰的贯彻实施情况。

【北辰区地方志分志丛书之三、之四出版】

2013年12月，北辰区地方志分志丛书之三——《天穆镇志》由线装书局出版发行，为北辰区启动二轮修志工作以来，出版发行的第一部镇志。全书101万字，分28章153节，选配图片450幅。是继1999年版《天穆镇志》后重修的一部镇志，内容系统翔实，时代特点、地方特征、民族特色明显，堪称是研究天穆地区历史地情的一部资料性文献。

2014年初，北辰区地方志分志丛书之四——《北辰水利志》出版，为北辰区启动二轮修志工作以来，出版发行的第三部部门志。全书70万字，随文图照100余幅，内容丰富，资料翔实，行业特点和时代特色鲜明，为促进北辰水利发展提供了可以借鉴的史料。

【《双街镇简志》《小淀镇简志》出版】

为搭建直接服务经济发展和对外交流的服务新平台，北辰区地志办为镇街等基层单位量身制作图文版简志。2015年初，《双街镇简志》出版。全书采用全彩印刷，20余万字，设8章38目，选用照片300幅，是二轮续志编修镇街志的创新之举，既保证符合志体，又做到特色突出，用丰富的图片、质朴的语言，记述双街镇的发展历程和取得的成就，为宣传双街提供了一张珍贵名片。

2015年岁末，《小淀镇简志》出版，是继《双街镇简志》之后北辰区出版的第二部简志。全书15万字，近300张照片，内容涵盖小淀地区的政区地理、村居、经济发展及民间传说故事等多个方面。同时增加了珍贵的塌河淀内容，突出了小淀镇的历史厚重感，是一本快速了解小淀历史发展的乡土教材。

【召开《中国名镇志·天穆镇志》联审会】

2015年7月29日，天津市首部《中国名镇志·天穆镇志》(送审稿)市区镇三级联审会在北辰区天穆镇召开。市地志办主任苏长伟，副区长陈文慧，区政协副主席、天穆镇党委书记李书秀出席大会，市地志办区县志指导处处长邹积浩，天穆镇党委副书记李术波，《天穆镇志》编委会及区地志办编辑20余人参会。下图为评审会会场

在《中国名镇志·天穆镇志》联审会上，天津市志办主任苏长伟讲话

北辰区副区长陈文慧出席联审会

北辰区政协副主席、天穆镇党委书记李书秀出席《中国名镇志·天穆镇志》联审会

在《中国名镇志·天穆镇志》联审会上，市地志办区县志指导处处长邹积浩宣读三级联审意见

在《中国名镇志·天穆镇志》联审会上，区委党史研究室、区地志办主任、《中国名镇志·天穆镇志》主编霍贵兴介绍该书的编纂特色

天穆镇党委副书记李术波参加《中国名镇志·天穆镇志》联审会

天穆镇党委委员王婷生介绍《中国名镇志·天穆镇志》编修始末

【北辰区地方志分志丛书之五、之六出版】

2015年初，北辰区地方志分志丛书之五——《民革北辰区志》出版，为北辰区第一部民革志，开创了天津市民革组织修志先河。全书45万字，设8章26节，收录图照100余幅，图文并茂地记录了民革北辰区工委从1983年创建到2013年的发展历程，是一部了解北辰民革组织发展的珍贵史料，也是天津市出版的第一部民革区县志。

2016年元月，北辰区地方志分志丛书之六——《双街镇志》出版，为北辰区启动二轮修志工作以来，出版发行的第二部镇街志。全书85万字，设27章150节，随文图395幅，使用随文附64篇，制作表格156个。该书为重修版，弥补了首部镇志的疏漏和不足，新增了亮点篇目，彰显了地域特色和时代特征，全面客观地记述了双街镇经济、社会等历史文化发展进程，特别是21世纪以来的巨大变化，做到了“面全、线连、点显”，是一部体例完备、分类科学、内容翔实、特色鲜明、语言精练、行文规范的地情信史。

【《中国名镇志丛书·天穆镇志》出版】

2016年5月12日，首届全国名镇论坛暨中国名镇志丛书出版座谈会在北京人民大会堂召开。《中国名镇志丛书·天穆镇志》作为中国名镇志丛书的11部镇志之一，入选中国名镇志文化工程，获得首批出版。第十届全国政协副主席、中国名镇志文化工程专家委员会名誉主任徐匡迪，中国社会科学院院长、中国地方志指导小组组长王伟光出席会议并讲话。中国社会科学院党组成员、副院长，中国地方志指导小组常务副组长李培林，中国地方志指导小组副秘书长兼办公室副主任冀祥德，中国地方志指导小组办公室副主任刘玉宏、邱新立出席开幕式。各省、自治区、直辖市地方志机构主要负责人，中国名镇志文化工程专家委员会委员、学术委员会委员等140余人与会。天津市地志办主任关树锋，北辰区委党史研究室、区地志办主任霍贵兴，天穆镇党委副书记李术波等应邀参会。

主席台从左至右依次为李培林、徐匡迪、王伟光、冀祥德等领导

在首届全国名镇论坛暨中国名镇志丛书出版座谈会上，北辰区委党史研究室、区地志办主任霍贵兴代表《中国名镇志丛书·天穆镇志》编纂单位上台领取标牌、证书，并做经验介绍

《中国名镇志丛书·天穆镇志》入选中国名镇志文化工程并首批出版

【召开镇街志编修推动培训会暨《中国名镇志丛书·天穆镇志》首发式】

2016年6月6日，北辰区在区委党校召开镇街志编修推动培训会暨《中国名镇志丛书·天穆镇志》首发式。区政协副主席陈文慧，市地志办主任关树锋，市地志办区县志指导处处长邹积浩，区委党史研究室、区地志办主任霍贵兴出席大会。各镇街分管领导及具体负责人、各村分管地方志编修工作的负责人、区地志办全体编修人员共计180余人参加会议。

各镇街部分代表上台领取《中国名镇志丛书·天穆镇志》

培训会暨首发式会场

市地志办主任关树峰讲话

区政协副主席陈文慧讲话，总结北辰区地方志工作近年来取得的成果，并提出新的要求

区委党史研究室、区地志办主任霍贵兴就全面推进镇街志编修工作及村情专项调查做安排部署

【区领导批示】

2016年6月13日，北辰区委副书记、区长高学忠在史志工作简报上作出批示："盛世修志，资政育人，方志事业，大有可为。广大编修人员坚持质量第一，潜心研究，精耕细作，争先创优，圆满完成编修任务，为全区经济社会发展做出重要贡献！向同志们致敬致谢！"

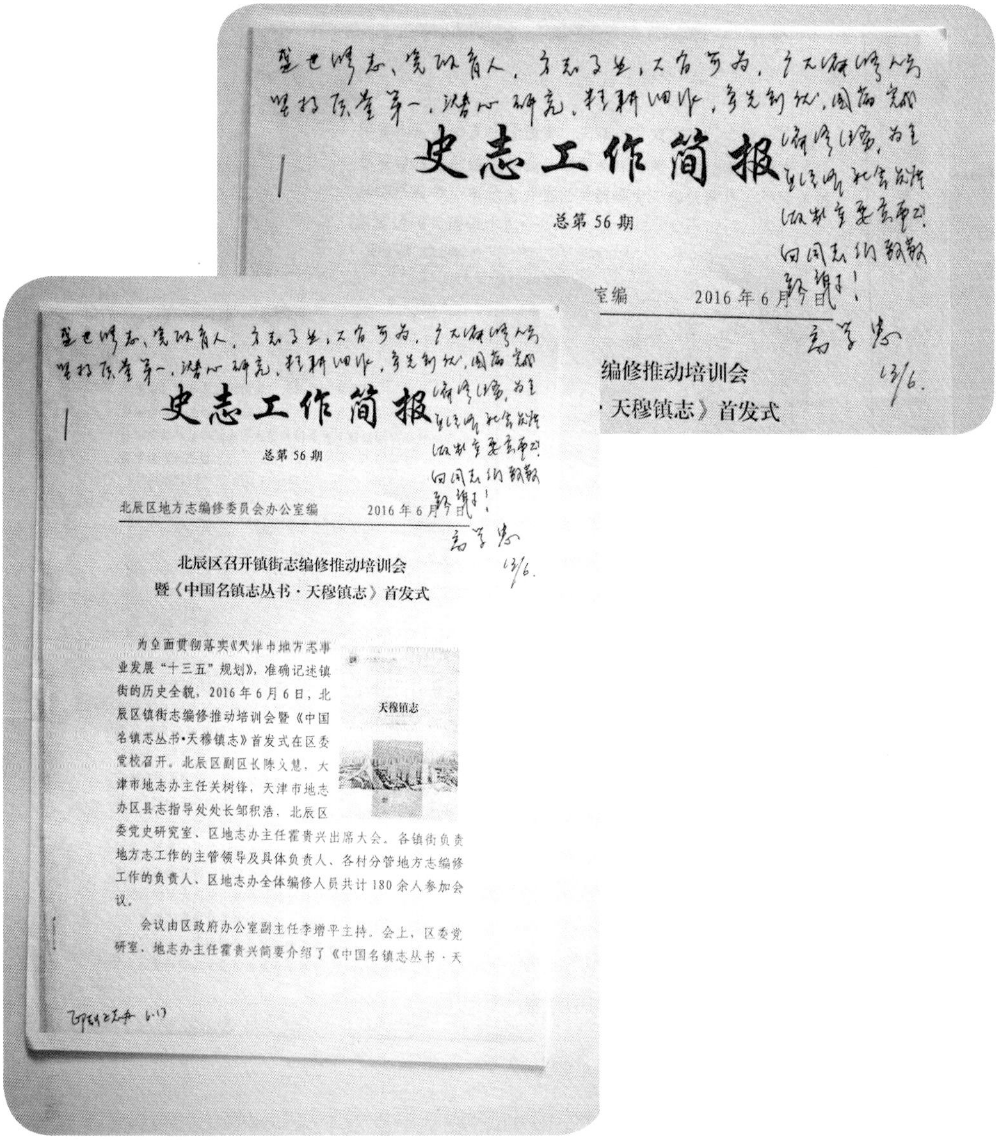

史志工作简报

总第56期

北辰区地方志编修委员会办公室编　　2016年6月7日

北辰区召开镇街志编修推动培训会
暨《中国名镇志丛书·天穆镇志》首发式

为全面贯彻落实《天津市地方志事业发展"十三五"规划》，准确记述镇街的历史全貌，2016年6月6日，北辰区镇街志编修推动培训会暨《中国名镇志丛书·天穆镇志》首发式在区委党校召开。北辰区副区长陈文慧，天津市地志办主任关树锋，天津市地志办区县志指导处处长邹积浩，北辰区委党史研究室、区地志办主任霍贵兴出席大会。各镇街负责地方志工作的主管领导及具体负责人、各村分管地方志编修工作的负责人、区地志办全体编修人员共计180余人参加会议。

会议由区政府办公室副主任李增平主持。会上，区委党研室、地志办主任霍贵兴简要介绍了《中国名镇志丛书·天

【召开镇街志编修培训会】

2016年7月13日和7月26日，北辰区地志办相继召开镇志编修和镇街志编修培训会。全区尚未重修镇志的6个镇及4个街道的编修人员和区地志办工作人员参加会议。区委党史研究室、区地志办主任霍贵兴分别就镇街志编修人员队伍、篇目设置、资料收集等相关问题做专题培训。下图为7月13日镇志培训会会场

7月13日，霍贵兴在镇志培训会上做专题辅导

7月26日，镇街志培训会会场

【北辰区地方志分志丛书之七出版】

2016年7月，北辰区地方志分志丛书之七——《小淀镇志》由吉林人民出版社出版发行，为北辰区启动二轮修志工作以来，出版发行的第三部镇街志。该书为重修，由区地志办与小淀镇联合编纂。全书53.5万字，随文图照350余幅，体例上由编章节目体改为类目、分目、条目体。卷首设小淀荣光、彩页、序、凡例、概述和大事记，卷尾设附录、索引和编后记。该书政治观点正确、体例完备、资料翔实、文字简练，客观记述了小淀镇的过去和今天，为人们了解小淀的历史和现状提供了宝贵的真实史料。

【召开镇街志编修汇报会】

2016年8月11日，北辰区地志办在区机关207会议室召开镇街志编修工作汇报会。区政协副主席陈文慧出席会议，各镇街分管负责同志参加会议。会上，各镇街汇报了修志工作进展情况、存在的问题以及下一步安排。区委党史研究室、区地志办主任霍贵兴就目前各镇街志编修队伍、办公用房、设备等情况进行了通报，就各镇街存在的问题进行了梳理，并对下一步工作做了具体部署。区政协副主席陈文慧听取汇报后，总结了各镇街修志工作进展情况，并对各镇街今后编修工作提出要求。

区政协副主席陈文慧在会上对各镇街提出3点要求：一是落实“一纳入，八到位”要求，把地方志工作纳入年度任务目标和绩效考核。二是要加强督促把关，确保村情调查和街道社区调查按时高质完成。三是要加强配合，做好各阶段的编修工作。

回顾之三——开发服务

【召开北仓故里文史民俗座谈会】

为深入挖掘北运河民俗文化，使续修区志、镇志更加突出地域特色，增强志书的历史厚重感，2010年7月21日，北仓故里文史民俗座谈会在北仓镇会议室举行。区地志办及北仓镇负责同志，书画家王超，京剧票友名家只生光，著名剪纸、篆刻艺人张学仲，致力于北运河题材绘画的赵师泉，武当赵堡太极拳第十二代传人王继中，多年修研佛教文化的赵华太，北仓一带最后一次皇会亲历者赵长泰等参会。会议针对北仓皇会对经济文化繁荣发展的作用进行座谈研讨。作为土生土长的北仓镇人，与会者都踊跃发言，提供了珍贵的文史线索，为挖掘整理北仓地域文化、民俗文化和非物质文化遗产起到了积极作用。

书画家王超出席座谈会

《北仓皇会》主笔赵师泉在会上发言

【召开读史读志资政育人活动部署会】

为了便于全区人民重温北辰历史，了解区史区情，使史志工作为经济社会文化发展大局服务，为各级领导决策服务，为党员、干部特别是广大青少年爱国爱乡教育提供准确、简明而重要的地情教材，发挥资政育人、普及区情知识的作用，2012年10月11日，北辰区召开纪念行政建制60周年暨读史读志资政育人活动部署会。会议部署两项内容：一是筹备编写北辰区地情资料丛书；二是推出“北辰纪事——史志之页”地情资政卡片，开展北辰历史及地情资料精选精读活动。下两图为部署会会场

【举行地情资料丛书首发式】

2013年5月14日，北辰区举行地情资料丛书首发式。首发的3部书籍是北辰地情资料丛书第一辑《档案中的北辰》、第二辑《北辰纪事》及《奋斗的历程—北辰区卷（1978—1992）》。区委副书记郭连生、副区长陈文慧，市委党史研究室副主任刘晓津、市地方志编修委员会办公室主任苏长伟、市档案局副局长杨文杰出席大会。区委各部室、各镇街、各委办局（公司）、区直单位、各人民团体负责同志共计150余人参加了会议。会议由副区长陈文慧主持，与会市领导分别讲话，对北辰史志工作给予了充分肯定和高度评价。

区委副书记郭连生总结了我区史志工作近年来取得的阶段性成果，并要求全区各单位进一步认识史志工作的重要性，进一步深化读史读志活动，进一步做好文史资料的挖掘整理和利用，为建设天津北部中心做出应有的贡献。下图为首发式会场

北辰区地情资料丛书首发式上，部分单位代表现场领书

区委副书记郭连生在首发式上讲话

副区长陈文慧主持会议

市地志办主任苏长伟在首发式上对北辰史志工作给予高度肯定

市委党史研究室副主任刘晓津在首发式上对北辰史志工作给予高度评价

市档案局副局长杨文杰在首发式上盛赞《档案中的北辰》一书

区委党史研究室、区地志办主任霍贵兴汇报3部地情书的成书过程及当前史志工作进展情况

【北辰区地情资料丛书第一、二辑出版】

《档案中的北辰》是北辰区地情资料丛书第一辑，全书195万字，上限始于清末，下限至1966年，分为13章，配图300余幅。章下按专题进行分类，各专题内的档案大多出自天津市档案馆馆藏，以时间顺序编排。全书由北辰区地志办和天津市档案局（馆）共同编著，历时两年完成，是一部了解、研究北辰档案文献的大型资料性工具书，也是天津市区县首次系统编辑的档案史料专集。

《北辰纪事》是北辰地情资料丛书第二辑，全书22万字，分为建制、地理、政治、经济、水利、军事、文化、人物8类，卷首设百年大事精选，正文所选86篇文章均为可读性强、关注度高、资政作用明显的重要史料，篇幅短小，叙事清晰，是方便快捷地了解北辰历史、知晓北辰民情、见证北辰发展的知识性读物。

【党史编研成果丰硕】

自2009年起，北辰区委党史研究室相继出版《北辰改革开放三十年大事记》《中共天津市北辰区历次党代会资料汇编》《奋斗的历程—北辰区卷（1966—1978）》《奋斗的历程—北辰区卷（1978—1992）》《中共天津市北辰区历史》《奋斗的历程—北辰区卷（1992—1997）》等书籍，累计已达二百余万字。作为天津市党史资料丛书的组成部分和北辰党史编研的重要成果，这些书籍从不同的角度记述了北辰历史发展的变化轨迹和取得的巨大成就，在存史、资政、育人等方面发挥了重要作用。

【《北辰史志》创刊】

2013年8月，北辰区委党史研究室主办的双月刊《北辰史志》创刊，为天津市新闻出版局批准的内部刊物。至2016年8月，已出版19期。刊物每期约6万字，设置史海一粟、人物春秋、图鉴档案、乡村古今、长河飘艺、党史之窗、史志动态等十余个栏目，每期刊载文章约40篇，选用图片20余幅。本刊坚持“以史鉴今，资政育人”的办刊宗旨，以知识性、可读性、博览性为着力点，在栏目设置、版面设计等方面突出地域特色，不断提高办刊质量。力求打造一个了解北辰历史的平台，开辟一块博览中国史志的园地，打开一个对外宣传北辰历史文化的窗口，为各级领导决策提供参考，为全区中小学生了解家乡历史、开展爱国主义教育提供乡土教材。

【北辰民间传说故事线索征集】

2014年4月，北辰区委党史研究室、区地志办在区委老干部局召开北辰区民间传说故事集线索及稿件征集研讨会，全区史志及民间文学爱好者20余人参加，现场提供故事线索100余条。

研讨会会场

与会人员合影

【北辰区地情资料丛书第三、四辑出版】

2014年3月，北辰区地情资料丛书第三辑《北辰星迹》出版。全书56万字，以回忆文章的形式，通过不同时期、不同领域、不同职务的百余位在北辰战斗、工作过的亲历者、见证者，以他们的亲身经历和所见所闻，通过一件件难忘的往事，以每位回忆者独特的视角、鲜明的个性，亲切生动地回顾了中国共产党带领北辰人民进行革命、建设和改革90多年的发展历程，全方位勾画出北辰的发展轨迹。

2014年4月，北辰区地情资料丛书第四辑《媒体看北辰》出版。全书63万余字，汇集了北辰区境解放后60余年媒体报道北辰的精华，以媒体看北辰的独特视角，从综合战略、经济发展、党建政务、水利环保、城乡建设等10个方面记录了北辰经济发展、社会进步的宏观脉络，展现了区委、区政府带领全区人民艰苦创业、开拓进取的奋斗足迹。

【北辰区地情资料丛书第五、六辑出版】

2015年初，北辰区地情资料丛书第五辑《北辰民间传说故事集》出版。全书36万字，共收录民间传说77篇、民间故事69篇、笑话幽默8篇、歇后语故事27篇。该书内容为口口相传的百姓故事与传说，其口语化的通俗语言和生动亲切的故事情节，具有很强的地域性和可读性，是一部了解和认识北辰民间文化、雅俗共赏的乡土教材。

2015年底，《北辰民间传说故事集》姊妹篇、北辰区地情资料丛书第六辑《闪光的足迹—北辰历史故事集》出版。全书36万字，分为红色印迹、战事寻踪、人物影记、文化拾遗、要闻实录5个部分，生动描述了北辰历史上有重要影响的历史事件和著名人物，是深度解读北辰乡史乡情、颇具资政育人作用的重要史志资料。

【北辰区地情资料丛书第七辑出版】

为弘扬北辰历史文化，挖掘传承北辰的非物质文化遗产，2016年4月，由赵师泉主笔，北辰区文化广播电视局、区委党史研究室和区地志办共同编著的北辰区地情资料丛书第七辑《北仓皇会》出版。全书36万字，分为北仓皇会概况、参演花会简介、花会的兴衰与传承、附录4部分，配图、照片百余幅，是一部集资料性、知识性、故事性、可读性和欣赏性为一体的地情书籍。

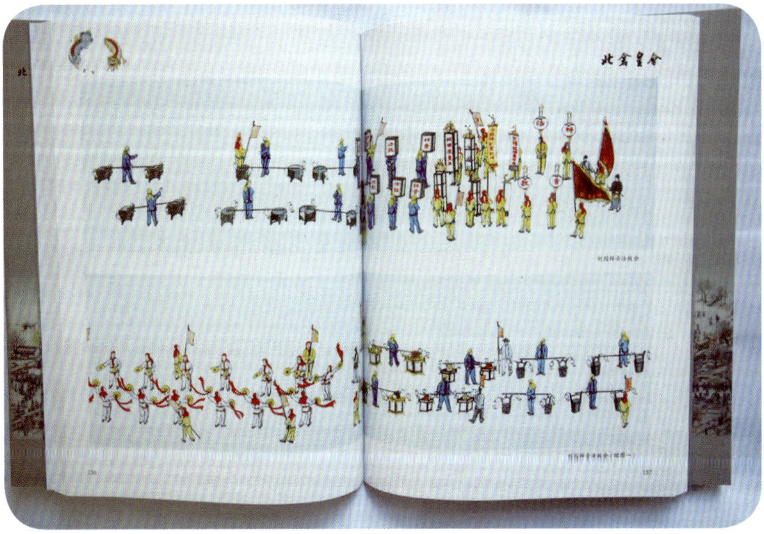

【北辰区地情资料丛书第八辑出版】

为全面记录2006—2015年北辰区加速发展的进程，把历史智慧告诉人们，更好地为美丽北辰建设做贡献，2016年7月，北辰区委党史研究室、区地志办联合编著的北辰区地情资料丛书第八辑《北辰大事纪略》出版。全书43万字，分为特辑、经济建设、政治建设、文化建设、社会建设、生态文明建设6大类，每类以时间先后为序，条目采用纪事本末体记述，共收录北辰区2006—2015年10年间社会发展经济、政治、文化、社会、生态文明方面的重大事件、重要历史结节点事件400余条，内容丰富、覆盖面广，并配图照百余幅，是一部熟悉北辰区情、见证北辰发展的参考性读物。

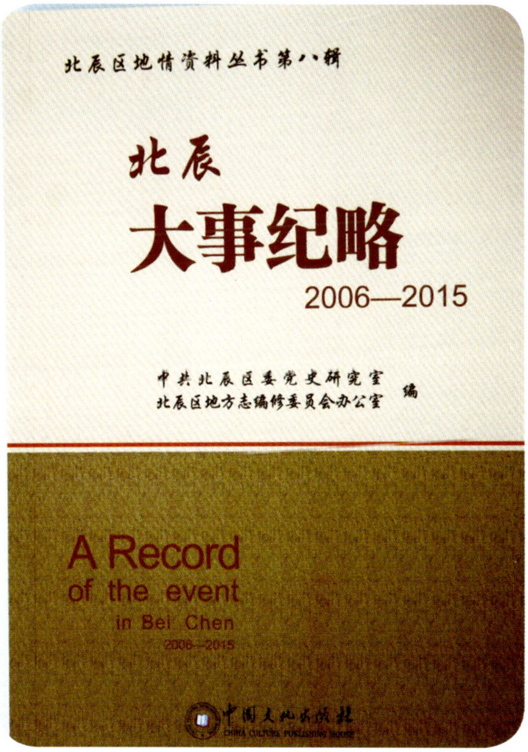

【年鉴获奖】

北辰区年鉴的编写工作自2003年开始，2005年分别出版创刊号《北辰区年鉴（1998—2002）》（公开出版）和《北辰区年鉴（2003）》（内部出版），其后每年出版1本。2006—2010年为内部出版，2011年恢复公开出版。至2016年，总计出版十四卷。其中自第六卷改称《天津市北辰年鉴（2008）》；自第七卷《天津市北辰年鉴（2009）》开始，不断提高年鉴的编写质量和服务功能，精心选题，大胆改版，大量添加随文图照，着力打造“专记”“特载”“统计资料”及“附录”中的服务指南等兼具资料与实用的服务性栏目。

2012年和2015年，《天津市北辰年鉴（2011）》分别获天津市第四届年鉴编纂出版质量评比特等奖、中国出版协会年鉴工作委员会第五届年鉴编纂出版质量评比三等奖；2016年，第十三卷《天津市北辰年鉴（2015）》获全国地方志优秀成果（年鉴类）一等奖。

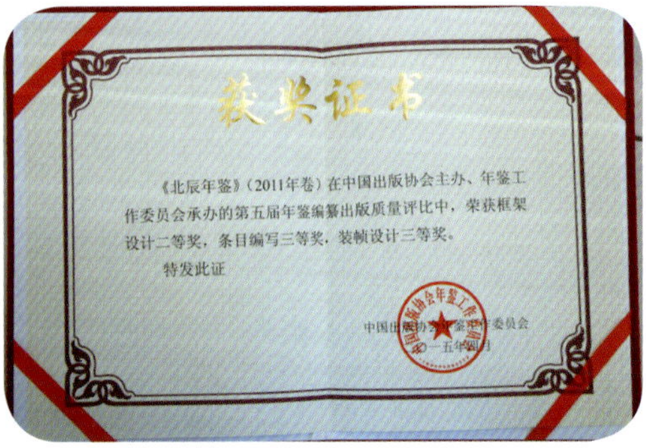

志评篇

一部记述改革开放和现代化建设的优秀志书

——评天津市《北辰区志（1979—2009）》

王铁鹏

北辰区地处天津市区北部，距首都北京110千米，是往来京津的要冲，区位优势明显，人文历史厚重。改革开放以来，北辰干部群众解放思想，与时俱进，奋发图强，真抓实干，取得了卓越的建设成就。

天津市《北辰区志（1979—2009）》（以下简称《北辰区志》），浓墨重彩地反映了北辰区改革开放以来的巨大变化，是一部体例比较科学、严谨，内容比较全面、系统，质量比较高的优秀志书。

一、篇目框架设计有所创新，凸显特大城市特点

北辰区作为中国特大城市天津市的辖区，具有明显的大城市特点。因此，作为一部区志的篇目框架，应当体现所记述对象的特点。

《北辰区志》正文共设36编，划分为自然、城市、经济、政治、文化、社会、人物等几个板块。《北辰区志》篇目设计的特点是，没有采取传统的自然、政治、经济、文化、社会的“五分法”，而是突出了城市特点，将城市建设从经济建设中分离出来，设置环境保护、人口、城乡建设与管理、交通运输、邮政电信电力、水利等编，放在政区和自然环境编之后，这既突出了城市特点，也是符合北辰区发展实际的。

一般来讲，地方志的篇目设计，根据“五分法”原则，城市建设是包括在经

济建设中的，这在一般的省志、县志中也是合适的。但作为城市特别是特大城市，城市建设的内容非常丰富而且特别重要，是城市志的重点，因此有必要集中前置记述。在这方面，《北辰区志》作了积极探索和尝试。

环境保护是城市建设的重点和难点，更是社会各界关注的热点。《北辰区志》十分重视环境保护，将环境保护作为第三编放在自然环境之后。

一般来说，环境保护放在城乡建设与管理之中，或者之后，而《北辰区志》却放在城乡建设与管理之前，好像违背常规，但细想起来，却是用心良苦，实际上是在第二编自然环境之后，紧接着记述环境保护，将环境和保护紧密联系在一起，更加凸显了环境意识。

在环境保护编中，一些章节的设置抓住了当今城市病的一些特征，比如在第一章环境质量中，除了大气、水环境质量外，还增加了声环境质量一节；在第二章污染防治中，增加了噪声污染防治；在第三章生态环境保护中，增加了生态环境建设的内容。为了警示后人，还专门设置重大污染事件一节。

二、集中与分散记述相结合，展现改革开放时代特征

首轮《北辰区志》的下限是20世纪90年代，第二轮《北辰区志》的上限没有从首轮下限续修，而是定为1979年，下限定为2009年，为的是完整反映北辰区改革开放31年的发展变化。为此，在篇目设计和撰写上，采取了集中记述与分散记述相结合的方式。

《北辰区志》以改革开放为动力，将改革开放贯彻于全过程，明示了改革开放解放和发展了生产力这样一条真理。该志第十编经济体制改革，集中记述了农村经济体制改革、工业企业体制改革、流通体制改革的内容，从改革开放初期的家庭联产承包责任制记起，一直记到农村税费改革、乡镇企业产权制度和供销体制改革；在第九编经济综述中，记述了所有制结构调整和普查的内容；在第十七编财政税务中，记述了财政体制改革、税收体制改革的内容；在第十八编经济行政管理中，记述了土地使用制度改革的内容；在第十九编中国共

产党和第二十一编人民政府中，记述了区委、区政府关于推进改革开放的决策和实施过程；在第二十六编人事劳动与社会保障中，记述了机构改革、干部人事制度改革、劳动制度改革的内容；在第二十八编教育中，记述了教育体制改革的内容；在第三十一编卫生中，记述了卫生体制改革的内容等。

志书中记述改革开放，是最明显的时代特征。但如何记述改革开放，是集中记述还是分散记述，一直是方志工作者纠结的问题。集中记述，可以突出和完整反映改革开放，但也容易造成其他编章内容的不完整。分散记述，将改革开放内容分解到各编章中去，能够保证各编章内容的相对完整，但却没有一个编章集中记述改革开放，使改革开放这一最明显的时代特征淹没在工作之中。《北辰区志》采取集中记述与分散记述相结合的方式，是不是可以作为一种较为妥善的处理方式呢？

三、宏观与微观记述相结合，反映经济社会发展成就

《北辰区志》以科学发展观为指导，以北辰区改革开放31年经济社会发展为主线，既有宏观上的鸟瞰，又有微观上的扫描，既可以把辖区内31年经济社会发展史尽收眼底，又可以审视某个事物的变化渊源，宏观与微观相结合，全面、完整地反映了北辰区31年的发展变化。

在宏观记述方面，《北辰区志》设置了城乡建设与管理、经济综述、经济体制改革、经济行政管理、文化、精神文明建设、居民生活、风俗方言宗教等编章，集中反映了北辰区的经济社会发展的宏观层面。其中，城乡建设与管理，既有城市建设与规划管理的内容，也有村镇建设与管理的内容，体现了城乡一体化的发展思路。

经济综述，虽然有些争议，但却能较完整地反映经济发展的宏观层面，如该编设置了所有制结构，产值构成、投资构成，计划与执行，经济发展比较等章节，较好地解决了经济板块横分门类之后直接进入产业而造成宏观记述不够的问题。虽然经济综述编的设置有不少争议，内容也是五花八门，但作为一种

新的记述体裁，不应一棍子打死，应该允许探索、尝试、完善。

在微观记述层面，《北辰区志》确实下了一番工夫。仅从篇目设置上看，就有不少值得关注的微观栏目。比如在自然灾害章中，记载了“兽害”；在污染防治章中，记述了重大污染事件；在城乡建设与管理编中，记述了旧楼区改造；在居民生活编中，记述了居民的衣食住行，包括主副食和传统名食，以及养生保健、美容美发等；在人口编中，记述了姓氏渊源；在风俗方言宗教编中，记述了方言、歇后语，陋习、禁忌等内容。这些微观内容，不仅是对宏观内容地补充、充实，而且使宏观内容有血有肉，变得鲜活起来。

四、多种体裁综合运用，大力突出地方特色

《北辰区志》在地方志体裁运用方面，综合运用了述、记、志、传、图、表、录等体裁，志前设凡例、序、总述、大事记，志后设索引、编修始末，全面、系统反映了北辰区的地方特色。

总述采取了板块并列式写法，第一个板块记述了北辰区的经济发展，第二个板块记述了北辰区的民主政治建设，第三个板块记述了北辰区的各项文化事业，第四个板块记述了社会建设，第五个板块则记述了北辰区发展面临的挑战，如污染源防治、环境治理、生态环境治理等，并对发展前景进行了展望，描绘出了北辰区现状及未来的美好画卷。

大事记突出了北辰区历史与现状的大事、新事、要事，其中记述了发生在北辰这块土地上的首次、第一，突出了北辰区发展的历史地位。

篇目设置上更是注意体现地方特色，部分编章内容作了升格处理。如环境保护编、居民生活编、风俗方言宗教编、精神文明建设编、科技园区章等。其中在水利一编中，记述了引于入津与引滦入津以及引黄济津与卫河等水利工程；在农业编中，记述了驻区农场；在文化编中，记述了“天穆杯”全国小品展演；在精神文明建设编中，记述了感动北辰文明人。

另收录了3个专记，分别是塌河淀探源、北辰人民革命斗争史略、北辰区知识青年上山下乡运动。

除此之外，《北辰区志》还大胆运用随文附的形式，收录了一批反映地方特色的资料，包括简介、企业概况、公园记、举措实例，等等。这些随文附与志书正文相辅相成、相得益彰，进一步丰富了志书资料，彰显了地方特色。

（作者系北京市地方志办公室原主任、《北京志》副主编、中国地方志学会学术委员会委员）

值得推荐：一部城市区志经济部类的编纂

——评中国志书精品工程新科精品《北辰区志（1979—2009）》

梅 森

方志出版社2016年出版的天津市《北辰区志（1979—2009）》是天津古籍出版社2000年1月版《北辰区志》的续志。

北辰是天津环城四区之一，位于中心城区北部，旧称北郊。区境为古代退海之地，金元到明清，北运河漕运大通道和陆路京华大道纵贯，是南粮北运、北货南输的要道，素有皇家粮仓之美誉。20世纪80年代起改革开放以来，北辰区经济高速发展，今交通更加便捷，距天津滨海国际机场仅仅26.3千米，京山、津蓟铁路和京九铁路津霸联络线穿越中部，有4个铁路客货运站和全国最大的铁路编组站。公路方面，京津塘高速、津保、津蓟高速公路在北辰区有进出口，京津、京福、津霸、津榆、津围等十几条公路干线在区内纵横交错。

北辰位于环渤海经济区，是我国东部沿海的发达地区之一，改革开放后，第一产业比重迅速减退，二、三产业比重逐年上升。志书下限2009年，当年地区生产总值完成300.57亿元，境内规模以上工业企业有1000多家。三级财政（中央、天津市、北辰区财政）收入75.98亿元；固定资产投资218.64亿元；人均消费支出6524.62元，人均住房36.37平方米。在第三产业增加值中，交通运输、仓储业、批发零售贸易业、住宿餐饮业、金融业、房地产业上升最快。

经济部类在地方志五大部类记述中，由于专业性更强，产业分支多而广，相对其他部类记述难度大。北辰经济发展的快速，导致这部区志记述的产业对象必然多元复杂，仅仅所有制就包括国有、集体、私营、股份合作、联营、外资、合资，等等，与计划经济时期首轮志书经济部类比较，记述的难度大得多。但总体看，在全面占有资料的前提下，《北辰区志（1979—2009）》经济部类却记述的全面系统，具有品位。

一、全志整体上对经济内容作全方位覆盖性记述

地方志的经济内容不仅仅在经济部类。北辰区志编纂者对此点较为清楚、明确，对志书经济内容在志书中进行了全方位的布局。

志书分五大部类，原经济部类包括建设部类。2012年在江苏省南通市召开的第二届中国地方志学术年会上，我就曾提出城市化后志书应该分为六大部类，即原经济部类应该分为建设、经济两大部类（其他是自然环境、政治、文化、社会部类）；尤其是城市志更应该把建设部类升格前置，北辰区将环境、城乡建设、交通邮电平列，置于经济之前也是出于这种考虑。

经济内容在全志的分布，分析《北辰区志（1979—2009）》我们明显可以看出：其一，经济内容的核心是产业、行业，主要包括农业、工业、建筑业、房地产业、商贸服务业、旅游业、金融业。其二，产业以外，经济要记述的是经济的宏观管理，反映经济兴衰的原因和调控效果，包括经济体制改革、开发开放、财政、税务、综合经济管理（计划、工商行政、质监、食药监、安监、物价、审计、统计、国资）。其三，除产业行业、管理改革外，还要宏观的多角度的反映经济，包括经济总情（综述）、乡镇经济、民营经济、外资经济。其四，在全志其他门类中分散连带记述经济关联事物，总述综述经济，中共部分写经济决策，人大记经济立法和经济决议，政府记经济施政，民主党派群众团体写支持经济发展，政法部分写经济司法与经济维稳，科技写经济发明经济研究产生的社会产值效益，文化本身含文化产业，人民生活包括人民群众物质文化消费，人物包括经济人物在北辰的经济行为。这些志书的门类虽然不属经济部类，但都有经济内容，从另外的角度反映了北辰经济。所以，我要说《北辰区志（1979—

2009）》经济内容的记述是全面覆盖，有主有辅的。

二、经济部类的框架结构设计合理

《北辰区志（1979—2009）》经济部类平列设经济综述、经济体制改革、农业、工业、建筑业房地产业、商业、服务业、金融业、财政税务、经济行政管理10编。先宏观总情与改革，然后分6大行业写产业发展进步；再记述财政税务的状况，即经济产出积累支出情况；再写政府对经济的行政管理（标题有创新，此前志书均称"综合经济管理"，实际上是政府综合经济部门对经济的行政管理）。

经济部类要记述的是经济环境、经济结构、经济增长、经济行业、经济特色、经济效益。《北辰区志（1979—2009）》重视经济结构的呈现，在经济综述编重点写了所有制结构，反映市场经济社会的多元资本和多元经济体，其次记述了产值和投资构成，包括工农业总产值与构成、国内地区生产总值构成；投资包括全民及集体所有制投资构成、全区三次产业投资构成、生产及非生产性投资构成、基本建设及更新改造投资构成等。一地经济结构的总体通过文字的引导和表格数据"比重（%）"得以呈现。此外经济综述编中的经济发展比较章，反映北辰区改革开放以来，从"一二三"（农工贸）向"三二一"（贸工农）的演变，通过文字表格，反映了各历史时期地区生产总值、社会总产值、人均国民生产总值、工农业总产值、三级财政收入等的完成总量，并通过天津市（值）、北辰区（值）、北辰占全市比重（%）反映了北辰区在天津全市的经济地位。

该志经济体制改革编是通过农村经济体制改革、工业企业体制改革、流通体制改革，反映了北辰区改革开放后经济发展进步的原因，总体反映了变革的必然性与阶段性。经济体制改革的核心是现代企业制度的改革和流通领域的改革，志书记述得均较好。

经济综述编与经济体制改革编，从宏观上反映了北辰经济的总情况，符合中国人先总后分的思维习惯。在经济的总情况记述完成后，开始就农业、工业、建筑业房地产业、商业、服务业、金融业进行分行业的中观记述。记述大致结构仍然是先总体后分述，先行业总情，如农业编先“农业结构”（区域结构、产业结构、生态农业），然后分种植业、林木果树、养殖业、一村一品（除一村一品出于时代特点而特设外，其余均为分支产业的具体记述），再是生产力之一的农机具管理及服务和驻区农场。

工业编也是先总后分结合时代、地情特点的结构形式。首设发展规模（资产、产量、企业规模）、经济效益（增长速度、各经济类型企业效益），再设行业与主要企业（行业结构、重点企业选介）、产品（产品结构、产品商标、名牌产品）、固定资产投资（主要投入、重点项目）、企业管理（质量、节能、设备管理）、工业园区（乡镇工业区、示范工业园区）、科技园区（园区建设、招商引资、科技创新、园区管理服务）、驻区国有规模工业企业（机电、化工、建筑材料及其他门类企业），其后再对经济部类各分支产业行业分门类进行记述。其余经济部类编的设计大体与工农业两编相同或相近。可以下一个客观的评价，《北辰区志（1979—2009）》经济部类分类科学，要项完整，层次清楚，逻辑清晰，结构合理。原因是该志经济部类结构，普遍采取先总后分，先宏观后具体，先主后辅，包括产业规模演变—效益演变—行业企业—产品产量—投资建设—企业管理，采用的是经济部类较为成功的分类结构形式。

三、全面记述多元经济社会的多元经济

市场经济环境下的一地经济，是多元经济，投资主体多元，经济总部所在地多元，本地所属经济已经不占主体，世界五百强、中国100强企业实力强大，体制内外，在地与属地经济的统计，跨地区、跨国别、跨所有制的经营实体，都为第二轮地方志经济部类编纂带来了困难，尤其商贸的编纂更是“软肋”。《北辰区志（1979—2009）》经济部类编纂者克服种种非区属企业的资料收集困难，坚持“行政区划”内发生的经济活动和区境内的经济实体在北辰境内外的行为都是志书记述的范围，总体效果较好。内容较为饱满，突出了北辰的工业行业，包括区属企业和在区央企、天津市企、内外资企业、民企；主要企业及名牌产

品，主要利税大户，固定资产投资、重点工业项目、工业园区、科技园区等，也都从区境出发记述。单单驻区国有规模工业企业机电门类就记述了华电重工机械、天津市天骄工业、天津市第二机床、天津重型机器等10家企业（选介），另外介绍中外合作、外资企业13家，香港独资合资企业3家。农业编也设了驻区农场，简介了天津市农工商红光总公司、天津市红旗农场和天津市曙光农场。可见，二轮志书，市场经济发达、经济多元的城市区志，经济部类写区境比区属更为重要；否则必然是内容不全，缺乏经济总量规模和市场经济时代特征。

四、重视突出区境的经济特点产业特色

房地产业是改革开放以后，90年代末至21世纪初开始的新兴产业，同时又关乎国计民生。《北辰区志（1979—2009）》经济部类建筑业房地产业编，较为完整地记述了区境普通商品房、限价商品房、廉租房、经济适用房、还迁房的开发，记述了北辰区房地产开发、房地产交易、房地产管理、物业管理。

突出地域经济特点以反映志书的地方性，需记述地方标志性、名片性的事物。《北辰区志（1979—2009）》经济部类农业编设了专业村选介，包括蔬菜种植专业村—韩家墅、枣业生产专业村—徐家堡、奶牛饲养专业村—杨家河、水产养殖专业村—芦新河（赵庄、东赵庄）；特色农产品介绍了白庙芹菜、青麻叶核桃纹白菜、安光芦笋、“津青”系列大白菜、小杨庄“家口福”牌太阳杏、辰龙三号西瓜、岔房子山药等。商业编介绍了北辰具体的集贸市场（包括农贸批发市场、农副水产食品城、花鸟鱼虫市场、花卉市场）、商场超市、连锁（加盟）店、专卖店、商业街商业中心、专业市场（汽车摩托车市场、钢材市场、家居装饰市场、陶瓷类市场、其他专业市场），介绍了北辰出口创汇十强企业和主要出口产品，体现了北辰的商业市场特色。工业编行业结构节里重点介绍了机械装备、生物医药、冶金深加工、汽车及配件、橡塑制品、食品饮料、新能源设备、建材行业等制造业。重点选介了17家地方民营企业。介绍了北辰区的中国驰名商标，包括“灯塔牌”“天士力”“普兰娜”等5个商标；“骆驼牌水泥”“松柏牌速效救

心丸”“王朝牌葡萄酒”等10余种天津市名牌工业产品。介绍了地方9个镇的工业区和医药医疗器械工业、陆路港物流装备产业2个工业园与科技园区。服务业编重点对星级酒店瑞景大酒店、天津东方之珠188酒店，钻级酒店集贤大酒家、集贤阁海鲜酒楼、集贤佰悦海鲜酒楼、龙顺大酒店等进行了选介。旅游业章记述特色的工业游览，包括天士力现代中药城旅游、王朝酒业旅游观光等，农业生态旅游包括万源龙顺度假庄园、青水源乡村旅游、前常家堡“农家乐”特色旅游；财政税务编税收节里设“税收大户”，介绍了全区纳税前30名企业。

五、总体评价

《北辰区志（1979—2009）》经济部类，鉴于其指导思想正确，全面记述北辰改革开放以来经济建设的成就及历程，结构合理并具创新，内容全面系统，合乎经济规律和市场经济特征，经济要素总体完备，内容突出改革开放与本区经济的时代、地方特点，行文平实流畅，故被中国地方志指导小组办公室、方志出版社联合评为精品志书是有其内在基础的。

当然，金无足赤，如果能记述在经济行政管理中存在的问题，就更加出色了。当然，这也是当今方志编纂普遍较难逾达的。

（作者系编审、中国地方志学会学术委员会委员、上海市地方志学会副会长、上海市地方志办公室市志处原处长）

一部特色鲜明的城市区志

——天津市《北辰区志（1979—2009）》读后

西 樵

2014年10月，在中国地方志学会城市区志专业委员会学术年会上，受中指组委托，有幸参与天津市《北辰区志（1979—2009）》（以下简称《北辰区志》）文化部类稿件的审读。时隔近两年，今年6月下旬又收到是志终审稿，阅稿二十余天，获益匪浅。

北辰区地志办是中指办确定的二轮修志试点单位，并被列为《中国志书精品工程》。志稿经过精心打磨，质量又上了一个新的台阶。从整体看，是志篇目设计科学合理，内容丰富全面，地方特点和时代特色突出、不失为一部质量上乘的佳志。

一、篇目设置科学合理，完满展示北辰区情

二轮志书多为续志体，以接续前志所记内容为特征。续志体志书如何接续前志，在二轮志书编修中呈现多样化局面，首轮《北辰区志》（2000年10月版）记述上溯事物发端、下限止于1997年，二轮续修《北辰区志》记事时段确定为1979—2009年，记述时段跨前上延至1979年，全面、系统地反映北辰区改革开放31年间经济与社会的巨大发展变化。这种跨前追述的断限方式，其记事的完整性和志书的独立性，要优于续志上限搭接前志下限的志书。

续修《北辰区志》在篇目设计上并非另起炉灶，而是保持前志主体篇目框架、

延续记述前志主体内容的编纂方法，并对变化了的现实在篇目中给予反映，使续志的连续性得以体现，从两轮志书的篇目比较中即可看出端倪。

首轮《北辰区志》篇目为：卷首设集束彩图（32页、图127幅）、地图2幅（行政区图、在天津市位置图）、编纂人员名单、序（2篇）、凡例、目录；正文首设概述、大事记，内设建置、自然环境、北辰菁华、漕运与北仓廒、人口、民情、乡镇街、经济综述、农业、水利电力、工业、商业、外向型经济、交通储运邮电、财税金融、经济管理、城乡建设、党派、群团、政权政协、政情要略、政法、劳动人事、民政、军事、教育、科技、文化、卫生、体育、人物、登高英雄杨连弟等32编；尾缀附录、索引、编修始末。

续修《北辰区志》篇目为：卷首设序（3篇）、凡例、目录；正文首设总述、大事记，内设政区、自然环境、环境保护、人口、城乡建设与管理、交通运输、邮政电信电力、水利、经济综述、经济体制改革、农业、工业、建筑业房地产业、商业、服务业、金融业、财政税务、经济行政管理、中国共产党、人民代表大会、人民政府、政治协商会议、民主党派群众团体、政法、武装、人事劳动与社会保障、民政、教育、科学技术、文化、卫生、体育、精神文明建设、居民生活、风俗方言宗教、人物等36编；尾缀专记、附录、索引、编修始末、供稿人名单。

续志保留前志的卷目有：自然环境、人口、经济综述、农业、工业、商业、政法、民政、教育、文化、卫生、体育、人物等13编。

续志改变名称的卷目有：概述篇改为总述篇；建置编改为政区编（“政区”与“建置”是种、属关系，犯父子重叠之弊）；民情编改为风俗方言宗教编；城乡建设编改为城乡建设与管理编；经济管理编改为经济行政管理编；军事编改为武装编；劳动人事编改为人事劳动与社会保障编；科技编改为科学技术编，共7编。

减少的卷目有：乡镇街（归入政区编）、北辰菁华、漕运与北仓廒、外向型经济、政情要略（分别归入中国共产党编、人民政府编，分立重要决策、重要施政章)、登高英雄杨连第6编。

续志较前志增设的卷目有：环境保护、经济体制改革、建筑业房地产业、居民生活、精神文明建设5编。

分解的卷目有：交通储运邮电编分解为交通运输、邮政电信电力2编；水利电力编分解为水利编(电力与邮政电信合编)；财税金融编分解为金融业、财政税务2编；党派、群团2编分解为中国共产党、民主党派群众团体2编；政权政协编分解为人民代表大会、人民政府、政治协商会议3编。

续志篇目调整或增或减、或并或分、或改或移，均以突出时代特色和地方特点为基点，以体现以人为本为理念，以符合形式逻辑为原则，形成比较严谨、科学的篇目体系，为全面、客观、真实地反映北辰区情提供了切实可行的架构平台。

首修《北辰区志》设32编，属中编体式；续修《北辰区志》设36编，属小编体式(依笔者分，15编以内为大编体，16编~35编为中编体，36编以上为小编体)，从接续前志考虑，仍按自然环境、基础设施、经济、政治、文化、社会、人物七大部类(暗隐)编排。符合中国地方志指导小组《地方志书质量规定》中关于志书内容涵盖七大部类的要求。

续志主编力求回归传统的编纂理念，尤值得肯定和赞赏。各大部类设编比率和所占篇幅比率的平衡性，是衡量一部志书篇目设计是否合理、内容记述是否妥帖的标尺之一。二轮修志开展以来，研究各大部类设编比率和占篇幅比率的文章日渐减少，强调突出个性、突出特色的文章日趋增多。笔者以为，突出个性、突出特色固然重要，但任何事物都有个度的把握，志书质量的标尺并非一种，就像一个人的身体，有身高、体重、五官是否端正、身体各部位是否协调等，志书质量是全面的考量。北辰区的两轮志书七大部类划分均以暗隐的形式，且排序相同，体现续志接续前志的连续性。

从四大部类(笔者为方便比较，将自然环境与基础设施合为一类，文化、社会与人物合为一类)篇目占比来看：前志总设32编，自然环境与基础设施部类7

编，占32编的21.9%；经济部类10编，占31.3%；政治部类8编，占25%；文化、社会与人物部类7编，占21.9%。

续志总设36编，自然环境与基础设施部类8编，占36编的22.2%；经济部类10编，占27.8%；政治部类9编，占25%；文化、社会与人物部类9编，占25%。

四大部类所占编数相较，续志自然环境与基础设施部类比前志增加1编，占全志的百分比提高了0.3个百分点。前志经济部类设10编，占全志总编数的比率近三分之一；续志设卷数亦为10编，但由于全志编数增加，较前志降低3.5个百分点，扭转了首轮志书经济部类设编比重过多的弊病（这亦为首轮志书较为普遍的通病，并非前志独有）。续志政治部类比前志增加1编，但二者所占百分点相同。续志文化、社会与人物部类比前志增加2编，提升3.1个百分点。续志四大部类在一级篇目的占编比率较前志更趋合理。

二、部类篇幅配置得当，展示文化之志品味

志书篇幅的控制，一定要量化，分解到各个类目，合理布局，有的放矢，唯此才能把住篇幅控制这一关。续志在控制篇幅上做得恰到好处，值得借鉴。从首、二轮两部《北辰区志》各部类篇幅比较可见端倪。

前志总页码为1250页，各部类篇幅占比分别为：概述、大事记84页，占页码总数的6.7%；自然环境与基础设施部类224页，占17.9%；经济部类376页，占30.1%；政治部类246页，占19.7%；文化、社会与人物部类242页，占19.4%；志尾部分68页，占5.4%。

续志总页码为1141页，各部类篇幅占比分别为：总述、大事记30页，占页码总数的2.6%；自然环境与基础设施部类203页，占17.8%；经济部类255页，占22.3%；政治部类241页，占21.1%；文化、社会与人物部类289页，占25.3%；志尾部分120页，占10.5%。

续志几大部类占页数相较，总述与大事记占页比首轮志书降低4.1个百分点；

自然环境与基础设施部类减少0.1个百分点；经济部类降了7.8个百分点，由几近三分之一降到不足四分之一；政治部类增加1.4个百分点；文化、社会与人物部类提升5.9个百分点；志尾类提升5.1个百分点。

从续志各部类篇幅占比情况看，较前志优化许多，经济部类大幅度压缩，文化部类与社会部类显著提升。四大部类最大相差比率由前志的12.2%（经济30.1%与自然环境和基础设施17.9%之比差），降至7.5%（文化、社会和人物25.3%与自然环境和基础设施17.8%之比差），各部类篇幅更趋平衡协调。

四大部类占页数，文化、社会与人物部类跃居首位，占志书篇幅四分之一，较前志大为增加，改变首轮志书经济部类唱主角戏的弊病，还原志书“文化之志”的乡邦文献品质；经济部类占页数退居第二位，篇幅由前志的几近三分之一降到不足四分之一；三为政治部类，占五分之一稍强；四为自然环境与基础设施部类，占不足五分之一；志尾部分增加1倍余，与增设专记篇弥补前志遗漏内容和附录增加新内容有关。总体来看，志书各大部类所占篇幅基本求得平衡，各得其所。

志书要精编，篇幅须控制。笔者曾征求过国内多位方志专家学者的意见，大家普遍以为，县级志书控制在150万字左右、以一册书装帧最为理想，地市级志书控制在300万字左右较为适宜。作为通纪体志书，记述一般均要追溯事物发端，且记述时限长达数千年，志书篇幅适当拉长一些情有可原。

首轮志书编纂，中指组虽有限定县、市志书篇幅的一定之规，但实践证明似有偏紧之嫌。二轮修志开启之后，中指组未对三级志书的篇幅做具体数量规定。正基于此，二轮修志篇幅出现膨胀之势，过分强调志书的资料性价值，忽略志书的著述性本质，县级（包括县级市、区）续志动辄二三百万字，地市级续志普遍达四五百万字，七八百万字也并不鲜见，省级志书绝大多数超过五千万字，上亿字的亦不在少数，篇幅不受控制，形同脱缰的野马，无限制地拉长，使志书成为束之高阁的“艺术品”，令人望而生畏。

笔者以为，志书的功能，资政、教化是第一位的，首先要服务当代，存史是第二位的，惠及后世是随着时间的推移才会逐渐显现出来。二轮修志多为断代体，记述时段亦仅20年左右，同首轮志书记述时段相较，相去甚远，故其篇幅理应有个合理的控制数额。篇幅的拉长，并非与质量成正比。志书要成为可读可用之书，篇幅的控制理应提上议事日程。

三、图表运用量多面广，达到图文并茂较佳效果

在笔者见到的新编志书中，续修《北辰区志》是运用图、表最多的一部志书。首轮《北辰区志》为黑白印刷，内文无照，仅插有7幅示意图；设表208幅（占234页、约36万字篇幅，占全志220万字篇幅的16%），编均6.5幅。续修《北辰区志》全志约200万字，内文共配图片731幅，其中照片462幅、示意图76幅、地图13幅；每万字用图3.4幅，每编平均用图20.3幅；若每幅图占版面平均按300字计、图片折算文字量达22万字。占全志篇幅的11%。

编者重视图片的运用可见一斑。除示意图多数采用通栏版式外，其余绝大部分照片均占宽8厘米 × 高5厘米左右的版面面积，照片画面清晰度恰到好处，版面编排注重突出视觉效果，根据画面内容合理配置，幅面大小各得其所，照片与文字配合密切，美观大方。正因为志书采用全彩印技术，特别是通过编者的精心运作，使图片的真实性、直观性、可读性等功能得到充分发挥，文图相彰的做法得以施展，进而使志书达到图文并茂的理想效果。

表是志书体裁的一种，是志书的辅助组成部分。表格是一种简洁的表现形式，既节省版面，又便于比较。中国地方志指导小组《关于第二轮地方志书编纂的若干意见》（十四）："表格设计应当科学、规范，内容要素齐全，形式清晰美观。"《地方志书质量规定》第三章体例第十一条体裁（六）表："设计合理，要素齐全，内容准确，不与正文简单重复。"

首轮《北辰区志》内文设表208幅（占234页、约36万字篇幅，占全志220万字篇幅的16%），编均6.5幅。续修《北辰区志》全志共设36编，每编均配置表格，全志用表244幅，每编平均用表6.8幅，表占页167页（30万字篇幅），占全志篇

幅的14.3%。其中列表10幅以上的有10编，从多到少依次为：政区编17幅、人口编16幅、水利编14幅、经济综述编13幅、工业编13幅、自然环境编12幅、经济行政管理编12幅、环境保护编11幅、教育编11幅、人事劳动与社会保障编10幅。是志表格面多量广，设计规范，制作精细，年度连贯，要素齐全，详细反映事物的发展变化，起到了"一表胜千言"和辅助正文的作用。

续志配置图、表若两项合并计算，图、表总数为1038幅，每编平均用图、表28.8幅，每万字配置图、表近5幅；图表占全志篇幅的24.8%，几近四分之一。图、照、表共用，既深化了志书记述的深度与广度，又增强了志书的可读性。

四、重点篇章潜心打磨，显现北辰地域特色

一部优良的志书，并非每个分志都能出类拔萃，而是在突出地方特点和时代特色的重点篇章上要下足工夫，尽量出彩，体现出该志区别于他志的亮点。就像中国地方志学会学术委员王广才先生提出的"明月高照、繁星满天"，既有重点，又兼顾一般，全面、系统地反映一地的地情，才能称得上是佳志良作。是志编者深谙其道，在这方面表现得尤为突出，从篇目设置中即可窥见其端倪。

该志突出时代特色的有环境保护、经济综述、经济体制改革、精神文明建设、居民生活等编，服务业编中的仓储物流章，中国共产党编中的重要决策章，人民政府编中的重要施政章，人事劳动与社会保障编中的社会保障（设养老保险、失业保险、医疗保险、工伤保险、生育保险、最低生活住房保障、城乡居民最低生活保障7节）章，科学技术编中的信息技术应用章。

突出地方特点的内容多体现在章一级标题上，如农业编中的一村一品章（设专业村选介、特色农产品2节）；工业编中的科技园区章（设园区建设、招商引资、科技创新、园区管理服务4节）；商业编中的流通市场章［设固定资产投入、集贸市场、商场超市、连锁（加盟）店、专卖店、商业街商业中心、专业市场7节］；服务业编中的旅游业章（设工业游览、农业生态旅游2节）；文化编中的"天穆杯"全国小品展演章（设发展演变、媒体宣传、剧本征集、展演成果4节），历

史文化遗产章（设物质文化遗产、非物质文化遗产2节）；专记中的塌河淀探源、北辰人民革命斗争史略、北辰区知识青年上山下乡运动。《北辰区志》在篇目设置上下了大力，也可称之为志书中的亮点，基本达到志书篇目详今略古、重记当代、突出特色的要求。

在重点篇目上试举两例：一是精神文明建设编。精神文明建设立编，既是彰显时代特色的具体体现，同时也是记述贯彻党中央“三个文明一起抓”方针在各地的具体落实情况，这在二轮修志中已形成普遍共识，也是反映时代特色的重要篇章。改革开放以来，社会风气日渐颓废衰微，传播正气，资政育人，志书就要承担起社会责任，大力宣传正能量，发挥教化、育人的功能。现志稿精神文明建设编放在社会部类的首位，共设文明农户创建、文明村镇创建、其他创建、思想道德教育、军民共建、“四下乡”活动、感动北辰文明人7章（23节），用30页篇幅（全志36编，编均页码31.8页），配置3幅表格、29幅照片，采用面、线、点三结合的记述方式，反映了改革开放31年间北辰区在精神文明建设上取得的成就，内容充实，有面有点，比较全面。这一编立得好，是志书的亮点之一。精神文明建设编的重点，放在“点”的记述上，体现出编者独到的眼光。

再如，该志的居民生活编亦写得很有特色，居民生活编共设居民收入、居民消费、饮食、服饰、居住出行、家用器具、休闲养生美容7章（18节），用38页篇幅（为编均页码的120%），配置8幅表格、图68幅（照片38幅、示意图30幅），是36编分志中运用图最多的1编，另设附记4篇，图文并茂，可读性较强，形成志书中的一大亮点。续修《北辰区志》的编纂实践证明，拓展居民生活编的记述深度与广度还是大有潜力可挖。改革开放成果丰盛、经济与社会取得翻天覆地的变化，党中央提出“三个代表”重要思想和科学发展观，以人为本，民富国强，实现国民经济翻两番、人民基本达小康的盛世伟业。志书所记述的经济及社会各业的发展，最终还得体现在人民生活上面。这既是共产党的终极奋斗目标，也是国家发展的最终目的，就是要让人民生活得更幸福。“居民生活”单独立编，这在二轮修志编修人员中基本形成共识，而且在记述的深度与广度上，创造出许多成功的经验。写好“居民生活”编，重点要结合本地地情，深挖资料，写得生动丰满一些。总而言之，要舍得对重点篇章下工夫。是志的“居民生活”编是一份令人满意的答卷。

五、内文、志尾分别设“附”，资料挖掘较有深度

该志附记总字数166600字，篇均6170字，最长的28600字，最短的440字；附记区别于正文，改排为大五号仿宋体；设附记最多的编有11篇，少者1篇。附记的文字量虽仅及全志的4.5%，却延伸和拓展了内容记述的深度与广度，增强了志书的利用价值。

该志在14编正文中增设附记42篇（另志尾专记设附文7篇），占全志36编的39%；具体情况如下：环境保护编设《同生化工厂工艺废气污染及固体污染物状况》《北仓镇创建全国环境优美镇相关指标完成情况》2篇，人口编设《天穆镇各村部分姓氏渊源简况表》，城乡建设与管理编设《北仓镇总体规划》《北辰区区级道路选介》《北辰公园记》3篇，交通运输编设《外环线纪念碑文》1篇，邮政电信电力编设《双街镇电话、移动电话拥有量变化情况调查》1篇，工业编设《工业企业节能举措实例》1篇，金融业编设《建筑安装工程一切险赔偿案例》1篇，经济行政管理编设《土地违法案例》《1997年12月31日1元人民币购买力》《2009年12月31日10元人民币的等价商品》《北辰区乡镇审计案例》《北辰查处假冒名牌案例》《商标专用权质押贷款》《维护消费者权益案例》《天津市梦得牧业发展有限公司沼气罐体爆炸案例》8篇，中国共产党编设《优秀宣讲员王玉恩》《区内征集的勤政廉政警句箴言选》2篇，政法编设《速破抢劫加油站案》《速破盗窃金店案》《金融诈骗案例》《立新园林场》《北辰区重大火灾案例》《北辰区交通事故典型案例》《渎职犯罪案例》《开展坦白检举活动，深挖犯罪》《法医鉴定案例》《笔迹鉴定案例》《460万元诈骗案》11篇，教育编设《驻北辰区高等院校》1篇，文化编设《“天穆杯”图标》《档案服务实例》2篇，卫生编设《北辰医院抗震救灾医疗队》《北门医院组建医疗小分队参加四川抗震救灾》《医疗事故鉴定案例》3篇，精神

文明建设编设《最珍贵的“陪嫁”》1篇，居民生活编设《农民从业收入专项社会调查》《家庭消费专项社会调查》《1979—2009年双街镇住房情况》《双街镇沙庄村居民主要家用电器拥有情况》4篇。另志尾专记设附文7篇，分别为《宜兴埠即事》《塌河淀旧事——由兴淀人民公社想起》《回忆和烈士安幸生一同生活的日子》《津委会听取佐中侠同志汇报后对津郊工作的意见（节选）》《天津特别市政府警察局为报在天齐庙与八路军战斗情形事呈天津特别市市长周迪平文（1945年9月5日）》《天津特别市政府警察局为报在天齐庙与八路军战斗情形事呈天津特别市市长周迪平文（1945年9月6日）》《天津特别市政府指令》。

续修《北辰区志》附记内容涉及面较广，或经济建设中的重大成就，或关系民生的社会调查，或改革开放中的新生事物，或社会生活中的事件纪实，或单位、人物简介，或警示后人的重大案件等，且体裁多样，反映地情全面系统，资料挖掘既有广度、又有深度，地方特色浓郁，从不同视角展现北辰区人民的奋斗足迹，使附记的功能充分得以展现。

是志除随文设附外，在志尾还设有附录，列有文存、党和国家领导人题词题字、荣誉表等3项内容。随文附记与志尾附录的运用，拓宽事物的记述面，收到了较佳效果。

六、人无完人、志无完志，些许商榷仅供参考

志稿的优长之处不止上述几点，只是这几点比较突出而已，这也是笔者的一孔之见。诸多优长还有待众人评说。下面就阅稿有感而发，提几点不成熟的意见，与同行共同探讨。

（一）标题。第五编“城乡建设与管理”，“与管理”三字累赘不洁，可删。第六编“交通运输”，交通是“父”，道路是“子”，既有父子同堂之嫌，又犯内容重复之弊，改为“交通”更为恰切。

篇目标题简称的一致性，是志书炼句行文科学性、严谨性的重要表现之一。如中国共产党编第一章“党员和党代表大会”，与第二节“党代会代表”标题简称

不一致，节名标题简称符合“精练、简洁”之标准，该编的章题均应向节题靠拢，章题似应改为“党员和党代会”较为恰切；同时该章第三节“党代表大会”亦应一致改为“党代会”。

与此同类的如人民代表大会编，第一章“人大代表”、第四章“人大常委会主要工作”简称一致，“人民代表大会”简称“人大”恰切、准确。第二章“代表大会”似可改为“历届人代会”，属下节题依次改为“八届”至“十五届”即可，节题受章题统辖，故节题中的“人代会”（现为“人民代表大会”）有三字可省略。

再如政治协商会议编，第一章“政协委员”标题将“中国人民政治协商会议”简称为“政协”，较之于编名标题“精练、简洁”许多，且为国内上下一致的通行简称，编名标题应向第一章标题靠拢，简称为“政协”，前后一致，似更为妥当；第二章“全体会议”即属下节题名称应与人民代表大会编第二章行文一致；第三章“常务委员会”标题名称，应与人民代表大会编第四章标题将“常务委员会”简称为“常委会”相一致。

党派群团机构组织作标题，用简称最为恰当。组织机构制作标题，用简称不用全称，应是志书标题制作的一项基本规则。在我国的社会活动中，许多组织机构都有相应的简称，且这些简称有几个基本特征：一是经过官方认定或认可，在新闻宣传、公文文件等传播中广泛应用；二是得到社会普遍承认，并在语言和文字交流中广泛使用；三是从上至下约定俗成，既简明又准确，不会产生任何歧义；四是标题制作不能短视，目光要放长远一点，编修志书是长久的事业，标题生命力的长短，是衡量用词准确的标准，放在历史长河中加以考量，是否经得起历史的检验。

综上所述，是志中的“人民代表大会”“政治协商会议”2编的标题均不符合“简明、准确”之要求，拟改为“人大”“政协”较为妥帖。

笔者认为，续志相同类目的标题不需要求新求变，而需要规范统一。没有规矩，不成方圆。标题的规范化，并非“千志一面”、削足适履，也非我行我素、自以为是，各唱各的调，而是在修志实践中逐步摸索出既能反映客观实际，又符合志体，且为广大读者认可的标题制作路子。

（二）版面编排。文字版书籍排版以紧密为好为上。珍惜版面是文字书籍应遵循的普遍原则，志书亦不应例外。二轮修志编纂中的一大弊端，就是志书越编越厚，越编越长，令人望而生畏。

志书是可看可读的书籍，并非束之高阁的“艺术品”。有学者提出志书“资治、教化、存史”的三大功能，把“存史”摆在了第一位，我以为这有本末倒置之嫌。志书服务当代，惠及后世，首先是服务当代，“资治、教化”是主要功能，“存史”是附带功能。编纂思想的变异，会把方志编纂引入死胡同。首轮志书过简，二轮加详亦在情理之中，但要详略有度。志书主要为当代服务、为现实服务、为大众服务，受众面越广，发挥的社会效益越大。志书过长，令人望而生畏，其结果与修志人的愿望正好相反。

志书增厚，其中与版面编排也有干系。书籍是以页码来计算字数的，每行的字数乘以每页的行数（包括页眉行在内）再乘以总页码数，志书亦不例外。作为纸质印刷出版物，国家标准只有一个，所有书籍一体遵循。

改革开放以来，经济的繁荣兴旺，带来文化的繁荣发达，人们被禁锢的思想冲出牢笼，出版自由的能量得到最大限度的发挥，这体现出社会的进步。但私人著书成风，其中也不乏滥竽充数之辈。少数人为了强撑门面，增加书籍厚度，在排版上大做“文章”：或字不够图来凑，或加大文字字号与行距，或一条标题占半页甚或一页，一首五言绝句也可占一个页码，等等，可谓各显神通，无所不用其极。此风蔓延开来，出版社的编辑也跟风混在一起，美其名曰“美化版面”。殊不知，每增加一个页码，出版社编辑的审稿费、书籍的工本费就会“水涨船高”。此种隐形的浪费资金、浪费资源之风也“传染”到志书之中。志书“瘦身减肥”，从版面编排上把关，也算一策。内容与形式的完美统一，才可称得上是一部优秀的志书。

从现有志稿看，还有些许改进的余地。

一是标题占行过多，出现有的页码标题“当家”（编首页尤其明显），只见稀疏几行文字，欠严谨、雅观，有浪费版面之嫌。现志稿编题占内文10行高度、章题占7行高度、节题占4行高度，建议分别改为占5行、4行、3行高度。目题是志书中使用频率最高的标题，现志稿上下均空行、占二行高度，建议上下均不空行、占一行高度即可。

二是一页中两幅照片采用“齐列式”编排时，照片的宽度最好一致；如画面不允许，则改变排列方式，改为左右错位排列，增加版面美化效果。正文中插示意图76幅，多数画面显大显愣，似有过度渲染之嫌，尽可能删减一些，且根据画面尽量缩小些，版面似乎会更美观大方一些。

（三）其他。其一，正文设附42篇，字体改为仿宋体与正文相区别以示突出，篇均6170字，远大于正文中的条目内容，理应在志首目录中给以标示，现目录中缺失附记标题，既不符合新志的通行做法，同时也减弱了目录的提示、检索功能。

其二，志书节下的一级目标题，全志各编要协调、平衡，尽量克服畸轻畸重的弊病。现志稿人物编传略简介章传略节下，一级目分为本籍人物、客籍人物，将传记人物标题排在了二级目位置，似有分级过细之嫌。凡例十二条和人物编人物传人物简介章首小序中已标明人物传人物简介包括本籍、客籍人物，一级目再分别立题标示，似有画蛇添足之嫌，且无论旧志还是新志，人物传主标题均是以一级目题对待的。

志书中记人的内容，人物传记是最高档次，其他编章所记（立标题）生人事迹，一般均不应高过人物传记的标题档次。现志稿科学技术编科技创建章科技示范户节下6人、精神文明建设编感动北辰文明人章文明典型节下7人，均列为一级目标题，与人物传记形成反差，标题中的畸轻畸重弊病较明显。

同时，在各分志目篇幅的平衡上亦出现不协调现象。如人物编人物传“本籍人物”目下领30个子目、13000字篇幅，“客籍人物”目下领26个子目、9000字篇幅；人物简介“本籍人物”目下领41个子目、12000字篇幅，“客籍人物”目下领19个子目、7200字篇幅，在结构上形成比其他分志的节甚至章的篇幅还大，造成分志间结构的不平衡。

结语。总括而言，《北辰区志（1979—2009）》编纂历时八载，“区地志办秉承出精品佳志的宗旨，树立修志为用的理念，不断研究和把握地情特色和时代特征，逐步深化对志书内容的理解认识，在创新篇目、深挖资料、客观记述、贴近民生、凝练文字等方面严格把关，狠抓质量”（《编修始末》语），奉献出一部值得学习、借鉴的精品佳志，无愧于担当北辰区最重要乡邦文献典籍的称号。

（作者系山西省地志办原副巡视员）

区志编纂的一颗北极星辰

——评《北辰区志（1979—2009）》体例篇目

王 晖

《北辰区志（1979—2009）》（以下简称《北辰区志》）从志稿评审、复审到修改看样，读了3遍。虽然没有通读，但尝鼎一脔，感触良多，深深体会到该志体例篇目不断趋向科学，内容更加严谨，文字更加洗练，改革开放特色更加突出，最终被评为全国精品志书，成为二轮区志编纂的一颗北极星辰！最为可贵的是体例篇目，可圈可点，特色鲜明。

一、自然环境与人工环境紧密相连

中国地方志指导小组颁布的《地方志书质量规定》是当代志书的质量标准，评为全国精品工程志书首要条件必须符合这个质量规定。《北辰区志》共分36编，第一板块除了常规的政区、自然环境、环境保护、人口位于志首外，接着将城乡建设与管理、交通运输、邮政电信电力等编紧随其后，这样设置符合《地方志书质量规定》第四章“内容”之规定。二轮志书做到这一点不是那么普遍，相当一部分志书将环境保护、城乡建设、交通运输、邮政电信这几个分志设置在经济部类中。的确它们属于经济第三产业，但它们又是一地的人工环境，或者说是基础设施，它们与自然环境联系成一个板块，就反映了一地自然与社会的大环境。有了这样的大环境，然后再记述经济社会活动，这是符合经济社会发展规律的。如果离开自然环境，像很多志书那样，在记述了第一产业和第二产业等经济志之后，再出现环境保护和交通等人工环境，那就将环境与环保等内容分离了，经济社会发展失去先决条件。《北辰区志》编者领会了《地方志书质量规定》精神，遵守规定，付诸实践，值得称道。

二、经济部类重视宏观经济记述

一般来说，我国的政治经济结构模式化，志书编纂难以表现地方特色。经济部类分志设置，大多是以横向产业类型设置，基本是农工商财税金融等。这样设置没有异议，问题是单一产业横向记述，若没有纵向宏观体制和产业结构的分析，那么经济部类志仅仅是平面的，不能立体地反映一地经济发展兴衰起伏的全貌。克服这一问题，主要是经济体制变革的设置，宏观经济管理的设置，通常志书设置了“综合经济管理”1个分志来反映，而《北辰区志》设置了“经济综述”“经济体制改革”“经济行政管理”3个分志，突出反映宏观经济的结构调整、体制改革与综合管理内容，这样增强了经济部类内容的整体性。以罕见的篇幅加强宏观经济的记述，无疑属于《北辰区志》的一大特色。

三、政治部类涵盖重要政务

分志设置总体上遵循《地方志书质量规定》，但篇目排列上有所突破，如《民政》《人事劳动与社会保障》两个分志，《地方志书质量规定》是将其列在社会部类中，《北辰区志》严格设置了这两个分志，而在分志排列顺序上，从社会部类移到政治部类，这一突破是有其道理的。除了“社会保障”内容外，人事劳动和民政是政府重要政务，如民政，它是政府的“不管部”，政府工作找不到部门承担时，就先让民政去管理，因此，民政工作的历史管过劳动、残疾人事业、社保等，现在都分家立业了，但民政仍然为政府管理基层自治组织、社会组织、救灾减赈等重大事务。人事工作当然是政府公务员管理的重要内容。所以说，这两个分志放在政治部类是合理的，也是方志界应该引起重视的一个分志排列逻辑顺序问题，政治部类不能没有人事劳动社会保障和民政等重要政务。

四、《精神文明建设》分志设置丰满

新方志如何反映精神文明，研究颇多，实践不少，但像《北辰区志》设置如此丰满的不多。这项工作是二轮志书断限期间内的一项重要活动，组织上从“五讲四美三热爱活动委员会”改设“精神文明建设指导委员会”，活动内容日益增多，可很多志书在精神文明建设篇目设计上，大部分停留在文明创建和三德教育上；还有很多志书编纂中，因内容空虚，致使这个分志流产。本人在设计《安徽省志》篇目时，原有这部分篇目设置，很奇怪的是主管部门不同意修这个志，领导亲自登门要求取消这个志，理由是内容太虚。而看到《北辰区志》内容很丰满，共设置了7章，分别记述了“文明农户创建、文明村镇创建、其他创建、思想道德教育、军民共建、‘四下乡’活动、感动北辰文明人”等7个方面的内容。以事系人，其中“感动北辰文明人”，记述了评选文明人六届共838人次，有文明人名录，有文明人典型事迹案例，真正体现了以人为本的科学发展观。篇幅达到30个页码，内容实实在在，鲜活地反映了北辰人精神风貌。子曰：“为政以德，譬如北辰，居其所而众星共之。”[①] 北辰人没有忘记圣人的话，用道德来治理国家，自己就像北极星那样，安然处在自己的位置上，其他众多的星辰都围绕着它转动。北辰人以其高尚的道德情操诠释了“北辰”区名由来，区精神文明建设委员会办公室连续12年被评为天津市级先进集体，这就是对北辰区精神文明建设的高度肯定，这颗北极星成为天津市精神文明建设的楷模。

五、政治经济文化多层次反映改革

二轮志书时代特色是改革开放，很多志书反映都是粗线条、浅层次的，限于经济体制改革，有的还将对外贸易和开发区当作改革开放，其实对外贸易过去就有，而且组织上更健全，有专门的对外贸易管理机构，现在对外贸易扩大了是事实，可管理机构反而削弱了并至商务局。开发区是现代科技工业园区，是现代企业制度的产物，从统计口径看，它归属于工业。《北辰区志》基于这种

① 孔子:《论语·为政篇第二》,《论语译注》第11页，中华书局1980年12月第2版。

考虑，“对外贸易”节设在“商业”编中，“工业园区”“科技园区”两章设置在“工业”编中，从事物根本属性上归类设志。《北辰区志》反映改革开放，不是单纯从经济体制改革入手，而是从政治和文化等方面，多层次地反映改革。如在政治部类中，人民政府编记述了“法制工作”“行政监察”等依法行政方面的改革；人事劳动与社会保障编中记述了“机构改革”“干部人事制度改革”；教育编中记述了“教育体制改革”；卫生编中记述了“卫生体制改革”。这些内容概括反映了改革是全方位多层次的，也是永无止境、不断深化的。

六、概述小序健全提升志书质量

2012年中国地方志学会学术年会上本人与会交流了《论概述与小序》一文，文章认为，志书是以条目为基本单元来统率资料的，形式上有点类似辞书，但形式上完全像辞书那样地排列一个个独立的条目，没有全志概述，没有编章小序过渡，就看不见行业和事物的整体性，虽然分门别类设置了编、章、节，但依然是一盘散沙，“只见树木，不见森林”，形式与内容未能形成有机整体，志书质量处于浅散状态。要改变这种状况，建立志书门类之间的联系，就要依靠概述、小序两种体裁，置于全志和编、章、节之首，像一张网络纵横贯通各个门类和条目，使志书内容浑然一体，增强志书的著述性和形式美，提高志书质量。文章提出“2581”篇幅参考比例，即节下无题序是简述引言式，画龙点睛，启示条目，字数不超过200字；章下无题序是综述概况式，钩玄提要，撷英举萃，字数不超过500字；编下无题序是纵述沿革式，发展历程，兴衰起伏，字数不超过800字；全志概述则是横排纵述式，思接千载，视通万里，篇幅不超过1万字。文章在《中国地方志》2013年第7期发表后，《江西方志》等刊物转载，在全国产生一定影响，很多地方付诸实施，并美其名曰“2581工程”，有的地方利用3个月时间专项实施，效果是明显的，增强了志书著述性、整体性和形式美。如果没有无题小序，形式上只有编、章、节数量词的堆砌，内容表述上编章无帽子，条目无统领，真的像辞书条目分布那样，只见一叶叶历史碎片，看不出万事万物之间的有机联系。任何一个观点的提出都会有不同的争议，观点越重要争议就会越激烈。不同观点认为，层层写小序会造成重复。故有的省市作出硬性规定，不写编的小序，或者不写章的小序，或者不写节的序。节的小序是根据条目的多寡，有的只有几个条目，或者没有条目，直接进入撰写层次，就无节下小序可言；假如有很多条目，写个200字的导言，完全是可行的。所谓重复，客观上也有可能产生，但深入到编章节统领事物门类的范围就知道，重复是很少的。此事好有一比，编章节记述的空间范围，如同省市县三级行政区域，小序写法大致可理解为概况式，这样可以对应比喻，编是省一级概况，章是市一级概况，节是县一级概况，写省的概况有可能涉及到某个市，省市都有可能涉及到某个县，涉及到就是重复，不能因为涉及重复，就将某一级概况不写了，凡能涉及的事物一定是在全省和全市中有非常重要地位的特殊事物，当今流行语“重要的事情说三遍”，这样的少许重复又何妨？一般情况下没有多少重复，《北辰区志》概述小序的设置就证实了这一点。

《北辰区志》“总述”恰恰1万字。纵述板块概括北辰总体情况，区位、地貌、历史文化、建置区划、面积、人口等，最重要的区情，最顶尖的指标，一目了然。然后进入分述板块，按照“经济建设、政治建设、文化建设、社会建设、生态文明建设”五位一体的分类，暗分一、二、三、四、五，而每个部分，开头设置了条目，形式类似条目，字数看还是一句话标题，并非严谨的条目，如果去其黑体，加上标点符号，作为段落句首隐性标题则更好，让每个段落的主旨和文字内容一气呵成。这也是拙作《论概述与小序》极力推崇的写法。

《北辰区志》无题小序设置最为健全，编章小序通篇设置，节的小序酌情撰写。小序的撰写方法不外乎是“引言破题、提挈重点、钩点历史、典型统计”，这些方法在《北辰区志》中都得到较好地运用。如“政协委员”章下无题序写道：“1984—2009年，历届区政协委员中人数最多的是第四届，为188人。界别最多的是第二、第三、第七届，均为20个。”这就是“典型统计”式的写法。文字上不一定像拙作所说的“2581”篇幅参考数，章节下哪怕只有一两行字的过渡，也比无头无序的形式要美观多了。至于认为层层写序造成重复的问题，仔细琢磨《北辰区志》的编章序，重复问题完全能克服。试举第一编“政区”和第一章“建置区划”编章相辖的无题序。编下序写的是北辰区位、何年解放、何年建区、原名什么、何年更名、区名来历、区治所在地等。这是立足全区范围，记述区一级层次资料。下设第一章记述对象是“建置区划”，小序说的是断限之初年全区辖多少人民公社、多少街道，何年公社改乡，何年乡改镇，全区一共有多少镇和街道，何年撤并，全区一共有多少镇和街道。这是记述辖区所设乡镇街道的变化资料，与编下小序记述区一级政区变化资料丝毫没有重复。事实证明，只要把握编章节记述不同对象和范围，界限分明，就不会产生重复。所以，我们要对《北辰区志》述序设置，大加点赞，足可效仿。

志书纵贯千古，横陈百科，包罗万象，再优秀的志书也难免有些瑕疵。瑕瑜互见，无伤大雅，不想将《北辰区志》粉饰成没有阴影的小白脸，立体地看待这部志书，略举一二微瑕。如第一编“政区”，《地方志书质量规定》是“建置”，没有必要改为“政区”。志书首列建置沿革，正如清代方志学家戴震所说这是千年定例。而该志将“建置”放到第一章第一节的层次上，难道后面第二章“乡镇街道”不是建置？应该将“建置”冠在编的层次上，下设“建置沿革”和“乡镇街道”两章，“建置沿革”章下设“地理位置”和“区划沿革”，地理位置可写四界，但不要写“勘界工作”，这个工作是“民政”编内容。再如“自然环境”编，用“水资源”来统辖“河流”，既然境内有永定河、北运河等16条河道，为何不单设“水系”或者“河流”章节，写河流与写水资源是不同的概念和不同的写作角度，水系河流是大概念，在“水资源”节下设个条目写“河流”空间太小了，16条河道舒展不开；层次太低了，连目录都进不去。附录前的“专记”，其一记载的是“塌河淀”，这是一个“巨薮大泽”，素有“九河下梢”之称，与众多河流紧密相连，尽管现在有些地方已经淤积成土地，但有些洼地形成水库“保留了塌河淀旧有的浩渺水面”。这一古老的河淀依然可以与河流一起设置“河泽”章，下设两节，一节写“河流”，一节写“塌河淀”，专记“（一）塌河淀探源”就可以取消，移到“河泽”中写，水系就更加完整。其实，“专记”均可取消，设立专记的主张者认为一是无类可归的事物，二是突出地方特色内容设专记，3个专记均有类可归，“塌河淀”可归自然环境“河泽”，“北辰人民革命斗争史略”可归军事，“北辰区知识青年上山下乡运动”可归属青年团的青年工作，人为地从正文中离家出走到志末设个专记，同时它们都不是北辰地方特点，民国时期革命斗争、“文化大革命”时期知识青年上山下乡，九州皆同，又是断限外的事物，将首轮志书内容或者党史文史的内容拉来设专记，似乎是为设专记而设专记。志者，记也。专志就是专记。方志是从秦汉时期各类专记发展而来的，没有必要在体例上倒退两千年，割裂与正文的关系，设置附赘悬疣的“专记”。这是一个有争议的体例形式，当然，《北辰区志》其他分志的设立也存在有争议的分志名，与《地方志书质量规定》不相符，应该说这些争议反映了当代方志界对社会结构和学科属性的认知水平，有待实践检验和方志学研究的深化，相信时间会对时代局限性作出正确的回答。

（作者系安徽省地方志办公室省志处原处长）

值得认真拜读的四个板块

——《北辰区志(1979—2009)》读后感

王广才

在全国二轮修志工作中天津市《北辰区志(1979—2009)》(以下简称《北辰志》),于近日出版发行。这是全国方志园地又一奇葩,可喜可贺!该志资料丰富,统辖得当,特点突出,文字精练,诸体并用,图文并茂,堪存堪鉴。在此仅对4个部分拜读赏析,借此由斑窥豹,察其精髓。

一、乡镇街道统辖得当、特点突出

《北辰志》是将乡镇街道作为一章放在政区编中记述的。统辖了下限年(2009年)在册的9镇4街情况。按版面计算有4万多字。每个乡镇包括农业、工业、第三产业、社会事业、城市化建设5部分内容,最后附载2009年行政村和社区居委会情况表,计0.4万字。所设类项,从城区特点出发确定,没有面面俱到,这种做法是完全正确的。类项经过筛选,那么内涵要素也不是信手拈来,而是精心挑选。选什么,从志稿看是在挑选重点、特点、亮点、看点性内容。如天穆镇,基本情况中,写城乡结合部区位、四至八到、回族聚集区之一、津门伊斯兰文化发轫地、工商业重镇、基层政权建设和精神文明建设在天津乃至全国处于领先水平,被评为"全国最佳乡镇"。农业中,写了耕地逐年减少,为天津市菜篮子工程先进单位,勤俭村大白菜、白庙芹菜、南仓西红柿、吴嘴柿子辣椒享誉津沽。1996—2000年,重点发展精细菜、水生菜,畜牧水产和观赏农业亦形成规模,出现阎街花卉、刘房子工艺葫芦、南仓信鸽、王庄鸣虫等生产养殖基地。工业中，写1987年全镇实现工业产值1.2亿元，为北辰区第一个乡镇企业产值超亿元乡镇。2000年后，高科技含量的工业企业渐成规模，铁东路产业园区成为镇内工业的主要载体。“金锚”牌非金属“台阶”（梯子）跻身中国驰名商标行列。第三产业中，写80年代初，镇内个体商户多经营牛羊肉，天津市场80%牛羊肉源自该镇。1997年，（白庙）天昊集团建铁东路摩托车批发市场，时为中国北方地区最大的摩托车集散地。2002—2009年，重点建设京津路黄金商贸带和顺义道、朝阳路钢铁物流园区、奥园现代商贸区等。社会事业和城市化建设中，也都是一行一特点，句句汇众色，读来感到新鲜、生动，毫无干瘪、枯燥之感。其他8镇4街与天穆镇一样，或勾画区位优势，或彰显发展变化，或圈点各自异同，或明示新兴事物等，使镇街概况千姿百态，夺人眼球。

二、工业内容全面、系统、厚重

《北辰志》工业编计10.2万字，可见其资料宏富翔实。下辖9章，依次是发展规模、经济效益、行业与主要企业、产品、固定资产投资、企业管理、工业园区、科技园区、驻区国有规模工业企业。说其全面，即所列类项和所记内容，兼顾到了工业企业的基本方面，有本区和驻区的，有规模还有效益，有行业结构还有企业选介，有产品有产量，有投资有管理，有工业园区还有科技园区。说其系统，一是指包含在前述全面中的系统性，二是指主次兼顾、详主略次上的系统性。如记规模不忘效益，因为规模体现着变化，而变化也包含着效益，但规模又不等同于效益。因缘于此，在发展规模之后，专设经济效益一章，写出了增长速度，以及各经济类型企业效益，包括产值、销售收入、净产值、增加值、利润、税金。除经济效益专章外，还在其他章中通过投入产出的载录、节能情况的勾画、产品结构的记述、名牌产品的标示厚重强化经济效益的状态。特别值得一提的是，志书作者对科技园区的高看和厚爱。这一部分不仅有园区布局、基础设施、招商引资，更写出了科技创新、专利成果和经济效益。这些是作者修志理念的进步和成熟度的体现。如此可使读者看出一地、一个企业经济的增长，是在低投入、低消耗、高技术、高效益基础上的增长，而不是走高投入、高消耗、低技术、低效益增长的路子，进而获悉其趋大势、避老路、转方式、调结构所取得的经验和成就，为用志者提供借鉴的标本。

三、精神文明建设编耐人寻味

《北辰志》将精神文明建设单设为一编，字数为4.7万。这是本人看到区志记精神文明建设上佳志文之一。说其好，一是类项齐全。该编下辖7章，依次是文明农户创建、文明村镇创建、其他创建、思想道德教育、军民共建、“四下乡”活动、感动北辰文明人。通常的志书，一般记文明创建、思想道德教育、文明典型，大致在3至4项，而《北辰志》则开列出7项。仅看篇目，即知北辰区精神文明建设活动的丰富多彩。二是编下无题概述，虽仅500多字，但其注重综合概括，同异兼述，写出了关键节点（始、终、起、伏）、“人有我优”、举措成效等内容。比如写道：1990年始，在全区中学和小学学生中开展学赖宁活动，该活动在天津市及全国都有一定影响。这里把一项活动的效果，由本市扩及全国，既反映了实际情况，也彰显了该事项的地位与作用，使所记内容得到深化。文中还显示：1992年，北辰区率先在天津市实施小康村工程创建活动。这里加了“率先”二字，透射出的是作者遣词用字背后的分析比较，以及事物在较大范围的影响。仔细分析，增加或减少两个字，其信息含量和价值是大不一样的。三是将军民共建和“四下乡”活动分2章7节记述，意在突出北辰区精神文明建设的独特个性。在军民共建中，记述了地方“爱心献功臣”活动，结亲帮扶老伤残、老复员军人和老烈属优抚对象，为部队慰问演出等，记述了部队支援光荣院，参加施工、加固河堤、抢险救灾等。在精神文明建设中记述了文化、科技、卫生、法律“四下乡”活动，是一种新的探索，它扣紧和如实反映了区情实际，拓展了精神文明建设的内涵和外延，保留了可资借鉴的经验性资料。四是有面有点，广度与深度有机结合。在“创‘三户’树新风”中，附载“最珍贵的‘陪嫁’”资料，将双街镇汉沟村村民李淑静出嫁时，不要彩礼，仅把因病丧失劳动能力、已届92岁高龄的爷爷一起“过”了门，之后精心照料两次中风爷爷的事迹，用楷体字醒目地展现给读者；在“文明小区‘五个一’创建”中，选录了2006年12月2日《人民日报》的一篇报道，题目是“天津北辰区‘五个一’建设提升乡村文明建和谐农村”。这些附载的内容看起来文字不多，但却短小精炼、文约事丰、生动感人。五是收录“感动北辰文明人”。所见志书精神文明建设部分，有的有文明典型，有的未曾选录，相比较，前者与民众更为贴近，也更接地气，而后者立项和书写缺位，存在短板。而《北辰志》属于前者，注意了扬长补短。这样做对于强化志书的“教化”作用助益不菲。

四、居民生活部类堪读堪存

《北辰志》居民生活部类又是一篇力作，堪读堪存。笔者看到抢眼的市、县（区）志居民生活，多者8万多字，《北辰志》居民生活编7.3万字，属于较为丰满的一份。本人极力主张将居民生活从经济综述中析出，单独设置并且要浓墨重彩。因为断限内居民生活变化大，入统（统计）资料多，有条件也有把握写好，属于可为志书更多加分添彩的类项。这一编共7章，分别是居民收入、居民消费、饮食、服饰、居住出行、家用器具、休闲养生美容。其特点是：基本资料全面详细，应有尽有，说明此项工作做得扎实细致。在使用档案资料的同时，区地志办还搞了家庭消费专项社会调查，并将调查资料融入志书，显著弥补了档案资料存在的某些不足。透过调查，我们清楚地看到了家庭教育的总消费与分项消费，城镇居民住房综合消费和分项消费以及婚庆消费情况，比实地调查半个月还要实用有效，且属于第一手资料，具有“唯一性”特征，大大提高了资料价值。像休闲、养生、美容这些具有延展性、时代性的生活现象，作者细密观察和访录，分门别类纳入，贴切实在、生动真实。为把这一部分写好，作者坚持诸体并用，文字的表格的图照的示意的，多措并举，互为补充，其中曲线图、柱形图、扇形图即达30余幅，读来形象直观，达至“可读可用”的效果。

（作者系河北省地方志办公室原副主任、副编审，河北省方志专家库成员，中国地方志学会学术委员会委员）

一部记述改革开放历程的志书

——评天津市《北辰区志（1979—2009）》

王卫明

天津市《北辰区志（1979—2009）》（简称《北辰区志》）在即将出版时寄于我，请写书评。因为不是正式书籍，前面缺少封面、彩照、地图等，只是正文的打印稿，一时感觉不像书。在随手翻看时，才一点点地被书稿的正文所吸引。

《北辰区志》的篇目设置比较科学合理，采用的是环境、基础设施、经济、政治、文化、社会、人物的顺序编排，没有缺失大的类项。编下章节的分类设置也较为科学，参照行业的结构、管理的职能、事业的属性，进行横向分设，篇目的整体设计具有系统性和统领性，为全面地、系统地反映一地自然、政治、经济、文化、社会等方方面面的事物提供了空间，为志书内容的完整性打下了基础。

《北辰区志》的正文，细看志书的每一个目，其内容记述能够遵循志书的竖写要求，纵向的反映事物的发展与变化。从事物的发端写起，注意反映事物的变化，对于每个变化，都明确记述变化的时间、原因和状况。通过看内容，也注意到此书的资料较为翔实，凡事都有明确的发生时间，对于事物的记述可以说是明明白白，较少出现用模糊时间、模糊语言，描述模糊事件。一个时间、一个原因、一种状态和结果，都要说明白，这对一部志书来说是非常重要的，志书的资料性就是由目的实质性内容所体现的。有些志书虽有上百万字，但其目的内容在用“以来”“以后”等模糊的时间概念和模糊的语言描述后，出现的是模糊的叙述，这样的记述因为没有事物发生的明确时间而失去其资料性，志书的质量也就难以保证。框架结构设计成功，志书的编纂就成功一半；目的内容记述成功，志书的编纂就整体成功。《北辰区志》的框架结构和内容记述都符合志书的要求，可以说是编纂较为成功的一部志书。

对此志书感受较深的是其对改革开放的处理和志书“述体”的应用。从其凡例中了解到本部志书的上限延至1979年，为此让我关注此部志书如何记述改革开放。在读此书总述时，感觉编者对志书“述体”的把握较为到位，又翻看了编章下的无题概述，更加深了此印象。《北辰区志》对改革开放的处理和“述体”的应用，都有值得借鉴的地方，为此专门谈这两个问题。

一、将改革开放作为第二轮志书的突出点，并将此思想贯彻于整部志书中

《北辰区志》是本区的第二轮志书，上限定于1979年，此上限并非上轮志书的下限。第一轮志书《北辰区志》的下限是1997年，按照常规第二轮《北辰区志》的上限应接第一轮志书的下限，即从1998年开始，但第二轮《北辰区志》将上限延伸到1979年，上延19年。上限延至1979年的做法，在第二轮志书中有所见，此做法的目的是为了更加完整地反映改革开放的历程及给本区域带来的发展与变化。上限的制定体现出《北辰区志》要将改革开放作为其编纂的一个突出点，这一思想贯彻到了整部志书中。

首先，在篇目设置上突出了改革开放这一时代特点。《北辰区志》对于改革开放的设置采取了集中与分散相结合的方法，在经济部类前设“经济体制改革”，集中了农村经济体制改革、工业企业体制改革和流通体制改革。同时采用分散的方式在财政章里设财政体制改革，税务章里设税收体制改革，在人事管理章里设机构改革和干部人事制度改革，在劳动管理章设劳动制度改革，在教育编里设教育体制改革章，在卫生编里设卫生体制改革章，在商业编设对外经济和贸易章。在篇目上，为体制改革的记述设置了充足的空间，留下了记述的余地。同时，在篇目上也体现出第二轮志书的时代特点。

在志书中采用集中与分散的方式记述改革开放，是比较妥善的方法。因为，有些改革影响的不仅仅是行业，而是全局。如农村经济体制改革，影响的不仅仅是农业，而是整个农村经济；工业企业体制改革，在20世纪八九十年代，主要是针对国有企业体制的改革，21世纪又开始乡镇企业所有制的改革。《北辰区志》根据体制改革影响的层面，将影响全局或影响面比较大的体制改革集中设置，能够充分体现改革的意义及影响。设置体制改革专编或专章，不仅仅是要记述改革的内容，还要通过集中设置这一形式，体现出一种含义，即这些改革的影响度和突出度。分散的处理是不要漏掉其他方面的体制改革，因为这个时代的改革是全方位的，涉及方方面面。《北辰区志》在篇目设置时，既突出了改革开放的思想，又做到了全面反映体制改革的合理设计，对于改革开放的目录设置，处理得比较完善。

其次，在内容记述上，详细地陈述了改革开放的历程。其详细地陈述体现在几个方面。一是对于每一项体制改革，都尽可能地全方位地反映，从改革的各个方面给予反映。如“农村经济体制改革”一章下设了家庭联产承包责任制、社会化服务体系建设、农村合作制经济经营管理、农村税费改革等节；“工业企业体制改革”一章下设乡镇企业经营体制、产权制度、管理与结构调整等节；“流通体制改革”一章下设商品流通体制、商业服务业体制、供销体制等节。节下设目，对于改革事物细分为目，详细记述，如“社会化服务体系建设”节下设一般性服务组织和农民专业合作组织两个目；“农村合作制经济经营管理”节下设合作基金会、发展基金及统筹费、农村土地流转、农村三级财务网络建设、四项管理、收益分配等5个目，有些目下又设次目。内容的层层分解，使每一方面的体制改革，从宏观到微观得以详细地记述。横向分类设置越全面，改革的内容记述就会越完整。

二是对改革事物的记述从其发端写起。有些改革从1979年开始记述，有些改革从其出现时开始记述，充分体现本志要完整体现改革历程的指导思想。如本志对“家庭联产承包责任制”的记述，从1979年初开始记述，记述“中共中央提出建立农业生产责任制后，区委遂召开1200余人参加的四级干部会议，推广韩家墅、岔房子、小韩庄、韩盛庄、阎庄5个大队'包产到组'经验，提出'在全区建立健全以作业组为主要形式的农业生产责任制'。"[①]从1979年年初的定额管理和小段包工开始记述，从改革的发端写起。再如对"农村土地流转"，从"1984年3月，白庙村将园田转包给河北省南皮县等地农民经营，开天津市土地异地转包之先河"[②]开始陈述。志书上限的延伸，为改革事物从其发端写起提供了条件。

三是改革历程的呈现。《北辰区志》对事物改革历程的陈述遵循了志书"竖写"的要求，从其发端记述到其终结或下限时的状态，注意反映事物的发展与变化，注意突出改革的节点。在对事物叙述的过程中，做到了时间清楚、地点清楚、事件清楚。如工业企业体制改革章的第一节"乡镇企业经营体制"，下面设了体制、机构、职责、方式、成效、经营6个目，每个目下内容的竖写都比较到位。像"体制"目，其下内容首先描述了中共十一届三中全会前，社队企业由公社、大队统一管理，企业厂长由社、队委任或由干部兼任，企业人事权、财权及经营管理权均由社、队统管。接着记述1979年后，企业实行厂长选聘制，推行集体承包厂长任期目标责任制。1990年，普遍推行企业外部承包经济责任制。到1999年，开始推行政企分开，建立现代企业制度，企业通过改革、改制，发展多种形式经济体制。

再如流通体制改革章第一节"商品流通体制"，首先记述了1979年，北辰区在贯彻"调整、改革、整顿、提高"8字方针的改革背景下，实行联产承包责任制，提高农产品收购价格，调动广大农民积极性，发放职工副食补贴，建立第一个有固定设施的集贸市场，恢复和发展个体私营经济等对中央改革精神贯彻执行情况。接着陈述1980年开始缩小指令性计划范围，企业在保证国家计划情况下可自销统配物资，市场价格允许一定幅度的浮动，蔬菜、果品等农副产品价格

① 天津市《北辰区志（1979—2009）》，方志出版社，2016年，251页。
② 天津市《北辰区志（1979—2009）》，方志出版社，2016年，255页。

可随行就市。1982年9月，贯彻中共十二大精神，陆续放开500余种小商品价格。1983年2月1日取消布票。1984年10月，经济管理实行指令计划与指导性计划并存，粮食、肉、蛋等农产品价格分为平价和议价两种，下放企业自主权，由市场引导企业生产。1985年1月1日，粮食征购以合同代替统派购。1985年开始，天津产的“飞鸽”“红旗”牌自行车在市场上敞开供应，不再凭证购买。这些描述，记述了流通领域的开放过程，时间明确，改革的事件明确。流通领域的开放过程全国具有相同性，地方志书仍然要对这些具有相同性的改革进行记述，这是改革在地方的执行。有些志书忽视这些共性内容，而无法系统地反映改革的过程。

四是关注了有些志书忽视的改革。如供销合作社的改革，很多志书没有涉及，《北辰区志》的流通体制改革章里设“供销体制”节，此节记述供销合作社的体制变化，内容的记述比较全面。节下设产权体制（所有制）、经营体制及机制、管理体制3个目。供销合作社原本应为集体所有制，但中国的供销合作社在其发展中所有制发生了变化，有些产权由集体转为国有。改革开放后，供销合作社的产权再次发生变化，对此，《北辰区志》首先从供销社的“产权体制”记述，反映1981年6月，区内供销网点的所有性质，即全民所有制网点90个、集体所有制网点139个。1983年10月，全民所有制企业全部向集体所有制转变，整个系统全部恢复集体所有制性质。90年代后期，改变产权，发展股份合作制企业。指出“1999年4月，原糖烟酒总公司改制为辰翔酒业销售有限公司（股份制）和北辰糖烟酒股份合作公司。2000年8月，集贤大酒家改制为股份有限责任公司。至是年年底，供销联社出售的小型零售网点（门脸）有43个门店出资者领取个体营业执照。”① 这样的陈述，反映了当地供销合作社所有制的纵向发展与变化。

《北辰区志》为全面反映改革，做了大量的编纂工作，取得了很好的效果。但也存在个别问题，如在内容的记述中，写出了改革的过程，但还可以在此基础上再详细一些，甚至可以有一两个改革的实例。如企业改革，如何转为股份

① 天津市《北辰区志（1979—2009）》，方志出版社，2016年，267页。

制，可以用一两个企业转制的例子，具体说明企业是如何转制的。

另外，我们的体制改革是两条线，一条是经济体制改革，一条是政治体制改革。《北辰区志》设了“经济体制改革”专编，却没有相应地设“政治体制改革”专编，虽然在人事管理中涉及了机构改革和干部人事制度的改革，但其意义还有民主法制建设等，都没有体现出来，这是篇目设置上的一些遗憾。

二、“述体”严谨的使用，真正发挥了其体例的作用

本志书在凡例中写到“本志采用述、记、志、传、图、表、录诸体”。“述体”在志书中的使用，主要是总述和各编章下的无题概述，是起到宏观的概述作用。志书前的“总述”，是对全区、全书宏观情况的记述；编下或章下的概述是对本编或本章内容的宏观记述。早在宋代，志书已经出现编前小序，如南宋《嘉定镇江志》，分纲列目30卷，每一门前均作序一篇，概括说明各专业志的内容。民国时期黄炎培主纂的《川沙县志》，在各个专志前设概述，叙本卷整体情况，他将卷前的小序直称“概述”，并在导言中说明概述的作用是重在略述本专志之大要和阐明义例。社会主义新方志的编纂，开始广泛应用述体。述体的应用是否能够充分地发挥其作用，取决于对述体的理解和编纂。述体在志书中的应用，一是书前的总述，二是各编章下的概述（或被称为不标出“概述”两字的无题概述）。这两处述体的应用，在《北辰区志》里都具有自己的特点，分别作以分析。

书前的总述，当代志书基本都设置，但写法有所不同。有些志书设总述，是站在志书角度，对全书进行概括；有些志书则是站在全市、全县或全区的角度，概其宏观。因为角度不同，总述的写作方式也不同。有些志书的总述是由各个编的概述集合而成，是方方面面事物的概述；有的总述是侧重地方特点，是地方特点的总述。较为成功的总述是既有宏观的概述、又有特点的描述；既有主要方面又有次要方面。能够做到择其要而概其“神”，选其需而铺其事。《北辰区志》的总述可以说是做到了这一点。

《北辰区志》的总述概及全面而不失为其特点。其总述的谋篇布局既参考编

写的基本要求，同时又根据自己的特点来考虑。整篇总述分五部分，用汉字一、二、三、四、五标示，在陈述五个部分内容之前，总述首先对本区的位置、建置、面积、人口等最基本的情况进行了高度概括，接着是五部分的内容。每一部分都包含一个主题，每部分主题的确定非常切合北辰区的情况。第一部分主题是经济，第二部分是改革开放的历程，第三部分是文化，第四部分是社会民俗，第五部分则是环境污染与治理。这五部分的确定与编排顺序比较符合北辰区改革开放后的发展变化情况。

第二轮《北辰区志》，将改革开放作为其记述的重点，改革开放的最大任务是推动经济快速发展。所以，《北辰区志》在总述里，以经济作为第一部分，目的是突出经济。因为改革开放后经济建设是我党的工作重心，地方经济的快速发展是改革开放的一大特点，突出改革开放的成果，自然成为《北辰区志》总述的第一个主题。第二部分以民主与法治建设为主题，反映了经济基础的发展，带动上层建筑的变化，也是改革开放的重要内容。第三部分是文化的发展，第四部分是社会民俗的反映，这是一个地方的基本情况，概括了改革开放后30年的变化。第五部分把环境作为主题，将环境污染与治理专门设为一部分，在总述里去反映，这是北辰区根据自身的情况而确定的，这是不同于其他志书总述之处。这一部分内容在总述里概括性的记述，非常必要，说明了北辰区在改革开放后取得了很大的成绩，但同时也存在许多问题，尤其是环境问题。北辰是城市郊区，其原有的自然环境优势因为发展经济而被一度忽视，遭到破坏，此问题已经引起北辰政府和人民的重视。在总述里记述这样的问题，就是体现了对此问题的重视，这是北辰区的发展特点。这些特点被充分反映在志书里，反映在总述里，可以说，《北辰区志》既注意反映改革开放取得的成果，也不回避发展过程中存在的问题，充分体现编者能够客观、真实地反映事物的发展与变化，体现出总述整体构架符合北辰区的情况。主题制定明确，特点突出，编排合理。

总述的每一部分采用自然段示意标题的形式，做到段落主题明确且特点突出。例如汉字“一”经济部分，写了农业、工业、第三产业三个自然段落，概括了这三方面的发展，每个段落前施以小标题。第一自然段落标以“传统农业焕发出勃勃生机”，反映农业，并冠以“传统”两字，突出了北辰农业的特点。第二自然段落标以“农村工业跨越式突飞猛进”，反映工业，并冠以“农村”两字，突出了北辰的工业是在农村环境下发展这一特点。第三自然段落标以“第三产业势头强劲占比快速提升”，突出了郊区原本商业不发达，但随着批发市场的建立，推动了郊区商贸发展，使其在经济中所占的比例迅速提升。再如第五部分，主题是环境，前三个自然段落的主题也非常明确，第一自然段标题是“污染源防治任务艰巨”，第二自然段落的标题是“环境治理艰难推进”，第三自然段落标题是“生态环境治理任重而道远”。第一段陈述了污染源的出现及发展的过程，第二段记述了治理污染的过程，而这一过程比较艰辛。第三段陈述了要恢复良好的自然环境任重而道远。这三个标题，将第五部分环境的主题说明的非常准确。《北辰区志》总述的五部分采用汉字数字进行划分，没有标题，但每一部分下的自然段落使用的标题，显示了本部分的主题，形成上下呼应，相得益彰。在总述采用小标题的形式章明议题，并不是《北辰区志》的独创，有些志书也采用了小标题的做法，如“农业生产取得长足发展”“工业生产快速提升”等，但这些标题因为缺乏针对性和地方性，所有的地方都可以如此说自己，虽然标有标题，但起不到应有的作用。

志书总述在内容上要求做到纵向、宏观地陈述事物的发展与变化，这一要求并不是所有的志书都能够做到。有些志书对于总述内容记述的理解是总结性的描述加下限年份的数据。总述中对于农业、工业、商业、城市建设、交通邮电、文化、卫生、科技等各项事物的描述，都是按照总结格式，采用什么时候以来，做了什么事情，列出一串事件名的方式，总结了事物的过程，接着是下限年的数据。事物的过程非常空洞，没有明确时间、没有事件状态、没有变化节点。有些编者认为宏观的概括就是虚拟的描述，事件太具体会占很大篇幅，最终将志书的总述写得不是上下限时期的总述，而是下限时的概况。因为只有下限年的数据，其他记述都没有实质性的内容，几千字或上万字的总述，却没有真正起到志书总述的作用。志书总述的内容撰写时，要求既要高度提炼，还要有实质性内容，所提到的事件都要有明确的时间，也就是凡事一定要写清楚，这就是志书资料性的体现。

志书的资料性贯穿于全书，其总述也是如此，提到任何事件，都要做到时间、地点、事件三明确。《北辰区志》总述的内容记述，做到了宏观性，同时也非常清晰地描述了事物的纵向发展与变化，所提事件都有明确的时间和状态，真正采取了记述体陈述事物的发展。如“农村工业跨越式突飞猛进”，首先记述“1979年，全区共有社队企业241个（其中社办企业42个、队办企业199个），企业从业人员2.41万人。是年，创产值8888万元，利润2566.44万元。”[①] 这是上限时农村工业情况。80年代开始发生变化，接着记述其变化情况，即“1983年，人民公社更名为乡（镇），生产大队改为村。1984年，社队企业改为乡镇企业，联户及个体工业开始起步与发展。”[②] 什么时间，发生什么变化，写得非常明确，点明了乡镇企业出现的时间及原因。接着记述乡镇企业的发展，“30年间，先后实施‘五轮驱动’（注释了其概念）和‘四动’（注释了其概念）等多项阶段性战略，经过发展社队企业、乡镇企业异军突起、二次创业、新型工业化四个发展阶段，……。1987年天穆镇成为全区第一个工业产值亿元镇，1991年韩家墅村成为全区第一个产值亿元村，1992年双街钢管实业公司成为全区第一个亿元厂，1995年北辰区首次跻身社会总产值百亿元区县行列。2002年，全区拥有亿元村、亿元厂57个，组建企业集团26个。2003年，全区个体私营工业企业发展到2987家，‘三资’规模以上企业145家。始建于1992年的国家·天津北辰科技园区，经过18年不懈奋斗快速发展，拥有天力士集团、王朝葡萄酿酒有限公司等知名

① 天津市《北辰区志（1979—2009）》，方志出版社，2016年，3页。
② 天津市《北辰区志（1979—2009）》，方志出版社，2016年，3页。

企业，引进世界500强企业22家，被评为‘全国竞争力百强开发区’。”① 这一段内容，对农村工业的发展进行了高度的概括，从1979年的状况开始，概括了社队企业情况，接着反映社队企业转为乡镇企业，有事物变化的时间、原因，乡镇企业的发展经历了四个阶段，点到没有细写，重点是记述了发展的结果，即什么时间出现工业产值过亿元的镇、村、厂等，2002年全区拥有亿元村和厂的总个数，以及2003年全区个体私营工业企业数，通过这些资料说明乡镇企业的过程与成果。最后，还点到国家级科技园区的建立时间及发展结果。这一自然段约有600字，字数不多，但将农村工业如何跨越式突飞猛进，说的比较清晰，做到了时间明确、事件明确、结果明确。

编下的无题概述对述体应用也比较到位，编的概述字数都不多，但概括性比较强，并有实质性内容，真正起到了导读和引领的作用。如第一编政区，其下无题概述五行，交代了北辰区的位置，境内什么时候被解放，什么时候设区、称谓，什么时候改名为北辰区，“北辰”一名由来，以及2009年区治所在地。没有那种交通位置优越、四通八达等空泛的描述。

再如第三编环境保护编下概述，对于境内的环境状况及变化进行了高度的概括，反映了北辰环境的真实情况。概述首先写“1979年，区内有北仓、南仓、白庙、铁东4个工业区。地表水、大气多有污染，且污染情况愈来愈重。”② 由此反映出北辰虽为郊区，但因为有4个工业区而污染严重。接着写到“80年代后，区域经济快速发展，工业企业迅速增多。近百家化工企业造成区内环境恶化，同生化工厂片、染化七厂片、西堤头片等区域污染严重。”③ 说明污染源的来源和重污染区，下面写到人民群众要求加强环境治理，区政府采取措施，“至2009年，除市政府、有关企业投入资金外，区政府先后投资1.12亿元用于环境治理和生态区环境建设。”④2000年后开始创建国家环境保护模范城区活动，实施蓝天、碧

① 天津市《北辰区志（1979—2009）》，方志出版社，2016年，3页。
② 天津市《北辰区志（1979—2009）》，方志出版社，2016年，87页。
③ 天津市《北辰区志（1979—2009）》，方志出版社，2016年，87页。
④ 天津市《北辰区志（1979—2009）》，方志出版社，2016年，87页。

水、安静、生态、污染防治等环境工程，“至2009年，区内通过ISO 14001系列环境管理体系认证企业48家。是年，区环境空气质量累计达到二级及以上良好水平天数为301天，占总监测天数的82.5%；集中式饮用水水源地和地表水国家考核断面水质达标率均为100%；交通噪声平均声级为67.4分贝（A）；区域环境噪声平均声级为52.9分贝（A）。”[①] 此篇概述约600字，对北辰区的环境污染情况进行了全面而有高度地概括，反映了污染的来源及污染的程度、人民的意愿、政府和企业的治理，以及2009年北辰环境状况。通过此段概括性地记述，使读者对北辰区的环境保护有了初步地了解，编下的概述做到了“概”而“实”。

（作者系河南省地方志办公室调研员）

① 天津市《北辰区志（1979—2009）》，方志出版社，2016年，87页。

从两大部类看《北辰区志》的编纂特色

柳成栋

近日，有幸拜读了天津市《北辰区志（1979—2009）》（以下简称《区志》）中文化部类、社会部类中的教育、科学技术、文化、卫生、体育、精神文明建设、居民生活、风俗方言宗教、人物9编和专记、附录两部分内容。感觉《区志》结构严谨，志书体例完备；资料翔实，存史意识明显；特点突出，时代气息浓郁；以事系人，记述方法灵活，是二轮修志中出现的一部独具编纂特色的优秀志书。

一、结构严谨，志书体例完备

首先，《区志》按类立编，编下设章、节、目。部分目下设子目、孙目。全志共设政区、自然环境、环境保护、人口、城乡建设与管理、交通运输、邮政电信电力、水利、经济综述、经济体制改革、农业、工业、建筑业房地产业、商业、服务业、金融业、财政税务、经济行政管理、中国共产党、人民代表大会、人民政府、政治协商会议、民主党派群众团体、政法、武装、人事劳动与社会保障、民政、教育、科学技术、文化、卫生、体育、精神文明建设、居民生活、风俗方言宗教、人物36编，最后为专记、附录。整个篇目大体上按照五个建设（政治建设、经济建设、文化建设、社会建设、生态建设）或称五个文明（物质文明、精神文明、政治文明、社会文明、生态文明）分为五大板块，有序展廾，纲举目张，层次分明，眉目清晰，不枝不蔓，逻辑性较强，没有有章无节现象。

其次，《区志》总述与每编之下的无题序和每章之下的无题序（小帽）交相辉映。每编之下的无题序文字均不很长，一般都在四五百字左右，而章下的无题序，一般都在一二百字左右。编下无题序起到了介绍主旨、追溯历史，统摄各类、总贯一体，辨章学术、考镜源流，提纲挈领、钩玄提要，指导阅读、引人入胜的作用。而章下的无题序，则概括揭示了本章各节所要记述的基本内容，起到了引领节目、展开阅读的作用。

三是图文文表紧密结合。《区志》教育、科学技术、文化、卫生、体育、精神文明建设、居民生活、风俗方言宗教、人物各编运用随文图片多达200余幅，其中文化49幅，教育44幅，精神文明建设29幅，居民生活55幅；表51个，其中教育表11个，居民生活表8个。另外有多编为了形象说明某项事业的发展变化还单独制作了示意图，其中教育示意图设了6个，如“1996—2009年部分年份北辰区招聘新教师学历人数变化示意图”“2009年北辰区中考各科成绩平均分与全市平均分对比示意图”“1979—2009年部分年份北辰区中小学校舍建筑面积变化示意图”“1979—2009年部分年份北辰区普教事业拨款总额示意图”等，形象地展示了北辰区改革开放30年教育事业的发展变化。居民生活示意图设了18个，如“1981—2009年部分年份北辰区集体单位从业人员人均年收入情况示意图”“1979—2009年部分年份北辰区农民人均纯收入、劳动力平均收入情况示意图”“1979—2009年部分年份北辰区农民户均生活消费占家庭消费总支出比重示意图”“1979—2009年部分年份北辰区抽样调查农村居民人均医疗保健消费支出情况示意图”“1981—2009年部分年份北辰区抽样调查人均主要副食消费量示意图”等，形象地展示了改革开放30年来北辰区农民生活、城镇居民生活发生的巨大变化。

四是正文与附记结合。附或称附记是首轮修志创立并为二轮修志所普遍采纳的一种志书编纂形式。它的优点是可以链接记述单元（有关章节目）正文，将某一方面的典型事例附于其后，彰显亮点，弥补正文因受篇幅限制文字记述过于简略的现象。

二、资料翔实，存史意识明显

《区志》资料翔实，存史意识明显，主要表现在以下几个方面。

一是断限内资料完整。《区志》断限，上限起自1979年，下限止于2009年，前后共计31年。断限31年内的资料比较完整，起点、终点、转折点以及有关典型资料可以说是完整无缺。

二是对前志遗缺的资料尽量进行补遗。如教育编对百年老校进行补遗，文化编对境内的古遗址进行了补遗，人物编传略简介章专设人物补遗一节，对前志遗漏未立传的9名人物补充撰写了人物传。另外，《区志》在卷末附录前还设有“专记”收录对前志补遗的专记3篇，分别是《塌河淀探源》《北辰人民革命斗争史略》《北辰知识青年上山下乡运动》，其中《塌河淀探源》5.5万余字，《北辰人民革命斗争史略》5.7万余字，《北辰区知识青年上山下乡运动》1.2万余字。起到了重要的补史之缺、载史之无、存史之略的作用。

三是在有关编章节目中设附或称附记。其中教育编附《驻北辰区高等院校》，包括大学3所、高等职业院校4所。文化编附《档案服务实例》，卫生编附《北辰医院抗震救灾医疗队》《北门医院组建医疗小分队参加四川抗震救灾》《医疗事故鉴定案例》，精神文明建设编“创三户”树新风，附《最珍贵的“陪嫁”》，居民生活编附《1979—2009年双街镇住房情况》《家庭消费专项社会调查》。这些“附”，更好地起到存史的作用。

四是搞好社会调查。搞好社会调查，是弥补入志资料不足的重要方法和手段。《萧山市志》在编写过程中，曾大胆地采用社会学调查研究的方法，设置了40多个调查课题，围绕热点、特点、难点问题进行专项调查。书中收录了16辑调查报告，均为第一手资料，因此可信度较高。这种社会调查方法受到了学术界的肯定。为了写好居民收入，北辰区地方志办公室也于2011年10月对全区9镇913名农民从业人员进行了2010年农民从业收入问卷调查。调查结果显示，2010年，农民年收入1万—2万元者居多，占38.73%，年收入5万元以上者占

7.56%。同样北辰区地方志编修委员会办公室又于2011年10月对区内南仓、沙庄、小淀、霍庄子、双口二村等19个村和今日家园、佳园南里、丹凤里等11个社区，共1302户居民进行了家庭教育总消费、城镇居民住房消费、婚庆消费、农民丧葬消费、婚丧礼金等专项消费问卷调查，弥补了政府统计数据的不足。

五是各编记述内容齐全，全方位多角度地进行记述。如教育编，设有教育体制改革、基础教育、职业（中专）教育、成人教育、教师、学生、德育教育、教育设施、教育管理、教育教学研究10章，几乎涵盖了教育事业的各个方面。再就居民生活编而言，分别设有居民收入、居民消费、饮食、服饰、居住出行、家用器具、休闲养生美容7章，可以说是包括了居民生活的方方面面。这样不但有利于存史，同时也为从事教育史、社会生活史研究提供了系统翔实的资料。

六是附录内容丰富多彩。《区志》附录设有文存、党和国家领导人题词、题字、荣誉表3部分。其中文存收录北辰区委、政府印发的或由区人大常委会批准的，涉及全区经济建设、社会发展等方面具有战略性的实施方案、实施意见、重点规划、重大事项等8篇。

三、特点突出，时代气息浓郁

《区志》注重突出地域特点，时代生活气息浓郁。

一是采用升格法，彰显地域文化特色。天津是曲艺之乡，有着深厚的文化土壤。创办于1989年的“天穆杯”话剧小品赛，是天津市田野文化艺术节和农民艺术节的活动之一，也是天津市群众文化活动中坚持时间最长的一个项目。2008年“天穆杯”小品升级为全国赛事。2009年12月，“天穆杯”全国小品展演活动被中国群众文化学会、中国文化报社评为全国群众文化品牌，成为天津市第二项带有“国字号”的群众文化活动。为了突出这一地域文化特色，《区志》在文化编中单设“天穆杯”全国小品展演一章。这一章共设发展演变、媒体宣传、剧本征集、展演成果4节，并设《1989—2004年“天穆杯”小品比赛部分剧目获奖情况表》《2008年“天穆杯”全国首届小品展演获奖情况表》《2009年“天穆杯”农村题材小戏小品剧本获奖情况表》。另外在体育编传统体育一章中专设花键一节，记述了踢毽活动在北辰区流行的历史、花键活动的广泛传播以及在各种赛事中所取得的优异成绩。

二是详细记述民间文艺。北辰区民间文艺活动异常活跃，经常演出活动的花会有宜兴埠诚音法鼓、霍嘴平音法鼓、北仓镇普乐狮子老会、宜兴埠十街腰鼓队、刘安庄村女子舞龙队等。另外还详细记述了剪纸、雕塑、车船模型、绝活和传统戏法（穆派戏法）。

三是详记北辰区非物质文化遗产。北辰区政府自2004年开始启动非物质文化遗产普查和保护工作，至2009年，刘园祥音法鼓会被列入国家级非物质文化遗产名录，北仓虮蜡庙小车会、北仓少练老会、双街鲍式八极拳、韩家墅上善道乐、上蒲口同乐高跷、王秦庄同议高跷、宜兴埠永长高跷、宜兴埠天津时调大数子等8项被列入省（市）级非物质文化遗产名录。每件非遗的形成过程、主要内容、表现形式、代表性传承人等均一一予以详细记录。

四是详记各种精神文明创建活动。北辰区精神文明创建活动生动活泼、形式多样、丰富多彩。该编共设文明农户创建、文明村镇创建、其他创建、思想道德教育、军民共建、“四下乡”活动、感动北辰文明人7章，覆盖面广，记述深刻。如文明农户创建活动包括创“三户”（遵纪守法户、文明户、文明模范户）树新风、创建文明胡同、创建文明家庭三项内容。文明村镇创建设有小康村镇创建、“五个一”创建等活动。其中文明城镇“五个一”创建活动包括一条示范路、一个示范窗口、一个示范工业小区、一个示范住宅小区和一个示范集贸市场；文明农村“五个一”创建活动包括一所村民学校、一个文化活动室、一个村民服务中心、一条文明示范街、一座村街花园；文明小区“五个一”创建活动包括一所市民学校、一个文体活动站、一个社区服务站、一座社区花园、一个宣传橱窗。另外还详细记述了“百佳”示范工程创评活动。所谓“百佳”示范工程包括“十佳”文明家庭、“十佳”文明工商户、“十佳”科技示范户、“十佳”优秀教师、“十佳”文明村、“十佳”文明企业、“十佳”文明机关、“十佳”文明窗口单位、“十佳”军民共建先进单位、“十佳”优秀干部。另外还开展了和谐农村、和谐社区、和谐企业、和谐校园、和谐家庭“五大和谐”创评活动。

为了记述好精神文明建设，《区志》还在该编思想道德教育一章中专门设有未成年人思想道德建设、爱国主义教育、社会道德教育（志愿服务、文明礼仪教育、“八荣八耻”教育）3节，因为这三项内容是搞好精神文明建设的基础，只有坚持不懈地抓好这三项教育，精神文明建设活动才能健康有序发展下去，永不止步。

《区志》有着浓郁的生活气息，除体现在居民生活编中的衣、食、住、行、用、养等各个方面以外，一是体现在生活习俗当中。如风俗方言宗教编中习俗章礼仪习俗一节，引用的婚嫁中的洞房口彩即是一例。2009年的铺床喜歌为：“洞房新，新洞房，现代家具屋里藏。新墙贴着新壁纸，靓丽照片挂墙上。请来两位好姑娘，来为新人铺大床。一铺金，二铺银，麒麟送子走上门。三铺是桃李园，恩爱夫妻一百年。四铺铺上四季财，金银财宝滚滚来。五铺六铺是致富，七铺八铺堆金库。九铺被角压被角，明年生个大胖小。左铺右铺喜事到，孝顺父母要尽孝。”改革开放后的城乡新生活婚庆情景跃然纸上。

二是详细记录北辰区方言。北辰全区分为5个方言区，其中以津北方言、武清方言分布最广。《区志》列以《北辰区部分方言词语表》，表中共收录北辰区流行的方言116个，对这116个方言词语一一加以释义，同时每个方言都列举了例句。

三是集中记录了北辰区内产生的歇后语。歇后语在一般志书中都有记载，但多为流传面很广的歇后语，而对本地产生的歇后语却鲜于系统搜集、挖掘和集中记载。对于集中记载本地产生的歇后语我只是在《如东县志》（重修本）见到。令人高兴的是《区志》共记载北辰区内产生的歇后语10条。如程爷死爹——糟践了；马立金张口——瞎话连篇等。每条歇后语都注明来源、产生的原因，并进一步加以释义。

四、以事系人，记述方法灵活

《区志》记述方法灵活，除了采用横分门类、纵述历史，开门见山、直书其事，寓观点于记述之中的方法以外，好多地方采取了以事系人的记述方法进行记述。如科学技术编中的科技示范户节中大白菜育种状元范贵明、芹菜种植状元宋克勤、养鸡状元何继金、淡水养鱼状元赵绍军、工艺葫芦种植状元张才日、种养能手孙同文，均为一人一条，记述各位科技示范户以科技为统领钻研种植、养殖技术所取得的科研成果和所创造的经济效益、社会效益。又如文化编中美术、书法创作、民间收藏，以及民间艺术中的剪纸、雕塑、车船模型制作、穆派戏法、绝活等，也都是以事系人的方法进行记述的。再如精神文明建设编的7个文明典型，即慈善之星王本强、助困助学张冬朋、爱心妈妈王秀敏、杰出母亲王瑷丽、慈善使者金荣来、全国敬老好儿女朱兆武、爱岗敬业李伟，同样采取以事系人的方法记述他们成为精神文明建设典型的先进事迹。

（作者系编审，黑龙江省地方志办公室研究室原主任、黑龙江省地方志协会原副会长兼秘书长）

亮点纷呈的《北辰区志(1979—2009)》

胡巧利

有幸能够较早地拜读到天津市《北辰区志(1979—2009)》(以下简称《北辰区志》)的部分篇章，深感这是一部精心编纂、质量上乘的志书。

城区志可谓当代创造的地方志新品种，且首轮新方志编修之初，国家并未提出编修城区志的任务。第二轮修志启动后，城区志才被列入三级志书，大规模地在全国范围内铺开。由于是新的志书品种，几无直接拿来可用的经验，编修难度自然会较大。但是，也正因为是新品种，留给编修者较大的探索和创新的空间。《北辰区志》的编修者无疑是较好地把握住了探索和创新的机会，透过《北辰区志》的篇目框架、内容记述乃至细节处理，我们能够体会到编修者的匠心独运。

一、内容记述精当，体现出编修者较好的史才和史识

志书记述内容精当，第一层面表现于字数篇幅，第二层面表现于所记内容抓住重点，详略得当，该详则详，该略则略。总体来说，当下地方志篇幅趋于膨胀，其中难免有文字量不少、套话虚话多、用起来才发现高价值信息不多的情况。拜读《北辰区志》，深感其对记述内容的详略把握得非常好。试举一例，卫生编第一章卫生体制改革的无题小序，曰：“1979—2000年，区内公费医疗费用超支情况越发凸显。2001年，公费医疗制度向医疗保险过渡。2002年，开始执行城镇职工医疗保险制度。2008年，建立社区卫生服务中心及服务站，为全

区60岁以上老年人体检并建立健康档案。2003年，北辰区被确定为‘全国新型农村合作医疗工作试点区’。是年，全区新农合参合率为87.93%，后继续提高。2009年，参合率为99.02%。”把标点符号计算在内，总共138个字，简明扼要地勾勒出了卫生体制改革的脉络和成效。表述干净、内容精干，没有过渡性话语，句句直陈史实，信息量大而文字简洁。

笔者认为大事记的编写，最能体现编修者对内容记述的把握能力。大事记属史体，目的在于补志体之缺。章学诚说："首曰编年，存史法也。"（转引仓修良《文史通义新编》第898页，上海古籍出版社1993年版）黄炎培说："一般方志，偏于横剖，而缺于纵贯"，"因果之效不彰"，设大事记"必将若干年间事实，串列焉，其同时者并列焉，以玩其彼此先后之消息。"（黄炎培《川沙县志·导言》）1985年中国地方志指导小组制定《新编地方志工作暂行规定》，其中的第十一条明确要求："新方志的大事记，要详今略古，适当选择历史上的重大事件记述，使读者了解该地历史发展的大致脉络。"综合古今观点，显然，方志设大事记，旨在纵述历史，补志体横向记述之不足，让读者了解一地历史脉络，知道何事发生于前，何事发生于后。然而，在实际编写时，看起来并不复杂的大事记往往存在种种问题，最常见的问题是选题不精当，什么都记，导致大事记变成流水帐，反而淹没了历史主线，脉络不清。这是对编者史识的考验。还有一个通病是记述不精当，有的大事多达数百字，导致大事记与各编章重复。这是对编者史才的考验。拜读《北辰区志·大事记》，欣喜地发现该志避免了上述通病。笔者抽查了9个年份的大事记条目数，情况如下：1979年有大事7条，1980年有9条，1985年8条，1989年9条，1990年8条，1995年12条，1999年11条，2000年8条，2005年15条，2009年14条。可见，每年的大事条数比较平衡，接近记述上限的年份，大事的条数基本在10条左右；时间往后，大事条数有所增加，但基本都在20条以内。大事记避免了流水账，入选的事件不滥，都是够标准的重大、重要事件，历史发展的主线就很好地体现了出来。这充分体现了编者的宏观把控能力，同时体现了详今略古的原则。

但与独立出版的大事记不同，志书大事记是作为全志的局部而存在的，因此必须处理好大事记与各编章的关系，做到志详则略，志略则详，起到与各编章之间的互补作用。作为区一级的志书，通常规模在200万字以内，出版时不分册。这种情况与多卷本分册出版的省志不同。笔者认为，分册出版的大事记，与各编章通常不在同一册，记述得太简略，读者看了不明白，想在对应的编章中去查阅，需要找到另一册书，甚为不便。故笔者认为，多卷本分册出版的志书，其大事记的记述可稍详，便于读者查阅大事记就能明了大事基本情况。区志的大事记与各编章编多在同一册书中，不是独立成册出版，所记大事的详情会在同一册的各编章有详细记述，所以区志大事记应更加注重简洁。《北辰区志》在这一问题上的表现是非常优秀的。从每条大事的记述内容来看，简而有度，一条大事的字数基本控制在100字以内。如：1998年“1月19—22日，北辰区第十三届人民代表大会第一次会议在工人俱乐部举行，180名代表出席。会议选举宋联洪为区人大常委会主任，李文喜为区长。”连标点符号计算在内，共63字，把时间、地点、会议名称、出席人数、会议内容及会议成果表述的清清楚楚，很好地处理了“简”与“明”的关系，真正做到了既“简”又“明”。这充分体现了编修者对资料的剪裁能力和驾驭能力，是编修者史才的具体证明。

对一些细节问题的处理，也体现了编修者的匠心独运。如:“1979年1月8日，区委印发《关于继续认真学习中国共产党第十一届中央委员会第三次全体会议公报的通知》，明确把工作重点转移到社会主义现代化建设上来。”此条大事作为大事记的首条，笔者认为这是编修者的精巧安排，恰到好处。既点明了时代的转变，又避免了套路——通常“中共十一届三中全会后”。2001年“1月9日，第四十七中高中示范校工程项目开工。该校占地面积8.66万平方米，建筑面积3.79万平方米，总投资1.2亿元，于2002年9月交付使用。”这种编年体与纪事本末体的融合也是不偏不过，依然将大事记把控在了简明扼要、简繁有度的范围内，与区志大事记的功能甚为相称。

二、篇目结构简明，较好地呈现了行业事业的发展情况和特点

众所周知，篇目是一部志书的大纲、凝聚和缩影。它是志书内容的重要体现，是志书体例的具体化。在资料搜集过程中，它起着向导的作用；在志稿编纂过程中，它是写作的提纲；志书出版后，它是目录，是检索全书的索引。因此，拟好篇目在编志过程中有着特殊重要的作用，是编志的首要前提和关键环节。清代方志学家章学诚说过："为政必行纲约，治书必明体要。"民国初年方志学家李泰棻也说："纂志之道固多，而门目标题，则为首要。"一部志书篇目的好坏，直接关系到志书的成败。有了好的篇目，才能产生一部体例完备、结构严谨、门类齐全、内容详实的良志。

《北辰区志》篇目给我的总体印象是结构简明、层次清晰、内容呈现直接，便于一目了然北辰区的基本情况和区情特点。全志设36编，属于中篇体结构。不同的篇体结构有不同的优长。如大篇体，第一层次通常按大类设篇，篇与篇之间相互独立又相互联系，但第一层次往往是虚设，且容易导致千志一面。中篇体则篇与篇之间的关系会略显凌乱，但更易呈现各行各业发展状况和地方特点。所以从客观上来说，各种篇体并无孰优孰劣之分，主要决定于运用时是否符合当地实际，是否用得其所，充分发挥其优长。应该说《北辰区志》较好地运用了中篇体，体现了中篇体的优势。全志除总述和大事记之外，以政区为首编，依次为自然环境编、环境保护编、人口编，上述4编反映了区域的历史沿革和区域生存发展的基础条件；接着为城乡建设与管理、交通运输、邮政电信电力、水利等编，上述4编属于一个区域的基础设施；接着为经济类、政治类、文化类和社会类内容依次设编，人物编殿后。此外，还设有专记、附录、索引等。篇目体系比较完整，总体编排上具有内在的逻辑性。由于采用中篇体，所以，大部分行业（事业）成为篇目体系中的第一层次，如民政、教育、卫生、体育、文化等直接设为编。总体上来说，篇目层次减少，全志的纵向线条更加简洁，可以更好地呈现区域内各行各业的发展历程和现状。同时，也能更好地呈现一个区域的特色和亮点。如水利设编，读者从全志目录中的一级、二级标题就可以

看到一级河道治理、二级河道治理，蓄水工程、治理沙碱、节水工程、灌区建设，引于入津与引滦入津水利工程、外环线水利工程、引黄济津与卫河水利工程、南水北调工程等极具地方特点的内容。所以《北辰区志》的总体篇目框架设置是成功的。

《北辰区志》采用章节体，整体结构严谨简明。通观全志，该志以三层结构为主骨架，即编、章、节，部分内容设目和子目。地方志的结构形式，经过长期的发展和不断推陈出新，主要有平目体、纲目体、纪传体、编年体、三宝体、政书体、章节体、条目体等。条目体在设置编排上不过分讲求逻辑关系，不太在意左右并行的关系，不同层次的概念可以并列在一起，比较灵活。章节体结构严谨、层次分明、逻辑性强。当代修志，章节体受到青睐，然而，如果过于拘泥于逻辑性，过于注重上一层次与下一层次之间的统属关系和同一层次之间的并列关系，很容易导致篇章的层次设置过多，有叠床架屋之弊；或者是同一层次的篇目可记述的内容相差悬殊，造成各部分之间内容不平衡。如何运用好章节体，又尽可能避免上述问题，一度引起方志界讨论。笔者注意到《北辰区志》在这方面是有所探索的，也有值得借鉴之处，主要是在遵循章节体的基础上适当地吸纳了条目体的优长。首先，编章节之间没有太多的铺陈，大多编章直接进入记述主体，颇具条目体的优长。其次，在目的设置上比较灵活，没有拘泥于概念上的逻辑关系。如自然环境编的动植物资源一节，设有野生动物、野生植物和古树3个目，古树一目的设置，如严格从概念的逻辑关系来说，应归在野生植物之下，设为子目。《北辰区志》直接设为目，与野生植物并列起来，看似违反了逻辑，却减少了层次，呈现了亮点。笔者认为，在所记内容不是很多、大类归属并无不当的情况下，用此方法不失为一种好的尝试。可惜，此类较为成功的尝试还不够多。

三、恰当运用述体，提升了志书的著述性

众所周知，“述”体以概括性语言综合反映该编、该章的主体内容，提纲携

领地反映该编、该章所记行业事业发展的脉络和主要特点，是对相关内容的提升，对于提高志书的著述性具有重要意义。无题引言不是单纯的资料，而是包括了编者对史实的认识，对事物发展规律性的认识，写作时不仅需要对资料的剪裁功力，更需要编者对事物发展规律的把握能力。章学诚提出史家必备史学、史才、史识、史德四长，笔者认为，如果撰写条目主要依靠编者的史学、史才，那么撰写“述”体就需要史才、史学、史识兼备，而且尤其需要有过人的史识，才能写出高质量的述体。首轮修志时“述”体被大力倡导和广泛运用，并成为新方志增强整体性、科学性的创新之举。然而过犹不及，结果导致“述”体运用过度，全志有总述、部类之首有综述、分志之前有概述、章前和节前有无题“述”，层层设“述”，一旦概括提炼能力不足，难免出现重复，不仅徒增篇幅，还有累赘之弊病。因而一度遭到一些学者的诟病。“述”体本身写作难度较大，写得不好便成了费力不讨好。二轮修志时许多地方就走向了另一个极端，干脆除了总述之外，编章节之下的“述”一律不写，美其名曰“直陈其事”“简洁明快”。笔者看过这种号“简洁明快”的志书，读后深感这种处理方式虽然方便了编纂人员操作，却有损地方志书的整体质量。从形式上看，确实有“简洁明快”的优点，但深入考察内容，却发现由此带来了宏观综合记述不足的缺陷，全志的著述性和整体性削弱，读者得到的大多是微观资料，查阅不到宏观资料，志书的资料价值因之受到影响。

拜读《北辰区志》，有欣然之感，因为该志在“述”体的运用上较好地把握了“度”。首先，在全志层面设“总述”，以大约1.3万字的篇幅，高度概括地描绘出北辰区1979—2009年的发展面貌。除开头的一小段引言外，分五个部分，没有设标题，但看内容即知实为经济、政治、文化、社会、环境五个方面，与物质文明、政治文明、精神文明、社会文明、生态文明五个文明建设的理念高度契合，体现出编修者的整体指导思想和深远立意。对于通常总述部分应反映的地理建置等基本情况，《北辰区志》作了简明化处理，在开头的引言部分加以反映。其记述如下：“北辰区地处天津市区北部，距首都北京110千米，是往来京津之要冲。境内地势低平，呈西高东低走势，平均海拔（黄海高程）2.46米，北运河、永定河等16条河道纵横交汇，是天津九河下梢地貌的典型代表。北辰区人文历史悠久厚重，早在新石器时期已有先人在境内生息劳作。自金至清，境内北运河乃漕运通道，漕船上下，往来如梭；水旱码头，帆樯如林；河畔皇仓，分设南北；储运皇粮，名噪京畿。沿河两岸村庄密集，各地文化在此交融传承。1953年，境内始独立建制，称津北郊区，1955年改称北郊区，1992年更名为北辰区。2009年，区域总面积478.5平方千米，辖9镇4街道，共126个行政村和84个社区居委会，户籍人口13.68万户、36.37万人（2010年全国第六次人口普查，区内常住人口22.3万户、66.91万人）。”连标点计算在内，共273字，包括了地理位置、地势地貌、主要河流、历史文化、建制沿革、面积、辖区镇街村居、人口等基本要素，实属难能可贵。其次，在经济部类设“经济综述”，独立成篇，置于部类之首，内容包括所有制结构、产值构成、投资构成、计划与执行、经济指标、经济地位等，从中观层面反映北辰经济发展脉络和总体情况。经济综述几乎是各级志书的必备组成部分，故不赘述。最后，在编章之下设置无题引言（或称小序），对相关编章内容进行概括提炼。笔者认为编及章两个层次设置无题引言，至为恰当。《北辰区志》全志统一在编下和章下设无题引言，分别概述本编、本章的相关内容，节之下不管有没有目和子目，通常不再设无题引言，而是直接进入内容记述。这一规范，体现出编修者对全志整体性的把握能力。更可称道的是，“述”之简而明，不空洞，有血有肉。试举例如下。第五编城乡建设第一章城乡规划，设有无题引言：“1984 年，全区完成村庄规划编制。1996 年后，相继制定全区各乡镇总体规划。1986—1999 年，天津市城市建设规划方案中，北辰区外环线以内镇村及果园新村街道、集贤里街道区域均被纳入规划范围。2001 年，在《天津市中心城区分区规划方案》的28 个分区中，北辰区域内占5 个分区，涉及5 个镇2 个街道。至2009 年，北辰区规划工作已步入正轨。”连标点共148字，没有一句空话，简洁明了地勾勒出了规划发展的脉络。

《北辰区志》既避免了层层设“述”，也没有“因噎废食”而不敢用“述”；既规范划一，又适得其中，把“述”体做了一定的精减，但又能兼顾到整体性，这是《北辰区志》最值得称道方面。

志书编修也是一门遗憾的学问，很少能十全十美，总有可以做得更好的地方。《北辰区志》也同样存在本可以更加完善的方面。其一，有些篇目的命名，还可以更准确一些。如人口编的职业一节，下设行业分布和职业分布两目，把“行业”概念归在“职业”概念之下，似不妥当；从所记内容来看，行业分布实际主要是三次产业劳动力人口，并未细及行业。其二，地方特色还不够突出。如各乡镇都按农业、工业、第三产业、社会事业、城市化（小城镇）建设五个方面设子目记述，过于讲求规范统一，各地的地方特色不够突出。这些吹毛求疵的意见，或许并不恰当，敬请批评指正。

（广州市地方志办公室副主任）

众星共北辰

——写在天津《北辰区志（1979—2009）》出版之际

周勇进

笔者一直把天津视作第二故乡，对这座城市很有感情，前些年离开时也是一口津普。北辰，天津市环城四区之一。北辰，北极星的别称，《论语》中有“为政以德，譬如北辰，居其所而众星共之”的句子。国人历来重视地名的命名，以音义皆佳为上，北辰区因在天津市区之北，故以“北辰”名之，不俗。

《北辰区志（1979—2009）》经过北辰修志同仁多年的努力终于要面世了，很替他们高兴，谨向这些年所有参与其中，默默付出的人们表示由衷地祝贺。

方志，作为我国特有的一种地方文献，千百年来绵延不绝，为世人所称道。也正因为其存史、资治、教化的功用，使这一传统得以继承、弘扬。新中国成立后，特别是改革开放以来，我国开始大规模编修社会主义新方志，地方史志工作成为一项“为党立言、为国存史、为民修志”的崇高事业。首轮修志硕果累累，在我国方志发展史上留下了辉煌的一笔。目前，全国第二轮修志工作正进行的如火如荼，有的省份甚至已经提前完成了第二轮修志规划任务。从2008年5月12日国务院《地方志工作条例》颁布，到2015年8月25日中办、国办印发《全国地方志事业发展规划纲要（2015—2020年）》，地方志工作实现了一次又一次的跨越，地方志工作确实实现了从“一本书”到一项事业的转变。无论是当初的“一纳入，五到位”，还是现在的“一纳入，八到位”，都是从国家层面对方志官修制度的完善和提升。

一个时代

存史是方志第一功用。方志文献可备征、纠谬、补阙，历来为史家所重，是重要史料之一。方志乃一方全史，它记录的是一个时代，当代人记当代事，可算是准一手史料。《北辰区志（1979—2009）》作为天津市北辰区第二轮的新编地方志，记录了“北辰历史上取得建设成就最为卓越的30年”。以经济为例，“改革开放30年，北辰经济实现了建制以来不曾有过的跨越式高速发展，全区综合经济实力显著增强。2009年，实现生产总值300.57亿元，比1978年增长325.3倍”。不可思议的数字，不可思议的变化，在这30多年里完成。20世纪注定是个伟大的世纪，21世纪精彩还在继续，《北辰区志（1979—2009）》就重点记述了20世纪后期和本世纪前十年北辰的社会发展状况。这30年北辰经历了怎样的坎坷，创造了怎样的辉煌，都尽在这一志之中。

一个群体

清代大学者章学诚认为，修志要具备“三长”，即“识、明、公”。“识足以断凡例，明足以决去取，公足以绝请托”，一部方志能否传之久远，与其修纂者的识见、态度、能力有很大的关系。现在的地方志编修已经不是一个人、一个部门能够完成，而是经过多年的发展，形成了一个完善的体系，有相应的保障机制和一系列工作制度。但笔者始终认为，制度背后站着的永远是人，再完备的制度如果缺了人的主导，恐怕也不能达到预期效果。在近几十年的地方志编修工作中不难看出，只要有一个不怕困苦，甘于淡泊，有勇气、有担当、有思想、有作为的修志群体，一定能修出一部佳志。其相应的工作制度也能在这一过程中得到更为科学的完善和发展，二者才能相得益彰。《北辰区志（1979—2009）》之所以能让众多的专家认可，就与志书背后这个团结有为的群体密不可分。工作原因，笔者和天津市北辰区地方志编修委员会办公室的同仁接触的机会比较多，对他们这些年付出的努力与艰辛很是佩服。

2012年4月，天津市北辰区地方志编修委员会办公室被中国地方志指导小组办公室批准为全国第二轮修志工作试点单位。有追求，有目标，是做事的初始动力，北辰区地方志编修委员会办公室作为试点单位，在有限的条件下积极作为，创新工作模式，围绕主业做了大量的具体工作，也为试点工作积累了许多有益的工作经验。他们非常注重学习，边学边干，勤学好问，曾专门到中国地方志指导小组办公室商讨《北辰区志（1979—2009）》在编修过程中遇到的各种问题。以霍贵兴主任为代表的这个群体在工作中表现出的这种责任感，无时不体现出他们对这份事业的虔诚和热诚。他们从征集资料、培训人员开始，做的扎扎实实，一步一个脚印，希望北辰的修志同仁将来能把这些经验认真梳理出来，这也是试点的意义所在。他们懂得功夫在志外的道理，先后编辑了《档案中的北辰》《北辰纪事》等一系列地情资料，还创办了《北辰史志》刊物和“史志北辰”微信平台。付出就有收获，这部《北辰区志（1979—2009）》就是明证。

一部佳志

区作为行政区划名出现的较晚，现在常见的是自治区、市辖区，还有比较特殊的开发区等。旧志中区志也较少，民国方志名家干人俊曾修过《新宁区志》，今有稿本传世，这里新宁区的“区”是县辖区，属浙江宁海县。市辖区在今天则最为常见。《北辰区志（1979—2009）》作为首部《北辰区志》的续志，全面、系统地记述了北辰区30多年的历史与现状，体例规范，文字通达，客观地体现了北辰区30多年发展变化的时代特色和地域特色。

《北辰区志（1979—2009）》中对照片、调查数据等的使用都很值得称道。在插图选择上很好地做到了技术与艺术兼顾，有些入志照片质量非常高，让人印象深刻。在“居民生活”编中大量调查数据的运用，使志书内容更显得扎实可信。笔者认为这都是该志的亮点，这些都从客观上让读者觉得可读、可信。“方言、歇后语”章中那些极具地方特色的内容可能还会让人忍俊不禁，这是生活带给我们的快乐，也是方志对地域文化现象的永久保存。

“一重天外一重天”，《北辰区志（1979—2009）》的付梓绝不是终点，即便该志屡获赞誉，也还是有不尽如人意之处。比如表格中的数据，哪怕能和图片一样简略地注下出处也好。比如文字，有些地方比较平淡，甚至干瘪。方志讲究“述而不论”，存真并不等于直白，中华文字的魅力在志体文字中展现的少了些。再比如人物志，以工作、学习经历为主，不够生动，可读性不高，模板化现象突出。当然，这些也可以说是新编地方志的通病，值得所有修志同仁思考。

“尽吾志也，而不能至者，可以无悔矣，其孰能讥之乎？”向所有的北辰同仁致敬，并再次祝贺《北辰区志（1979—2009）》的出版。

（作者系中国地方志指导小组办公室科研处副处长）

一份社会转型时期的真实记录

——说说《北辰区志（1979—2009）》中的社会生活部分

罗澍伟

自20世纪70年代末的中共十一届三中全会之后，随着改革开放的不断深化，中国社会特别是基层社会，从思想到物质，从精神到生活，经历了一场历史上最为深刻的转型。

中国的地方志，自古就有忠实记录社会的宝贵传统。古人说："志者志也"，说的就是地方志一定要忠实、完整地记录社会。

近读《北辰区志（1979—2009）》（以下简称区志），其中的社会部分引发了我的浓厚兴趣，正如区委书记张盛如、区长高学忠在这部志书的《序》言中所说，本志"以北辰区改革开放30年经济社会发展为主线……既有宏观上的鸟瞰，又有微观上的扫描；既可以把区内30年历史概况尽收眼底，又可以审读某个事物的变化渊源。一卷志书在手，全区事物的经纬轮廓，随即了然于胸"。实际情况正是如此。

下面，我从四个方面，分别阐述一下自己的看法。

一、精神文明建设——中国特色的体现

加强精神文明建设，是改革开放以来，随着人们经济收入的增加和物质生活水平的提高，党和国家提出的一项符合中国国情特色的既定方针，是世界上任何一个国家所没有的。

从历史上看，小农经济统治下的广大农村，生产力一直很落后，文化教育水平一直很低下。改革开放了，政策放开了，农民的经济收入增加了，物质文明的水平明显得到提高，因此，如何相应提高广大农民的精神文明水平，便被摆到日程上来。这就是所谓的“两手抓，两手都要硬”。

这样的工作，对北辰区来说，要付出双倍的努力。为什么呢?

这是因为，北辰是天津的环城四区之一，地处城乡接合部，一方面要和市区一样，开展“五讲四美三热爱”“创文明单位，做文明市民，建文明区”和学雷锋做“四有”新人等活动；一方面还要突出农村特点，创“三户”(遵纪守法户、文明户和文明模范户)、创建文明胡同和文明家庭等，引导农民提高文明素质、增强致富本领。

在这段时间内，北辰区在辖村开展了创建小康乡镇、小康村以及文明城镇“五个一”、文明农村“五个一”和文明小区“五个一”的创建活动，以及建设社会主义新农村示范点、创建文明行业和文明机关、创评“百佳”示范工程、创评“五大和谐”、“携手共建美好家园”等活动。同时还开展了未成年人思想道德建设，爱国主义教育，社会道德教育，军民共建，乃至文化、科技、卫生、法律“四下乡”，并连续举办了6届“感动北辰，争做文明北辰人”活动。

这些活动在全市和全国都产生了很大的反响，北辰区先后12次被评为全国文明村镇、文明单位和工作先进村镇、单位，《人民日报》、中国精神文明网先后予以报道，中央文明办、市文明办和相关媒体进行了宣传和推广。

精神文明建设全面提升了全区的环境水平，提高了城乡大众的思想道德水平，也提高了北辰的知名度，为北辰构建和谐社会，践行社会主义核心价值观，营造了良好的氛围。

二、生活水平提高——千家万户的受益

从1979—2009年，随着改革开放的不断深化，城乡居民生活提高的速度和水平，在中国历史上是空前的。1979年，北辰区农民人均年收入仅为194元；到

了2010年，农民人均年收入达1万–2万元的已占到38.73%，年收入5万元以上的占到7.56%。平均起来，大概提高了100倍左右；刨去物价上涨的因素，收入的增幅也相当可观。

与此同时是消费支出的不断增加。比如，1981年是263元，到2009年猛增加到9793元。消费结构亦随之变化，食品支出与家庭消费总支出的比例、也就是所谓的“恩格尔系数”不断下降，如1989年至1999年为50%–60%间，到2000年至2009年下降到40%以下；而衣着（2009年人均808.35元，比1981年增长15.46倍）、医疗保健（2009年人均624.8元）、交通通信（2009年每百户家庭拥有移动电话206部）和居住消费（2009年人均1024.72元，是1981年人均住房消费的22.22倍）则是逐年上升。

居住环境的变化也是过去不可想象的，正如区志所言，“很多农民搬进了有厕所、煤气、暖气的楼房，农村居民用于家庭装修、维修住房支出也越来越多”。志中所附《1979—2009年双街镇住房情况》，最能说明这个问题。至于家中陈设，变化更是巨大，传统的土炕、被阁之类，已成历史陈迹，代之而起的，是从改革开放之初的自做家具、组合家具、进而到新潮家具、欧美家具和传统的硬木家具。至于电视机、电冰箱和空调等家用电器的普及，以及照明和燃具的变化，就更不用说啦。这一切，北辰居民与中心城区家庭几乎没有什么两样。

饮食结构方面，改革开放以前因口粮不足，副食短缺，致使三餐单调，水平低下。然而到了21世纪初，情况发生了根本性的改变，餐饮消费已由小康阶段进入富裕阶段，从吃饱、吃好、吃营养，转向无公害绿色食品、有机食品，开始讲究饮食品位。不知从何时开始，由何人提倡，玉米面、红薯、杂粮成为营养和保健的“新宠”，而牛奶、面包和西餐消费已成为老人、儿童和青年的餐饮时尚。

蔬菜和肉、蛋、奶的消费变化也很惊人。大白菜逐年减少，各种细菜逐年增多，2009年人均消费量为137千克，是1985年的1.41倍。1981年人均消费肉食6.8千克，鲜蛋0.7千克。到2009年人均消费肉食增加到26.6千克，鲜蛋21.7

千克；牛奶19千克，是1985年消费量的27倍；水产品消费17.3千克，是1981年的7.21倍；人均消费果品42.9千克，是1985年的5.57倍。

服饰、鞋帽方面，20世纪80年代中期以前，棉布定量供应，中老年人很少添置新衣，青年人着装也是色泽昏暗，款式单一；结婚购置的新衣，大都"压箱底儿"，舍不得穿，只有逢年过节才上身。然而从上世纪80年代中后期开始，服饰的款式多样了，面料的颜色丰富多彩了，各种时装进入千家万户，价格昂贵的羽绒服、裘皮大衣的购买者也不乏其人。进入21世纪，到商场选购琳琅满目的名牌时装成为风尚，穿着不但追求美观，更追求健康、舒适和环保。

据调查，1979年时，农村90%左右的家庭，脚下所穿仍是家做的纳底布鞋。后来，即改穿军用的解放鞋和塑料凉鞋，再进化为皮鞋、高跟鞋、名牌旅游鞋、运动鞋，追求"足下生辉"开始成为生活常态；而穿布鞋反倒成为"回归"舒适的一种奢侈。

出行的变化更是巨大。20世纪70—80年代的代步工具主要是自行车，90年代"轻骑"和摩托车进入家庭，到了21世纪，电动自行车和小轿车快速进入家庭。2009年百户农民家庭有电动自行车72辆、生活用汽车23辆，分别是2006年的2.12倍和1.77倍。

生活水平提高了，日常休闲、养生保健、美容美发被提到人们的日常生活中来。收藏文玩、豢养宠物、旅游观光成为多数中老年人的爱好与选择；互联网进入千家万户，加快了人们的生活步伐，改变了人们的生活状态。这些，都是以前不可想象、也无法想象的。

教育消费的调查是北辰区地方志办公室的一大贡献，填补了政府统计的空白。据2011年对区内19个村、11个社区1302户居民的问卷调查，年家庭教育消费总支出在2000元以下的占25%，2000-5000元的占32.7%，5000-10000元的占22.1%，10000-20000元的占15.1%，20000元以上的占5.2%，大都仅次于基本生活费的支出；其中包括择校费、课外学习资料费、文化课程补习费、购买学习用品费、特长培养费、校服费等等。

区志以典型的事例，忠实、生动地记录下转型期群众生活的变化，重新演绎了这一变化的过程。在阅读过程中，我深深感到，这些变化同样见证了自己在这30年中的生活状况，正所谓“感同身受”，因而读起来感到倍加真实和亲切。

三、社会习俗变化——传统观念的进步

什么是习俗？古人认为，“俗者习也。上所化曰‘风’，下所习曰‘俗’”。这就是说，国家倡导的叫风，老百姓的日常生活习惯叫俗。这句话运用到生活实际方面，有中国特色，但不好理解。我看，还是英国学者B·马林诺夫斯基说得简单明了，所谓习俗，就是“一种依靠传统力量而使每个人都遵守的标准化行为方式”。

北辰区的习俗，无论在节日习俗还是在礼仪习俗方面，与广大北方地区基本相同。随着社会发展和生活水平的提高，过年过节与礼仪交往的方式方法，都发生了趋同性的变化，和城里人没什么区别。比如每逢年节，过去都是在家里吃饭，现在时兴去餐馆聚餐；过去拜年讲究亲自登门，现在是通过电话或网络；过去压岁钱是象征性的，现在都是独生子女，几家的长辈比着给，成为孩子的一笔存款；正月打囤填仓的习俗早已不复存在，现在只剩下饮食方面的传统，所谓“填仓填仓，干饭鱼汤”。国家法定节假日中一些新的节日如妇女节、劳动节、儿童节、教师节、国庆节等等如今也都纳入了老百姓的节庆范围，特别是被称为“黄金周”的7天长假，成为结婚和外出旅游的首选。

每年还有一些外来的节日，更受年轻人的青睐，因为这些“洋节”新奇浪漫，感情色彩浓重，比如平安夜、圣诞节、情人节、母亲节、父亲节等。中华文化历来开放多元，门庭广大，在不断吸收外来文化的基础上形成了几千年延绵不断的华夏文明。今天的一些传统节日，在历史上也是外来的，因此，一些外来节日能够比较顺畅地为国人所接受，不会是偶然的现象。我们应当传承中华文化善于吸收外来文化的优良传统，使我们的日常生活变得更加丰富多彩。

礼仪习俗的变化，较之过去更为明显。比方说过生日，过去吃顿捞面就不

错了，如今无论男女老幼大都要去饭店，有生日蛋糕。结婚典礼基本上没有在家搭棚摆桌的了，一定要在有规模的酒店举行；婚嫁用品也从1979年以后的“几大件”，发展为新世纪初的全套家电、电脑、轿车等，一般消费水平在新世纪初即已高达10万元左右。当然，由于社会的发展和婚姻观念的变化，也带来了一些相应社会问题，这需要有关部门调查研究，实事求是地予以解决。

丧仪的变化在一定意义上说，最具颠覆性。经过国家的宣传、提倡和相应政策的制定，一改几千年来中国人的土葬习惯，大城市及其周边，几乎全部改为火葬，但传统丧仪和迷信活动在民间有所复兴，提倡丧礼、文明祭扫，应成为精神文明建设不可或缺的一个部分。

一部好的志书，应该能够发挥“资政”的作用。在阅读过程中，通过字里行间，不但能够让读者明白实际，了解问题，而且能够从中得到启发，有所感悟，有助于寻找解决问题的办法。在这方面，区志努力去做了，而且做得不错，至少在记录社会、采集民风、追寻变迁方面，达到了这样的标准。

四、地域特色专记——志书体例的创新

为记录全区历史上存在或发生过的重大问题、重大事件，北辰从第一轮修志开始，便增加了“专记”部分，这是新志书体例上的一个创新。在二轮修志中，北辰区地方志办公室继承和发扬了这一创新做法，在“专记”中载入了“塌河淀探源”“北辰人民革命斗争史略”和“北辰区知识青年上山下乡运动”3个具有历史意义的篇章。

历史上，塌河淀是位于天津东北40里的一处泄洪聚潦的洼淀，周遭百里，千余年前即已见于历史记载；在很长一段时间里，对于保障天津周围河道畅通及城市免遭水患，发挥过一定的作用。然而，随着气候变迁以及水利工程的陆续修建，到20世纪七八十年代，逐渐消失，残存的局部洼地，建成永金水库，作为记忆性的保留。后来又在周边建起了银河风景区及度假中心。

“塌河淀探源”对塌河淀的历史变迁、泄洪情形、历年纳淤、周边村落、特

色物产、民间传说等等均做了详细的记录和考证，另有附图多幅以及历史档案选摘作为文字依据。内容丰满，叙事清楚，足以补充以往各书所载的零散与不足。

“北辰人民革命斗争史略”，从中共地方组织的建立开始，一直简述到1948年底全境解放，包括组织沿革、武装斗争、群众运动，以及安光、芦新河、庞嘴、韩盛庄的斗争情况。附有珍贵的档案史料和口述史料。是北辰区党史研究成果的集中体现。

“北辰区知识青年上山下乡运动”，也极具地方特色，即：(1)持续时间长，从1955年到1983年，前后经历28年。(2)上山下乡面广，从天津组织知青垦荒队，到知青回乡务农；从支援新疆、甘肃、云南建设，到去内蒙古、山西、黑龙江都有北辰知青的身影。(3)善后安置好，特别是开展厂队挂钩，发展知青经济方面的经验，受到了国务院知青办的肯定。这篇专记，以时间为主轴，段落清楚，取材典型，数据准确，内容全面，是这一历史性事件在地方范围内始末情形生动、真实的记录。

总之，把《北辰区志(1979—2009)》中的社会部分，视为当代中国社会转型期的一份真实和珍贵的记录，是绝不过分的。

（作者系天津社科院历史所研究员、市文史馆馆员、史志专家）

一部科学性、著述性、资料性很强的城市区志

——评《北辰区志（1979—2009）》的编修特点

赵继华

《北辰区志（1979—2009）》（以下简称《区志》）出版问世，无疑是为天津志苑献上的一份厚礼！在志书编修过程中，北辰区地志办始终秉承出精品佳志的宗旨，树立修志为用的理念，在创新篇目、深挖资料、客观记述、贴近民生、凝炼文字等方面严格把关、狠抓质量，经过数年的精雕细琢，《区志》终于以它精当的体例结构，精到的体裁运用，精炼的文字表述，精确的资料甄选，构成了一部不可多得的精品佳作，成就了一部科学性、著述性、资料性很强的城市区志，可谓“具有鲜明时代特征和地域特色的地方志成果”。

读了《区志》，主要在以下几个方面感受颇深：

一、篇章结构布局合理，体例运用精当，《区志》达到了较高的科学性标准

先看篇章结构布局方面，《区志》共设立了36编，采用中小篇体式，既符合城市区志的篇目设置，也便于对重要或特色事物充分记述，更利于对改革开放30年发展历程的突出反映。例如，记述经济部类，北辰区经济在改革开放后发展很快，为充分记述经济发展成就，全书共设立了10编记述经济，既有对各经济产业的分别记述，又有全面的经济管理工作；既有对各经济门类的详尽记述，又有宏观经济的完整展现。对于宏观经济和经济体制的记述，专门设了两编：一是“经济综述”，二是“经济体制改革”，记述内容非常充分，也达到了一

定的记述深度。“经济综述”编，依次设章记述了所有制结构、产值构成投资构成、计划与执行、经济发展比较，十分全面展示了北辰区宏观经济的整体状况。“经济体制改革”编设立3章，分别为：农村经济体制改革、工业企业体制改革、流通体制改革，完整、系统记述了30多年来北辰区经济体制改革的发展历程。

服务业在市区经济中占有重要地位，并随着改革开放的深入，经济的持续发展，经济结构的不断调整优化，其所占比例不断扩大。根据这一实际情况，《区志》设立了3编记述城市现代服务业，分别为商业、服务业、金融业。各编的章节设置也很清晰，排列有序：“商业”编设立商品流通、流通市场、对外经济和贸易3章；“服务业”编设立旅馆饮食业、仓储物流、旅游业、其他服务业4章；“金融业”编设立银行业、保险业、证券业3章。

《区志》篇目设置把握住了既全面反映地情，又突出时代特点、地域特色的原则，为突出北辰区的地域特色，使《区志》更能贴近百姓生活，更好地为社会各界和人民群众服务，《区志》设立了4编记述社会生活，包括精神文明建设、居民生活、风俗方言宗教和民政中的相关内容。将“精神文明建设”编排在社会生活类前，是《区志》编排的一个创新之举，其记述的主体内容是发生在基层单位、普通家庭、一般居民中的典型人物或事迹，是设置非常成功的一编。将“精神文明建设”编放在社会生活类中记述，比放在政治部类要好，记述的重点为发生在普通百姓中的动人事迹，反映的是群众中新的精神风貌，凸显出志书的“育人”功能。此外，反映社会生活的“居民生活”“风俗方言宗教”和“民政”中部分内容，分别记述了居民的基本生活保障、居民的衣食住行及生活习俗等发展变化，各编章的记述十分贴近普通百姓生活，地域特色与时代特点鲜明。

总体上讲，《区志》篇目设置按照“事以类聚”“类为一志”的基本原则，兼顾到事物的科学分类与现实社会分工的实际，做到了整体布局合理，结构严谨，归属得当，层次分明，排列有序，达到了较高的科学性要求。

正像《区志》“编修始末”所说，在篇目的制定过程中，北辰区地志办先后购买和交流了各地一批志书，学习借鉴了河北省、吉林省等地市县的修志经验，努力挖掘“人无我有、人有我精、人少我多、人迟我早”的特色篇章，经过了9次较大修改，“使篇目最大限度地贴近地情和时代，力求分类科学而合理”。功夫不负有心人，这个目的达到了。

二、体裁运用精到得当，使志书资料含量有效扩大，提升了《区志》的实用性功能

《区志》对各种体裁的运用非常精到得当，各种题材的作用得到最大程度发挥，这是《区志》的又一大特点。

主要体现在以下几个方面：

一是从增强志书的整体性出发，充分发挥各种体裁在志书中无可替代的作用。例如对“述体”的运用，全书形成了志前设“总述”，各编和章均设“无题序”的完整的述体结构，做到这一点很不容易，但真正做到了、做好了，会极大地增强志书的记述深度和整体性，提升志书的实用性功能。

二是充分利用志书体裁的多样性，丰富入志资料含量，增强志书的可读性。《区志》在图、表、专记和附录的运用上，均下了很大工夫，有效提高了志书的资料价值和存史价值，增强了志稿的可读性，也从整体上提升了志稿的著述水平。

例如，《区志》收入了大量的示意图和随文照片，与记述文字互为补充，每幅图、照不但有一定的史料价值，还对提高志书的可读性和直观性效果起到明显作用。

《区志》中灵活运用随文附录40余篇，每一篇都是对记述事物的进一步说明或必要的补充，进而起到增强记述深度的效果。例如，记述公安工作附的案例“速破抢劫加油站案”，从罪犯驾车实施抢劫到将4名犯罪嫌疑人抓获，仅用了不足30分钟的时间，说明公安机关对破获刑事案件领导指挥得力，民警行动迅速、机智果敢，创造了速战速决的高效率。再如，记述档案“开发利用”时，附了3个利用档案实例，说明原始档案在办理民办教师转正、落实知青回津政策和证明企业间赔偿责任等方面发挥的无可替代的重要作用。这3个文字很简短的实例，有力证实了我们档案工作为社会服务的强大功能，这项工作的重要性也就不言自明。

《区志》设立了3篇专记，“塌河淀探源”“北辰人民革命斗争史略”“北辰区知识青年上山下乡运动”，这些内容都有很高的史料价值，应当入志，但又属于限外事物，不适合在志体中采用编章节的形式记述，设立“专记”不失为最佳选择。“塌河淀探源”，从《天津卫志》《畿辅通志》《海河志》《天津通志》《天津市地名志》等志书和其他文献中摘录了大量有关史料记载，经过梳理、归类，为进一步研究和认识塌河淀的历史提供了系统的资料。“北辰人民革命斗争史略”，是一部很精炼的北辰革命斗争史，虽说文字不多，却系统记述了自1922年至天津解放20余年中，中国共产党的创建和发展、武装斗争、群众运动等方面的重要事件，文字朴实、生动。“北辰区知识青年上山下乡运动”，按照“先驱足迹”“纳入规划”“进入高潮”“妥善安置”4个时间段记述，清晰地展现了这段特殊的历史。这3篇专记，都具有较高的史料价值，又有很强的可读性，十分难得。

三是《区志》中对“表体”的运用也非常适宜，无论从表的数量上，还是每张表的质量上，把握都非常好。我以为，志书“表体”要以“全而不滥，精而不缺”为原则。所谓“全”，不单指表的自身内容要全，更要从整部志书考虑，表体与文字记述应当是一个整体，完整全面地反映事物，每一张表都有他存在的价值，都能起到文字记述所未能起到的作用，不滥用一张表。所谓“精”，即指表格设置要“精简”，表格内容要“精确”，表格中所列项目要“精准”，避免记述上的缺漏和内容的缺失。《区志》对“表体”的运用非常好，做到了“全而不滥，精而不缺”。无论是数字表，还是文字表，每一张表都有自己的资料价值，都是对志文记述的有效扩展，并避免了与志文的简单重复。

三、精练的文字表述，使《区志》有很强的可读性，达到较高的著述水平

由于受记述空间条件限制，城市区志不容易写出较强的可读性，而能够写

出一定文采的志书，则更如凤毛麟角，不可多得。可《北辰区志（1979—2009）》的编纂者非常注重文笔出彩，修出了一部值得用心品读的城市区志，这是我读到《区志》的突出感受。

首先，《区志》重视“述体”的撰写，完整的述体结构，和对“总述”及每一篇无题序的精心撰写，有效提升了《区志》的著述水平。

《区志》“总述”是写得非常成功的一篇，仅用10000余字，按照我党提出的物质文明、精神文明、政治文明、社会文明、生态文明建设五个方面记述，全篇结构严谨、层次清晰、语言精炼、特点突出；在记述发展成就的同时，还记述了存在的问题，很难能可贵。各编或章的无题序，写得都比较简练，并不乏“点睛之笔”，这些无题序或提纲挈领，或钩玄提要；或突出特点，或概括全貌，均能起到应有的作用，为《区志》的著述性增色不少。

城市区志有些综合性的编，几个部门放在一编记述，怎么写好编的无题序，成了困扰志界同仁的难题。有的按照涉及的部门分段写，使记述内容很分散，难以形成一个整体；有的选择部分部门记述，显然不是一篇完整的无题序。《区志》综合编的无题序，将记述重点放在对所涉及部门共性或相通的内容上，很好地解决了这一问题。例如“经济行政管理”编，涉及土地管理、统计管理、物价管理、审计管理、工商行政管理、质量技术监督管理、食品药品监督管理、安全生产监督管理。在本编无题序中有这样一段话：“70年代末至21世纪初，随着改革开放的不断深入，区工商行政管理局、统计局、物价局、审计局、质量技术监督局、食品药品监督管理局、安全生产监督管理局等部门，适应改革开放需要，转变职能，不断改进和完善管理措施，加大执法力度，依法加强经济行政监督管理，查处违法、违纪案件，为全区经济可持续发展保驾护航。”本编无题序这样记述，对编下各章均起到了提纲挈领的作用，这也正是我们强调写好“述体”的初衷。

其次，《区志》志文的表述均经过细心斟酌、反复锤炼，做到了文约事丰、言简意赅。例如“精神文明建设”编，“文明农户创建”章下无题序写道：“1991年后，区相继开展创建‘三户’‘文明胡同’‘文明家庭’活动。区引导农民提高文明素质、增强致富本领的典型经验在全市推广。”仅几十字的无题序，将本章记述的主要内容，开展活动的意义和效果均概括得十分清楚。

第三，《区志》行文注重简洁流畅，力求志文出彩，让人读着不觉枯燥乏味，乐于阅读。“言之无文，行之不远”，是说文章如果没有文采，不会有较大的影响。一般志书，强调是资料性著述，以资料见长，可读性容易被忽略，更不容易将志文写出一定的文采。《区志》编修者在这方面做了很大努力，并且取得了显著的成效，志文中不乏点睛之笔、出彩之句。例如“总述”记述北辰人的性格特点：“移民遂为先民，自此成村建堡世代耕种繁衍生息，同时源于各地的风俗在此高密度汇集，经过几百年沉淀与融合，形成了北辰人勤劳、宽厚、热情、包容的性格，成就了朴实而不守旧、谦逊而不自卑、坚韧而不固执、豪放而不粗俗的独特地方风骨。”话语不多，生动而又深刻的记述了北辰人的性格特征。再如“居民生活”编中记述进入21世纪后居民穿着的变化：“年轻人多选择彰显个性的服装，男青年以展露其英俊潇洒气质，女青年以展现其婀娜多姿曲线美。中老年选择服装，一改昔日古板、封闭、保守的传统观念，服装面料讲究舒适、颜色喜欢鲜艳、款式要求新颖。”这段话用流畅而又优美的文字表述，生动展示了人们穿着观念的变化。这样的例句还能举出很多，而《区志》行文的通篇表述，大多还是以严谨、朴实、简洁、流畅见长，这些特点共同构成了《区志》很强的可读性，很高的著述水平。

四、精确的资料甄选，保障了入志资料的价值，为志书“经世致用”奠定了坚实的基础

北辰区在二轮修志工作开始后，就十分重视资料的收集、挖掘工作，由于组织工作做得扎实、周密，使各单位上报的资料相对全面完整，为撰写志稿打

下了坚实的基础。为使入志资料更真实、准确，更能贴近民生和社会生活，北辰区地志办组织人员开展了大规模专项社会调查，设计了7套调查问卷、81个选项内容，选取了13个镇街的19个村、11个社区的1300余户家庭作为百户问卷调查点，对居民婚嫁支出、城镇居民住房、中老年居民生活、农村丧葬费用以及家庭教育支出等进行多角度、多侧面的问卷调查。通过问卷的方式取得这些资料，是十分珍贵的原始资料，这些数字与百姓的生活息息相关，具有很高的权威性和说服力。

在“人口”编，专门设立一章记述“姓氏渊源”，是《区志》在使入志资料做到完整、系统方面一个创新性尝试。记述人口，不能不包括姓氏。而《区志》更可贵之处是，不但有完整的姓氏现实情况资料，还厘清了部分姓氏的渊源，这些资料，非常难得。区志还将“谱牒”收入志书，这些有很高价值的资料，往往容易被忽略，《区志》记述人口的资料范围值得借鉴。

《区志》收入资料系统、完整，在“环境保护”编也非常突出。为了充分记述环境保护内容，区志专门设立1编，包括4章，分别为环境质量、污染防治、生态环境保护、环境管理，涵盖了环境保护的各个方面。将“生态环境保护”专列一章，从推行环境市场准入机制，到实施环境影响评价和环境质量评价；至21世纪初开始，进一步发展无公害养殖业和种植业，促进农业生产良性循环，推进环境优美镇建设，创建环保生态村等活动。我们从这些资料中可以体会到，北辰区在生态环境保护和生态环境建设方面机制健全、措施得力、效果显著，已经取得一定的成就，这些资料入志，不仅完整保存了环保方面有价值的资料，从借鉴意义上讲，也极大提升了志书的实用性功能。

从整部志书来看，《区志》对资料的甄选讲究真实、准确，收入资料做到完整、系统，为志书“经世致用”奠定了坚实的基础。

（作者系天津市地志办年鉴指导处原处长）

蓝本篇

蓝本评审会纪实

2013年11月28—29日，《北辰区志（1979—2009）》蓝本评审会在天津市北辰区万源龙顺庄园召开。中国地方志指导小组秘书长兼办公室主任李富强、联络处处长张英聘，方志出版社副社长陈海力，天津市地方志编修委员会办公室主任苏长伟，天津市史志专家，天津市各区县地方志办公室负责人或主笔参加会议。

与会专家对《北辰区志（1979—2009）》蓝本给予较高评价，一致认为该志政治观点正确，体例完备，内容翔实，行文规范，特色鲜明。其一，志稿质量较高，是可以在天津市乃至全国推荐的范例；其二，资料系统丰富，在记叙中注意资料的连续性和时间节点的区别，做到点线面相结合；其三，采用附录的方式补充记叙，扩展了志书的延伸性、可读性，资料得到进一步扩展；其四，记述求真存实，如生态环境问题，没有回避，难能可贵。

最后，市地方志办公室主任苏长伟在会上宣布《北辰区志（1979—2009）》蓝本通过天津市复审。

一个阶段性成果

李富强

北辰区地志办为了完整地记述该区改革开放的历程，将第二轮志书上限定为1979年，下限为2009年，这无疑是给自己增加了工作量。区地志办的同志不畏艰辛，抱着对历史负责的态度，用4年的时间，修出了200多万字、反映改革开放30年的志稿，展示了北辰区在改革开放30年里所发生的巨变。

首先，该志稿体例章法符合志书的要求，横分竖写贯彻的较好。其次，志稿框架结构的设置比较科学，门类齐全，没有缺项。以上两点是对志书的基本要求，每部志书都应做到，但现在不是所有志书都能做到。另外，该志稿资料相对比较丰富，在遇到特殊问题时，也能够寻找到合理的解决办法。所以即使这部志稿仍存在这样或那样的问题，它都是一个阶段性的成果。

下面就志稿的修改提几点建议。

资料方面。一部评审稿，如果占据资料优势，就是一个成功。评稿会上，大家会对稿子提出很多问题，如篇目调整、语言加工、交叉处理、内容整合、技术统一等，这些问题都不可怕，因为这些问题都可以在现有稿子的基础上进行修改。评稿会之后，关着门自己研究、讨论、修改，都可以处理这些问题。但是，如果大家提到很多地方资料不足，需要补充数据，需要补充事物的过程，有些地方缺失主要方面的资料等。如果缺失资料的问题比较严重，需要寻求部门帮助解决，问题就大了。因为，补充资料的工作不是我们自己能够做的，我们必须回头再次寻找有关部门，帮助解决。这个过程的工作量很大，而且难以把握。所以，做好前期资料搜集工作，是编纂志书的重中之重，必须给予重视。目前北辰区志稿有资料基础，但有些地方还需要补充。

有些地方资料缺失太多，如环境保护编大气环境质量，此节的目都是按照“1984—2009年”或是“1984—2001年”的方式记述。20多年的事物发展用一句话描述，接着是2009年数据，中间缺失20多年的资料。还有的部分只写了2009年的情况，之前的资料一点没有。类似于这样的情况，要尽量减少。北辰区志这种情况属个别，但如果条件允许，还要尽量补充。

另一种情况是叙述事物过程中要注意补充一些实例，说明具体的问题。补充资料很必要，进一步将资料工作做实、做细，可以提升志稿的质量。

语言方面。《北辰区志（1979—2009）》凡例中有一条是“一般述而不论”，但总述、无题序除外。总述和无题序中套话、渲染、虚论太多。志书不需要这样的渲染，遇事直说即可。

总述不是空泛地描述，志书是要用资料来说话，即使是总述，高度地概括，也是用资料来说。无论是志书的总述，还是编章下的无题概述，都是高度概括事物发展变化的过程。这个过程不能因为高度概括而用一些套话、空话、公文性语言，将其虚拟。否则，总述和无题序就没有存在的意义。

结论产生于论据之中。志书的总述是用资料述其发生、发展、变化。发生、发展、变化述其明，结论自其清。志书的述而不论，不是没有结论，而是在叙述之中自有结论。妄加结论，往往适得其反。所以，志书的“述而不论”是有其道理的，要遵循这一编写原则。

在语言的表述方面，用数字表示年代，如：1980年代，这是错误的。1980年是一个年份的时间，不是一个年代的时间。年代是指几个年份的时间段，一般为10年一个年代，如80年代、90年代等。因为此部志书跨两个世纪，完整的写法是：20世纪80年代、20世纪90年代。

篇目方面。《北辰区志（1979—2009）》的篇目基本上做到了科学合理，但从地方特色来说，突出不够。建议将环境保护编后移，放到城乡建设编之后。

篇目的另一个问题是特点不突出。建议单立“乡镇企业”“工业园区”“国家·天津北辰科技园区”三编，可以集中体现北辰区都市工业园的特点。

另一章是“仓储物流”。北辰物流已具有规模，并是今后发展方向，建议将“仓储物流”从服务业编抽出，单立编，放在商贸编之后。编下设第一章仓储，第二章专业物流市场，第三章物流配送中心，第四章仓储物流企业。

政策方面。注意保密问题。军事编兵役中有历年的征兵人数，民兵里有民兵建制和人数，这些数据都属于保密数据，不能公布。

此稿一定要由保密局审阅。区地志办自己也要了解有关的政策。这些都是志书的硬伤，必须注意和修改。

（作者系中国地方志指导小组秘书长兼办公室主任）

蓝本是一部上乘志稿

张英聘

天津市北辰区作为全国第二轮修志工作试点单位，我们这两年给予较多的关注，前期就篇目进行过几次的研讨。此次呈现出来的志稿，虽然是我们第一次完整见到的总纂稿，但从篇目来看，基本上体现了北辰区修志同仁在篇目上所作的努力。纵观全稿，我认为有以下特点：

第一，从整体上看篇目严谨，符合志稿体例，设置规范、精炼，可以说是天津乃至全国二轮修志的范例。

第二，资料非常系统、丰富，记述中注意了资料的延续性，有时间的节点和贯穿，反映了事物发展的脉络和轨迹。资料上的点线面相结合，在全国也是一个范例。

第三，采用许多附记的方式和做法，延伸、拓展了志文资料，加深了志文的记述，增强了可读性。用了大量的调查资料，为本志的亮点之一。

第四，图表中的统计数据来源丰富，有档案、征集和调查，渠道很多，资料翔实。并且严格把握了上下限，与正文相匹配，为本志特色。

第五，本志让人印象深刻的是，志稿中多处记述均关注到了发展中存在的问题，这是难能可贵的。比如对生态环境的记述，就很如实、客观和真实。总述中用五分之一的篇幅对生态环境加以记述，是充足的，可见编者对它的高度重视。编者没有回避问题，而是直面现实，表现出可贵的忧患意识，起到了警示作用。

第六，本志互见法运用得很好，这是对传统修志方法的一种运用。

综上六个方面，我认为《北辰区志（1979—2009）》从篇目到文字，志书的基础很好，可以说是一部上乘志稿。当然，从严格要求的角度来说，志稿还有需要修改完善的地方。下面，我仅从凡例方面提一些修改意见，以期以点带面，对蓝本今后的修改有所帮助。

1. 总则。凡例存在一些不规范的地方，在这里可以采用目前这种按条而设的方式，比如说总则、范围、断限，我觉得可以在这个的基础上做一个规范。第一条总则中前面两条可以调整一下，改为一个是书名的定位或者指导思想，把这个其中的三条或者合成两条，然后语言上再做一些精炼，在总则之下的第一条都有本志如何如何，然后本志之下每一条都应该冠以“本志”两个字，这样名称一致统一。

然后书名的定位目前写的2000年版首部《北辰区志》的续志不是特别准确，应该点名前志的下限，前志的下限是写到1997年，从前志的下限到现在1979年基本重叠有18年的时间，交叉的部分应如何处理，对交叉部分作出的说明应该在凡例当中点明。

指导思想当中我建议把“严格执行国务院颁布的《地方志工作条例》”这一条，包括后面“坚持质量第一，确保政治观点正确”这两句话删去。其一，《地方志工作条例》是针对地方志工作的条例、推动修志编鉴、包括地情的研究等相关工作的一个条例，它不是针对修志的一个条例，它不像明代永乐年间颁布的两次修志凡例，规定志书的内容，所以建议删去。其二，坚持质量第一是我们修志工作的一个原则，确保政治观点正确，这一条和志稿本身结合并不是特别紧密，不是针对志书内容的，可以不用写进凡例的条款。

2. 记述范围。现北辰区行政区，应改为北辰区2009年行政区域。在第一部分政区，还有总述的部分都没有涉及北郊区的情况，在1992年之前就是北郊区，之后才改为北辰区，对北郊区、北辰区甚至对地名的用法，在凡例里面应该有所交代。

3. 体例。语体的写法不太准确。因为从体例来讲它有几个方面，一个方面是结构体例，也就是篇目怎么设置，这是一个方面也就是第五条的结构。然后还有体裁的体例，这个体裁体例在一部志书当中，不是只用一种体裁，不像写一本专著，就用一种体裁就可以了，志书中的体裁是不一样的。因为从体裁中可以反映出方志文化是集合了很多种的成果才出现了方志这种书，所以这两条要给它分开，我建议把第五条结构拿到前面。首先你应该说我的内容，我是怎么组合的，所以要把结构提到前面作为第四条。第五条体例改为体裁，体裁和文体，它不能叫语体，体裁就是述记志传图表录。

4. 图片。凡例中我们提到了图表随文，我们还缺少一个内容，缺少一个地图。关于地图的使用，地图在志稿中看不出来，我建议在卷首设置位置图、行政区划图，行政区划图不能设一张，首先应该有1979年下限的那一张，还应该有1997年的那一张和2009年的那一张，这是基本的行政区划图，主要用来反映区域变化。比如说在1992年北郊区变化的，当时调整如果感觉变化比较大，应该增加一张北郊区改为北辰区这样的一张图。再一个就是设一个交通图，像北辰这样的地方，有北运河，是在天津历史上交通位置比较重要的地方，可以通过运河的变化来反映历史变迁，运河、水道、河流这几个方面可以有一张图。包括高速路、公路这样一个交通图来凸显北辰的发展。

5. 纪年的表述。大家争论中提到的80年代，这不是说我们不能采用港澳台这样的用法，学界相对来说比较宽泛些。但是这个志书是官修的书，官修的书和个人的著述毕竟是有一点区别的，所以要采用新闻出版署对这个的有关要求和规定。20世纪80年代在大陆，我们有比较规范的用法，并不是说这样也可以用，那样也可以用。因为这是官修的书，所以说在用年代表述的时候，20世纪80年代或者就用80年代以来，因为我们在凡例当中做一个说明，所涉的年代是指20世纪，在正文当中可以不再加世纪。

6. 人物。人物我建议提到纪年之前。因为人物作为志书内容的一部分，纪年属于规范使用方面的，在这里面其中有前志已做人物传者不再收录，这条可以删去，可在正文当中做一个说明。我们在前志当中因为会有重叠的部分，在这个时限收录的我们就不再收录，因为它是一个非常具体的问题。然后人物传和人物简介当中收录了区籍和客籍，其中的区籍是不规范的，应该是本籍和客籍，这是相对应的。

（作者系中国地方志指导小组办公室联络处处长）

符合规范 质量较高

陈海力

我对这部志稿的认识是:《北辰区志(1979—2009)》在记述观点、记述形式、行文规范方面，符合《地方志书质量规定》。从目前志稿的内容情况上讲，在政治政策性、敏感内容、涉密等内容的把控上，基本符合规范；志稿的行文简洁明了，文字编写的质量水平较高；随文设附的重视程度及有效性具有较强的特色；丰富的图片、表格资料的收录，扩充了文字内容的实用性，使得全志的面貌更为丰富、活泼，提高了史料价值；全志的形式体例、数据体例、运用词语的风格一致，语法错误和编校硬伤比较少，从中可见总纂(总编)工作投入的份量。

整体来说，志稿质量较好，作为首次阅读的我(在出版工作中，相当于未经加工的毛样、初审)，曾多次感慨——稿子不错啊!

在我们出版人对志书最头疼的部分内容——对计划生育国策内容的记述上，这部《北辰区志(1979—2009)》，用宣传教育、技术服务、计划生育管理——“三结合”工作、“十百千”工程、“三三金桥”工程等细目、条目，温温暖暖的给说明白了。更充分的向读者展现了我们北辰区计划生育工作做得很好(对这方面的记述，我们认为，如果后人研究需要，可借助我们志书的引导，去查专业档案)。

下面，提几点建议。

脸面性的文字，可以再下点工夫。出版单位将图书正文前的出版说明、凡例、彩色插图，正文后的后记等内容，以及正文开篇的内容(如志书中的“总述”“概述”等）俗称为脸面上的东西，也就是读者首先要翻看的部分。该志凡例和总述，应该有必要做点重点文字工作。

我们说话、写文章还是应该讲究些艺术，让它更生动更活泼，作用就应当更大。说话没有文采，就传播不远；志书没有特色，语言文字干巴巴，会让人读不下去。正如孔子所说：“言之无文，行而不远。”

形式体例，既要科学合理，还应简明。《北辰区志（1979—2009）》中的各级标题层次之规整，是我们在平时编辑加工的志稿中少见的，版式舒朗、大方。但是，关于它特别使用了章节体和条目体相结合的方式，以我个人的喜好，在这么大方的层次结构处理下，坚持用章节体继续细分基础内容的层次，应该会更完美。目前这样的小小地、特别地用条目形式表现最底一级层次的创新，意义不大。若一定要如此结合，那么就应该将条目形式规范化，方头括号应该顶格。自然段落形式的记述加上方头括号，既不好看，又不利于条目中还要再细分的情况。

另外还有设目形式、结构设置、行文与词汇、标点符号以及图、表格的问题等。志书作为史料性图书，记载史实即可，不要加主观的形容性词语，如319页“紧张地建设”“忙碌着盖厂房”等，应坚持述而不作的原则。

我谈的这些建议，基本不涉及编纂问题，重点放在正式出版物的工作技巧和要求上。这部志稿通过评议工作的梳理，再次修改及以后专业出版编辑加工，我认为，正式出版的，将会是一部能让读者喜爱、内容和形式协调统一、有较好的史料价值、漂亮的志书。

（作者系方志出版社原常务副社长）

不同于传统志书的城市区志

罗澍伟

一、优长

内容完整，资料丰富。全面、完整、扼要地陈述和代表了1979—2009年北辰区的发展概况；第十一编第二章第六节、第七节，写出了北辰区的农业特色；除大量应用档案资料外，还使用了多项活态调查，特别是三十四、三十五两编，是对地方志书从体例到内容的创新发展；对于深入了解过去30年，以及当前北辰区的经济、政治、文化、社会乃至风土民情，是不可或缺的重要参考，体现出地方志书“存史、资政、育人”的作用。

体例严谨，架构得体。全志不但做到了横不漏项，竖不断线等基本要求，而且对于编、章、节、目、子目的设置（目录标出前3级），无题序的安排，都做到了规范有序，层次分明，前后一致，不散不乱。虽然成于众人之手，但主持人在全志的“统修”（“一支笔”）方面是下了一番工夫的。

条分缕析，眉清目楚。志书在一定意义上说，既是一部资料书，又是一部工具书，因此所叙内容的“条理化”非常重要——这就是便于记忆，便于检索，便于应用。应当说，续修的《北辰区志》在这一方面起到了率先垂范的作用，可作为其他续志编修时的参考和样板。

行文简洁，叙事明白。书中绝大部分文字，思路清晰，叙述简明扼要，清楚明白，一部上百万字的志书读起来感到不累，应当说文字的清楚、简洁、明白，起了很大作用。

总的来看，这是一部基本成熟的续志蓝本，只要在某些方面稍加增补和订正，即可达到公开出版水平。

二、意见和建议

“凡例”。是全书架构和行文的原则及规范要求，既要全面，又要严谨，以使编写者和读者明了全志的要旨，并且有“法”可依，有“律”可遵，因此一定要注意条文的文字推敲，务使明白、准确，没有歧义，做到逻辑严密，无懈可击。

“总述”。总的来看，内容全面，前两部分写得也比较集中，但作为全志的“提纲挈领”和“导读”，作为全志的“缩影”和“窗口”，还有较大的提升空间，特别是三、四、五三部分，读后容易让人感到思维逻辑不清，行文缺少章法。

“大事记”。做到了事件突出，叙述集中，言简意明，文无剩语，读起来干净利索，没有前拉后拽、拖泥带水的毛病。修改建议：注意叙事和用词的准确性。注意“大事”与正文叙事的一致性。一定要核实，要记述准确，前后一致，不然，会影响本志的编修质量。

（作者系天津社科院历史所研究员、市文史馆馆员、史志专家）

一部精品佳志的坚实基础

赵继华

《北辰区志（1979—2009）》蓝本是一部比较成熟的评审稿，体例把握得当，篇目设置合理，体裁运用充分，资料翔实丰富，文字记述规范，地方特色突出，时代特点鲜明，为修成一部精品佳志打下了坚实基础。

一是篇目设置方面。设立35编，采用中小编体式，便于对重要或特色事物充分记述。例如，经济部类记述。北辰经济在改革开放后发展很快，为充分记述经济发展成就，设了11编记述经济，既有对经济实业的充分记述，又有完整的经济管理工作；既有对各经济门类的详尽记述，又有宏观经济的全面展现。对于宏观经济的记述，专门设了两编：一是“经济总情”，二是“经济体制改革”，记述非常充分，也有一定的记述深度。

这种体式的设立，也便于充分反映社会生活。蓝本设立了4编记述社会生活，包括“社会工作”“精神文明建设”“居民生活”“社会民情”。这4编记述了居民的基本生活保障、精神风貌、居民的衣食住行及生活习俗等。将“精神文明建设”编放在社会生活部类中记述，比放在政治部类要好。各编的记述十分贴近百姓生活，时代特点鲜明。

二是重点或特点编。蓝本中有几编比较突出，在二轮修志中有借鉴意义。

“经济总情”编。本编为宏观经济记述，内容涉及所有制结构、产值构成、计划与执行、投资构成、经济发展比较，涵盖了宏观经济的主要方面内容，是记述宏观经济比较成功的一编。本编以充实的资料为依托，全面记述了北辰区经济发展和现实状况，有一定的记述深度。

“经济体制改革”编。写好本编难度较大，但该编写得也比较成功。记述了农村经济体制改革、工业企业体制改革、流通体制改革，虽说记述范围很广、很全，但并非一般意义上的记述“过细”。志稿全面、深入地展现出北辰区主要经济领域体制改革不断完善、深化的轨迹。

“国家·天津北辰科技园区”编。本编的特点是选择记述角度准确，很好把握了与工业、科技编的交叉记述。本编重点记述了园区建设、招商引资、科技创新、园区管理服务等内容，避免了与其他编章的重复记述。

“居民生活”编。本编设立居民收入、居民消费、饮食、服饰、居住出行、家用器具6章，涉及居民日常生活的各个方面。为使记述更加形象、生动、直观，使用示意图30余幅、照片80余张。采用问卷调查的方式，增强了入志资料的准确性和可信度。农民从业收入调查，对全区9镇农民从业人员913人进行问卷调查。专项消费社会调查，有居民家庭教育、住房、婚嫁、丧葬及婚丧礼金等人民生活5个消费专题，涉及19个村、11个社区共1300余户居民。

“社会风俗”编。续修志书如何记述风俗，是个新的课题，容易出现两种偏向：或是记述比较简单，不能充分反映新的特点和全貌；或是沿袭前志的主要内容，不能充分反映时代特征。本编对社会风俗的记述十分成功。正像本编无题序中所说：新时期民风民俗不像旧俗流传时间悠久，又由于社会变化快，因而具有阶段性、年代性和短暂性特点。本编记述社会风俗，抓住这3个特点记述，是记述成功的关键。

三是体裁运用方面。《北辰区志（1979—2009）》蓝本充分利用各种体裁的功能，特别是在图表、专记和附录的运用上，下了很大工夫，有效提高了志稿的资料价值和存史价值，增强了志稿的可读性，也提升了志稿的著述水平。

其一，蓝本除了运用必要的统计表和事项表之外，还收入了大量的随文照片，这些照片，不但有一定的史料价值，还增强了志稿的可读性和直观效果。蓝本中收入了各种形式的示意图，直观性效果也非常好，对于增强志稿的可读性也有明显效果。

其二，蓝本中设立了4篇专记，前三篇为上限以外的事物，是对前志的重要补充。“塌河淀小考”，从《天津卫志》《畿辅通志》《海河志》《天津通志》《天津市地名志》等志书和其他文献中摘录了大量有关史料记载，经过梳理、归类，为进一步研究和认识塌河淀的历史提供了系统的资料。“北辰人民革命斗争史略”，是一部很精炼的北辰革命斗争史，虽说文字不多，却系统记述了自1922年至天津解放20余年中党组织的创建和发展、武装斗争、群众运动等方面的重要事件，文字朴实、生动。“北辰区知识青年上山下乡运动”，按照“先驱足迹”“纳入规划”“进入高潮”“善后安置”4个时间段记述，清晰地展现了这段特殊的历史，从中可以看到全国的情况。“‘天穆杯’全国小品展演”，属限内事物，从产生、发展到成为“全国群众文化品牌”，是群众文化的一大亮点，也很适合采用专记的形式记述。

其三，蓝本中采用了较多的随文附，大部分是对记述事物的必要补充，增强了志稿的史料价值。

四是需要进一步完善和提高的地方。进一步精炼和规范记述，包括志文、标题等。对图表、附录做必要的调整，过细的、资料价值不大的精简，有的随文附可作为正文记述。进一步规范和写好编下无题序，有的写得较好，有的过于简单。

（作者系天津市地志办年鉴指导处原处长）

有城市的时尚又有乡村的传统

尹树鹏

一是对《北辰区志（1979—2009）》志稿总体认知。该志稿篇目内容和结构完整和谐，真正做到了承前启后，写出了社会转型期时空交替的内容。使用了动态和对比的数据，精确表达出了社会各层次变化，克服了因社会变化周期短速度快难以表述的困难。

二是对第三十五编社会风俗的阅读体会。认为该编述而有文，读起来完整亲切，既有中心市区的时尚，又有乡村的传统，是二合一的模式，表述起来很费力但很成功，对舶来习俗记述有特色，对天津北辰文化有抢救意义。

三是谈到北辰区二轮修志对资料的深入挖掘。此轮修志，北辰区地志办深挖文化资料，弥补了前志此部分资料不足的缺憾。对方言、谚语、歇后语整理极有必要，民间乡土文化不记录在案，不久即将散失。

四是塌河淀专记的著述。资料系统翔实，是对市区志书的重要补充。该篇专记图文并重，文献考据俱全，为推进北辰经济进一步发展地域空间、土地资源提出了历史和文化的依据。

最后对志书的修改提出几点建议：有些数据应有弹性，与前志的重修、补修和续修的关系有些地方可再斟酌。志书中已写到的重要人物可再写足些。

（作者系天津市文史专家）

中国地方志学会城市区志专业委员会2014年学术年会对《北辰区志（1979—2009）》文化部类等志稿评议纪实

编者按：2014年10月29—30日，中国地方志学会城市区志专业委员会2014年学术年会在江苏省扬州市广陵区召开。年会主题是研讨第二轮城市区志文化部类的编纂方法与编纂规律，内容包括论文交流和评议天津市《北辰区志（1979—2009）》文化部类6编志稿和社会部类1编志稿。来自全国22个省市地区地志办主任和专家共计80余人参加会议。其中，全国地方志学会城市区志专业委员会会长邱新立，福建省地方志编修委员会原副主任苏炎灶，安徽省地方志办公室原处长、江淮时报社原总编辑欧阳发，河北省秦皇岛市地方志办公室原主任齐家璐，山西省地方志办公室原副巡视员任根珠及上海市地方志办公室副主编颜小忠等多位全国知名专家都对《北辰区志（1979—2009）》进行了专题评议，其他与会单位则以论文及分组交流等形式对《北辰区志（1979—2009）》进行评议。专家及与会人员均对《北辰区志（1979—2009）》给予高度评价，同时也提出了中肯的意见建议。

关于文化部类等志稿编纂情况的说明

——在全国城市区志专业委员会2014年学术年会上的发言

霍贵兴

全国城市区志专业委员会每年一度的学术年会，是全国城市方志界的一次盛会，是方志工作者彼此学习交流、加深友谊的桥梁和平台。今天很高兴能与大家同聚扬州广陵参加此次年会。

北辰区位于天津城区北部、北运河畔，是往来京津的咽喉要冲，京津冀区域重要协作区。2013年，辖区面积478平方千米，户籍人口37.9万人，常住人口77万人，全区实现地区生产总值755亿元，三级财政收入128亿元，农村居民人均可支配收入17586元。

按照天津市二轮修志总体部署，2009年9月，北辰区续志工作全面铺开；2012年，北辰区被中指组确定为全国第二轮修志工作试点单位；2013年11月召开北辰区志蓝本评审会。5年多来，在中指组和天津市地志办的精心指导下，北辰史志工作扎实开展、稳步推进，取得了显著成绩。

我们此次给大家评议的志稿，是文化部类的6编和社会部类1编居民生活。下面对这7编志稿的编纂情况做一个简要说明。

一、有重点地记述体制改革

突出改革开放是全书秉承的宗旨。这次呈报的这7编志稿中，教育、卫生、体育3编志稿的第一章均为体制改革，从不同侧面，突出了改革开放的变化和成果。例如，在教育改革中，重点记述管理体制、办学体制和推行素质教育的改革内容。在卫生体制改革中，着重从公费医疗制度、农村合作医疗、社区公共卫生服务3个方面记述改革的背景和逐步深化的发展脉络。体育方面的体制改革则选取投入渠道多元化和社会竞办两方面给予记述。这样的记述是实事求是符合区情的。从全国看，文化部类的体制改革还有很多，但具体到这个地区是否都有实际内容可记，那就要根据地区实际作出取舍。

二、突出亮点和特色

为更好地突出地域特色，我们在文化编中采用升格记述的方法，把全国文化品牌——“天穆杯”全国小品展演由节升格为章。从发展演变、媒体宣传、剧本征集、展演成果4个方面加以记述。再如：我们着力突出体育编的全民健身（区镇村多次获全国先进）和传统体育（屡次在全国摘金夺银），科技编的科技推广和科技成果（在天津名列前茅），精神文明建设编的文明农户创建和小康村创建内容（一些创建活动在天津乃至全国属于首创）等这样一些亮点特色事物。对这些内容我们不惜笔墨，力求记深记透。

三、贴近群众和民生

为了更好地贴近群众和民生，我们注重在“民”字上下工夫，从篇目设计、资料选取到内容记述，力求突出普通民众的主体地位，加重对身边小人物记述的笔墨。比如在精神文明建设编，“感动北辰文明人”是北辰区精神文明创建的品牌活动，评选的都是北辰域内孝敬公婆、扶危济困、见义勇为等方方面面的小人物，对评选出的838名北辰文明人逐一收录名单，并精选7个典型加以记述，彰显普通人的感人事迹。又如，在科技编中以事系人，记述了科技示范户的6位普通农民。在教育编中把学生单独设章，较为全面地记述教育的实施主体——学生。

四、用好随文图照和随文附

随文图照的大量运用可以说是二轮修志的一种趋势，对此，我们在编写之初，就安排专人负责图照的收集和编排设计。蓝本评审后，我们又对文中图照进行进一步筛选和补充，努力达到图照佐证历史、图文互补并存的目的。同时通过使用图照突出对比效果，着重反映改革开放31年的巨大变化。如居民生活编，着重记述居民生活衣食住行用及休闲等方方面面的变化，力求更好地贴近时代、贴近实际。特别是使用大量数据和图照进行前后对比，突显事物变化的比较效果，显得有力而生动。在随文附的设置上，我们注重点与面更好的结合，使记述方式更加灵活多样。如在卫生编中，我们以随文附的形式，把医疗事故典型案例、抗震救灾医疗队事迹等记入书中，补充和丰富了志稿正文。

志书作为书籍的一种，一旦出版便会或多或少地留有遗憾。由于时间紧、任务重，我们的志稿还存在很多不足，有些章节还比较粗糙。在此，诚恳期待各位领导、专家及方志同仁不吝赐教，多提宝贵意见。我们将虚心听取评议意见，认真修改，精心打磨，使志稿更趋科学成熟，力求少留遗憾。

（作者系北辰区委党史研究室、区地志办主任）

立足创新　大胆探索（节选）

苏炎灶

审读天津市《北辰区志（1979—2009）》（以下简称北辰续志）中第二十八编至三十四编的内容。认为北辰区充分调动地方志编纂的各种手段，充分反映了改革开放以来，地区文化与社会发展的新变化、新特点。

一是多种手段并用，使北辰续志城市特色鲜明。为了展现城市迅速发展与巨大变化，编者从篇目设计、资料征用、体裁应用、记述手法等多方面，既充分利用原有地方志编纂的各种手段，又立足创新，大胆探索，为编纂城市区志提供了不少宝贵经验。

其一，从篇目设计入手，优化结构，突出特色。北辰续志篇目（均以二十八编至三十四编为例）与《北辰区志》（以下简称前志）对比，篇目设计作了许多重要调整，使得资料覆盖面更宽，城市特色、地方特色更为突出。将前志在政治部类中的“政情要略”编中的精神文明建设一章，改设为“编”一级层次，并调整到文化部类，不仅归类编排更加合理，而且为“精神文明建设”编下设置留下更大空间，使之内容也更加充实。新设置“居民生活”编，这是可以充分体现城市区志特色的内容，北辰续志对此进行了大胆尝试，并下了很大工夫掌握了许多第一手资料，使之成为续志中的一个突出亮点。

其二，利用部分重修，调整编下结构。北辰续志利用部分重修的机会，除了前述在“编”层次进行调整外，保留原来编名的各编，在编下的章节设置上也作了重大调整，以全新的视角对编下结构进行重新设计，更准确地把握时代特点，体现城市区志文化特色。如教育编，虽然北辰续志只比前志增加了两章，但章名完全相同、所设节内容也基本一致的只有“教师”一章。而完全新设置的有4章，其中比较罕见的一章，是把作为被教育对象主体的学生专设一个“学生”章，与以教育者的主体设置的“教师”章相对应。这个设置本身就体现了现代教育中师生平等、民主教学的新理念，富有创意。

其三，利用结构升级，突出特色事物。在篇目设计中采取结构升级，以反映某一事物发展的突出变化或某一活动的重要性与影响力。如在教育编，将原属“教育管理”章中的“教育设施”抽出，单设一章，以比较全面反映北辰区改革开放以来对教育设施的巨大投入和取得的成果，这在区志及其他三级志书中是不多见的。

二是从资料搜集入手，通过社会调查，补充第一手资料。在资料搜集与使用方面，北辰续志有几个特点：重视使用专题调查资料；亲自调查，搜集第一手资料，这种做法在方志界颇为鲜见。

三是从体裁使用入手，灵活应用辅助体裁。北辰续志在辅助体裁使用方面，下了工夫，提供了不少新鲜经验。比较突出的是，利用附、图、表、照等诸体裁加以配合，使志体内容更生动、更丰满。在应用这些辅助体裁方面有一个共同特点，就是使用量大。在具体使用上，各种体裁还有各自不同的特点：从附看，使用范围广，除了常见的案例之类，还包括专项调查、专题报道、园林记、碑记等，尤其是选择有代表性、典型性的资料，与正文相呼应，起到互补作用；从示意图看，曲线图、柱状图、结构图形式多样；从表格看，除了一般常用的数字统计表外，还使用了大量文字表，约占40%；从照片看，北辰续志也有独到之处，除了常见的场景照片外，续志刻意选择一些旧的实物制作成照片，如居民粮食供应证、一两粗粮票、一两油票、半斤菜票、一寸布票、制作土坯的模子、老式自行车、解放鞋、旧军帽、旧式电话机、BP机（传呼机）、蜂窝煤炉子、单卡收录机、小黑白电视机等，这些照片不仅对文字记述起到衬托作用，也为历史留下一个时代真实的烙印。

四是从记述方法入手，充分挖掘资料内涵，手法灵活细腻。

其一，采用对比手法，直观反映发展变化。北辰续志除了常使用曲线图、柱状图直观表达，利用表格统计数据说话之外，在资料组织方面，注意采用可比性的资料进行对比，让读者从数据比较中自然感受到发展变化。

其二，精心选择典型事例，彰显利弊得失。如在记述网络兴起时，北辰仅用不到6行文字，其中举出正反两个典型例子，虽然没有直接回答社会上对网络流行利弊得失的争议，但从中读者可以找到答案。

其三，采用以事系人的方法，敢为各类先进典型立名。北辰续志敢于为各行各业"出彩"人物入志立名，不仅弘扬了社会正气，传递正能量，也反映出当今时代人才辈出。

需要探讨与完善的几个问题：以精神文明建设作为章名或编名都值得探讨。章下设置问题：文化编群众文化章第七节文化市场管理的设置问题；体育管理章设置的问题；物质文化遗产节下各目设置问题；在教育编继续教育章各类培训节设干部培训目的问题；科技编观测预报章下各节设置的问题；教育编教育体制改革章和学生章下各节设置与记述内容的问题等。

（作者系福建省地方志编纂委员会原副主任）

略论城市区志的编纂

——兼评《北辰区志（1979—2009）》教育编与科技编（节选）

欧阳发

教育和科技是区志文化部类的重要组成部分。《北辰区志（1979—2009）》中教育编、科技编的志稿，深为编者探索精神所打动，激发了对区志文化部类编纂问题研究的兴趣。从总体上看，《北辰区志（1979—2009）》中这两编志稿的内容都比较丰富，表述基本得当，但分类不尽合理，需要研究的问题比较多，好在它的优点和缺点都比较明显。

《北辰区志（1979—2009）》的教育编与科技编，与同时代的区志相比，明显优点有三：

一是特重小序。无论是《北辰区志（1979—2009）》的教育编，还是科技编，编下和章下都设置了比较规范的无题小序，借以综合梗概编章的内容，较好地发挥了导读作用。

门类之下，设置小序，古已有之，有人把旧志中的小序归纳为4类：（1）概述性小序；（2）阐发性小序；（3）策论性小序；（4）随意性小序。这些小序既可以表达各门类的相关内容，又可反映作者的主旨倾向，还可以从一点生发开来，纵论古今。写法上，可叙可议，无所拘束，角度多变，立意灵活。不同内容的小序，可以发挥不同的作用，如综合作用、纵贯作用、明旨作用、启迪作用等。民国期间，黄炎培编纂《川沙县志》，共分24卷，各卷之前特设“概述”（如同新志编章之下的无题小序），其目的使读者读了这些“概述”，其文繁者，可用志不纷；其文简者，可推阐有得，或者不及读全文，也能大致了了”。黄氏的做法被后人誉为一大创造。

《北辰区志（1979—2009）》设置了编、章两层无题小序，以弥补志体横剖之不足，是件好事。《北辰区志（1979—2009）》对小序特别重视，并认真提炼，值得我们提倡和学习。《北辰区志（1979—2009）》小序的成功实践，说明小序并不是高不可攀，只要肯下功夫就一定会达到目的。

二是资料收录的广泛性和现代性。志书是资料性的著述，资料是编修方志的基础，《北辰区志（1979—2009）》教育编不仅重点收录了各级各类教育发展的史料，兼及教育行政管理，而且关注了教育体制改革，其收录内容包括教育工作的方方面面，几乎无一缺位。《北辰区志（1979—2009）》科技编，不仅重点记述了科技开发推广、科技普及、科技成果，并且对专项科技事业作了大量记述。同时，教育和科技方面的新名词、新事物无不散见于史料的记述之中。

三是文风端正，行文简洁。《北辰区志（1979—2009）》教育编、科技编，基本上实现了按条目编写，志稿中条目行文都能做到依时为序，以事实说话，客观记述，没有太多的背景铺述和空头议论，行文中几乎找不着大话、空话、套话，在当下浮躁文风盛行之际，能做到此点，实在是难能可贵。

《北辰区志（1979—2009）》的教育编问题如下：

从分类来看，《北辰区志（1979—2009）》教育编（以下简称教育编）共分12章，类目设置有商榷之处，使得它在分类的合理性、排列的有序性受到影响。

从记述要素分析来看，教育编各类教育的记述要素为二：（1）学校设置；（2）学校选介。很显然是要素不全，失之于简。

从内容规定和资料取舍来看，教育编教育管理仅为3项：（1）实行九年制义务教育；（2）教育经费；（3）教育督导，明显有缺项之嫌。其中，九年制义务教育方针贯彻情况，最好的办法是列为专题，作附处理为宜。教育编学生列为专章记述，是否单立学生专章，可以进一步探讨。比如在学生专章中设置了“共青团”“少先队”诸条目，有悖于方志“一事不二记”“集中记事”的基本编纂原则。

科技编需要研究的问题如下：

科研项目与成果是科技编的核心内容，科研项目与成果分类应更合理一些。

科技管理是科技编不可或缺的内容。《北辰区志（1979—2009）》的科技管理内容不全，标目不清，记述不到位。

专项科技事业是科技编的相关内容。《北辰区志（1979—2009）》花了很大气力收录专项科技事业，但不足有二：一是标目不准确，第三章题为“观测预报”，应改为“气象·地震观测”。二是信息技术，根据“个性大于共性分，共性大于个性合”的原则，应当记入邮政·通信编为宜。专项科技事业保留一章（或一节）足矣。

古人云：“良工不示璞于人”，我相信北辰区的志友一定会改好教育编、科技编以至整个文化部类，使《北辰区志（1979—2009）》成为良志佳本，享誉全国。

（作者系安徽省地方志办公室原处长、江淮时报社原总编辑）

浅谈文化部类事物分类和篇目设置问题

——兼评《北辰区志（1979—2009）》文化编与医药卫生编（节选）

齐家璐

这次的学术年会安排我评议《北辰区志（1979—2009）》文化编与医药卫生编，就此提出个人评议意见。

一是关于篇目分类设置。《北辰区志（1979—2009）》文化编，比较《江汉区志（1470—2000）》《蒲江县志（1986—2005）》《冀州市志》3部县（市、区）志的篇目设置，大体符合科学分类和社会分工实际这两个标准的，应该还是《北辰区志（1979—2009）》稍好一些，但在节、目的分类设置上仍存在一些问题。志稿设置了“民间艺术”，没有设置“民间文艺”。完整地设置应该是“民间文艺”，它包括“民间文学”和“民间艺术”两类。民间文学包括“民间故事”“民间歌谣”“民间谚语”（也称“民间文学三套集成”）；民间艺术包括“民间音乐”“民间舞蹈”“民间美术”。志稿有关民间文学的内容，放到了文学成果里记述：“1989年区出版了第一部民间文学集《北郊民间文学》，收录民间故事、歌谣、谚语等。”将民间文学搜集整理工作放到文学创作中记述，应该说是内容归类不当。仅就民间文学来说，20世纪80年代中期开始，由文化部组织，在全国范围内开展了民间文学三套集成的搜集整理工作，时间长范围广影响大，但志稿没有记述这一工作，在设置上属于缺了要项，漏记了重要内容。《北辰区志（1979—2009）》医药卫生编，与其他志书卫生事业的篇目比较，卫生体制改革、医疗技术及医务、疾病控制、卫生保健、公共卫生、爱国卫生、医药卫生管理等几个大类的设置和排列还是基本科学，符合社会分工的实际。存在的问题是，分类标准多元，卫生体制改革、医疗机构及设施、医药卫生管理等，与医疗技术及医务、疾病控制、卫生保健、公共卫生、爱国卫生的分类标准不是采用的一种方法，因而导致篇目有些乱也是必然的。医药卫生编题为医疗卫生为宜。

二是关于时代特点。《北辰区志（1979—2009）》文化编，突出记述了改革开放出现的新事物，较好地突出了时代特点。如“文化设施”里突出设置和记述了乡镇文化站建设、乡镇图书馆和农家书屋建设、个体书店和书摊；在“文化活动”里，突出设置和记述了“天穆杯”全国小品展演、广场舞、青年歌手大赛、“北辰之春”焰火晚会等。不足之处是志稿没有记述文化体制改革。《北辰区志（1979—2009）》医药卫生编在记述卫生体制改革方面，还是很不错的，但一般都是记述成就，几乎没有记述存在的问题。

三是关于地方特色。《北辰区志（1979—2009）》文化编在突出地域的文化特色方面下了一定的功夫，从文化的角度较好地体现了北辰区的地方文化特色。如在“群众文化”章里，突出设置和记述了“天穆杯”全国小品展演，从发展演变、媒体宣传、剧本征集到展演成果，有文字记述，有图片和表格补充；突出设置和记述了民间艺术中的民间花会；在“文学艺术”章里，突出设置和记述了北辰现代民间绘画；在“历史文化遗产”章里，突出设置和记述了古遗址文物和非物质文化遗产等。

（作者系河北省秦皇岛市地方志办公室原主任、《秦皇岛市志》原主编）

城市区志文化部类编纂杂议

——天津市《北辰区志（1979—2009）》稿读后（节选）

西 樵

受中指组委托，有幸参与天津市《北辰区志（1979—2009）》稿的审读，十分高兴。志稿共7编分志，前6编为文化部类内容，居民生活编属社会部类内容。按中指组《地方志书质量规定》来衡量，我以为属上乘之作。

其一，篇目设置基本合理，层次清晰。

其二，文辞简约，通畅顺达，言简意赅。近几年审阅多部志稿，《北辰区志（1979—2009）》稿在文辞表述方面，是较为优良的一部，误差率极低，虚词赘语极少，行文畅达明快。

其三，反映地情全面系统，资料挖掘既有广度、又有深度，地方特色浓郁。拓宽记述内容的广度与深度，该志的主要方法是采取加设附记的形式，7编共设附记14个（编均2个），其中文化编设附6个，医药卫生编设附3个，体育编设附1个，精神文明建设编设附1个，居民生活编设附3个。

其四，运用照片、示意图、统计表，面广量多，达到图文并茂的较佳效果。7编分志共配照片145幅（编均20.7幅）、示意图42幅（编均6幅）、统计表57幅（编均8.1幅），图、照、表共用，既深化了志书记述的深度与广度，又增强了志书的可读性，同时也使资政、教化、存史功能得到发挥。

志稿的优长之处不止上述几点，只是这几点比较突出而已。下面提几点不成熟的意见，与同行共同探讨。

一、关于文化部类的篇目设置。从天津市《北辰区志（1979—2009）》稿的篇目设置来看，文化部类所设的编级层次与其他各大部类相较，明显偏少。我以为，似乎至少可增加文物、艺文两编。

二、精神文明建设编的设置。精神文明建设立编，是彰显时代特色的具体体现，同时也是记述贯彻党中央“三个文明一起抓”方针在各地的具体落实情况，是反映时代特色的重要篇章。精神文明包含文化、思想两大层面，现立一编，效果很好。但志稿将精神文明建设编放在文化部类的最后，似觉欠妥。似应移至文化类之前，作为文化类的领头编更恰当一些。现志稿精神文明建设编，内容充实，有面有点，比较全面。这一编立得好，是志书的亮点之一。但我以为，该编的名称，还是称之为“精神文明建设”为佳。精神文明建设编的重点应放在“点”的记述上。

三、艺文志的设置。艺文单独立编业已形成共识。艺文志的内容有著述存目、散文、诗词、楹联、碑碣等，北辰区这方面的资料不难获取，只是在“精选”二字上要下足工夫，不愁编不出好的艺文志。

四、居民生活编的设置。志稿中的居民生活编写得很有特色，是7编分志中运用照片、示意图最多的一编，另设统计表10幅，附记3篇，图文并茂，可读性较强，形成志书中的一大亮点。《北辰区志（1979—2009）》稿的编纂实践证明，拓展居民生活编的记述深度与广度还是大有潜力可挖。1979—2010年这一段时期，是改革开放30余年中成果最丰盛、也是经济与社会取得翻天覆地变化的30余年，江胡执政，提出“三个代表”重要思想和科学发展观，以人为本，民富国强，实现国民经济翻两番，人民基本达小康的盛世伟业。志书所记述的经济及社会各业的发展，最终还得体现在人民生活上面。这既是共产党的终极奋斗目标，也是国家发展的最终目的，就是要让人民生活得更幸福。“居民生活”单独立编，这在二轮续志编修人员中基本形成共识，而且在记述的深度与广度上，创造出许多成功的经验。该编所放位置，二轮续志大致有3种：一是放在人口之后，一是放在经济部类，一是放在社会部类。我倾向于放在社会部类，因社会部类编数较少，再者有的社会部类直接取名“社会生活”。写好该编，重点要结合本地地情，深挖资料，写得生动丰满一些。总而言之，要舍得对重点篇章下工夫。

五、志书的标题制作。志稿附带了全志的目录，标题中还有许多可商榷之处，故在此一并提出，与大家共同探讨。

其一，志书标题中不宜加“地方”二字 。按中指组颁发的《地方志书质量规定》要求，将志书所记内容框定在一定地域之内。不越境而书，已成为地方志书铁定的法则。加“地方”二字，破坏或损害了志书各级标题的统一性、严谨性、科学性。

其二，标题中不宜加志书的行政区划名。志书对标题有自身要求，由于志书是以类系事，所以志书的标题多为标志类别的词组。不同层次的标题，要求层层相辖。篇目标题再加行政区划名就与书名重复。

其三，组织机构名称作标题要尽量用简称，避免用全称。志书标题，要求简明、准确，题文相符，使用简称，亦是标题提炼中应采用的一种手段或方式。从标题要“简明、准确”的角度考虑，党派群团机构组织作标题，用简称最为恰当。组织机构制作标题，用简称不用全称，应是志书标题制作的一项基本规则。

其四，标题不能添加任何修饰类附加用语。分志标题要求简明、朴实。所谓简明，就是要求分志各级标题都必须做到简洁明了，力求做到一字不多和一字不少。所谓朴实，就是要求分志标题用语必须平实，毫无夸饰。一般使用中性词语，不用形容词、褒贬语或其他含义模糊的修饰词。

其五，要尽量避免上下级标题之间的重复。处理分志上下级标题之间的关系，必须遵循形式逻辑与辩证逻辑相统一原则，全盘考虑，妥善安排。

其六，目题不宜加序号。志书以类横分，条目无先后顺序之别，标上序号反显累赘，同时也不利于检索。既加序号，序号已入标题范畴，不利于作志书索引，目题序号纯属多余。

六、行文的规范性。（1）纪年规范问题。志书无论是通纪体还是断代体，均要涉及历史纪年的表述问题，凡例中必须言明历史纪年的表述方法。

（2）口头语向书面语靠拢。志文为记述文“书面体”，明显的口头语应删改。

（3）力戒隐性第一人称字眼。志稿行文中隐含有第一人称的意蕴，此种写法应一并改过。在记人物时，同一自然段内可采用无主句法，第一次标人名，其后可省略。

（4）标点符号要规范。出版物的标点符号国家有统一标准，志书总纂人员要严格按照国家标准严密把关，标点符号虽为“小道”，亦不得有半点马虎。

（5）凡例、目录要与正文相一致。我以为，还应与原始资料核对一遍，逐个核对，以不产生歧义为原则。

（6）行文的一致性。简称的表述，行文中某个单位第一次出现要用全称，并括注简称，简称不能有多种，要用一种。此类问题较多，通稿时要严格把关。

七、志书的版面编排。标题字号，志书标题一般分为编、章、节、目四级（少数有子目或子目、孙目，为五六级）。编、章、节标题均为居中题，且上下均空行，比较醒目，排宋体字比较得体，不要黑体、宋体混用，否则影响美观。

志书选用照片，不能拿来主义，要精选，不能滥载。

（作者系山西省地志办原副巡视员）

关于文化部类记述体制改革和产业的思考

——兼天津市《北辰区志（1979—2009）》居民生活编（稿）评析（节选）

颜小忠

城市区志居民生活编的编写一直是个难点，关于它的理论研究也相对比较薄略，因而，区志居民生活编的编写和理论研究都有必要予以重视和加强。下面，我们就剖析一下天津市《北辰区志（1979—2009）》居民生活编（志稿，简称北辰区生活编）是如何记述城市区的居民生活的。

一、篇目设计比较合理，记述内容比较全面，但仍需改进、完善

北辰区生活编设居民收入、居民消费、饮食、服饰、居住出行、家用器具、休闲养生美容等七章。能扣住饮食、服饰、居住、出行等各类生活消费品的消费水平（还应加上居民家庭主要消费品人均月消费量）及居民的实际生活消费状况，说明它是抓住了该事物本质来准确记述的。按专项分类设目，其篇目设计是不错的；由区地志办进行专项消费社会调查，以弥补区政府统计资料不足的做法，也是值得肯定和提倡的。

北辰区生活编的问题是要项内容、基本构成和基本数据都有缺。该编第一章居民收入设职工收入、农民收入、农民从业收入调查3节，农民收入节设家庭收入、人均纯收入两目，列有一张1981—2009年北辰（郊）区农民家庭抽样调查户均年收入情况表，虽有收入水平和收入构成，却缺收入差别；虽有职工收入、农民收入，却缺城镇居民收入；虽有农民家庭户均年收入的工资性收入、经营

性收入、转移性及财产性收入结构，却缺农村一、二、三产业收入结构。

北辰区生活编居民消费章的问题是消费构成和生活消费两节都只记农村居民消费，都只有农民家庭户均、人均等支出指标，缺城镇居民家庭人均消费支出及构成指标，缺城乡百户居民家庭耐用品拥有量指标。

专项消费社会调查节有一个问题需要探讨。该调查由区地志办于2011年10月进行，从使用的数据看，被调查的专项消费情况在1979—2010年之间，如婚嫁消费目、婚丧礼金目的调查数据，并不是凡例中所说的那样："使用2011年10月开展的专项社会调查中的2010年相关数据。"

综上所述，北辰区生活编的篇目设置仍可以做些改进和完善，在力求全面系统记述事物时一定要因地制宜，因材而异。所谓因地制宜、因材而异，是指要根据各地的城区变化、本地进行过的居民生活的调查、统计情况，以及区地志办掌握的居民生活资料情况等来进行设计，切忌生搬硬套。

二、统计图和照片的运用丰富多彩，也比较得体

北辰区生活编的统计图和照片的数量比其他志、本志其他编多得多。全编43页，共有32幅统计图、66幅照片。细看居民生活编这些统计图和照片，除少数与表格数据重复较多的图以外，我们并不会嫌其多余，因为它们运用得比较恰当、得体、直观、形象。应该说，北辰区生活编比较多地使用各种统计图和照片来反映居民生活的做法是比较成功的，它可以成为编写居民生活编的一种比较适用的技术手段。

三、其他

1. 北辰区居民生活编归于社会部类是比较合理的。

2. 北辰区生活编的概述写得不太理想，应从结构和内容上作一些改进。一般而言，编的概述在结构上应分阶段、分时期或分若干年份按时序纵述所记述事物的发展概貌，其主线应不断、不发生偏离。要定性记述与定量记述相结合，

上限年、下限年、阶段转折点年都要展开或相对展开来记述该年的居民生活概况。北辰区生活编只记1979年、80年代初就将80年代初至2009年的20多年的发展作为一个阶段，这种时间上的划分就是不恰当的。

3．重要资料没有注明出处，使矛盾、错误的地方难以考证。如果注明了出处，我们通过查找原始资料一定可以发现错误产生的原因，进而消灭错误。北辰区生活编在这一方面要有所改进。其实，这也是相当一部分志书和志稿存在的问题。

（作者系上海市地方志办公室副主编）

对《北辰区志（1979—2009）》文化部类的评审意见（节选）

郭显斌　涂山河

承蒙贵单位抬爱，我们从网上收到《北辰区志（1979—2009）》志稿，总的感觉认为，该文化编写得比较成功，既博旧志之精，又集新志之长。从指导思想、体例使用到内容材料和语言文风等都有所超越，不乏新意。从史学角度看，具有相当高的科学价值和资料价值，主要体现在以下几方面：

一是忠于史实，不虚功，不隐过。本篇客观地反映了北辰区文化历史发展进程。如第一章群众文化，第一节文化设施中的“馆、站、室”建设都是尊重历史，什么时候、在什么情况下兴建的、占地多少面积、建筑面积是多少，都是如实记述的，没有虚夸之词。说成绩都有出处，编者没有加评、掺杂个人看法。又如写“农家书屋”，编者没有回避问题如实入志，只是没有讲明减少的原因。同时，还增添了史证，以便读者更深入的了解。

二是特点突出，不丢同，不详同。本编坚持了详特略同的写法，属共性的东西不丢，该写的内容还是写了，编写时坚持了短小精悍。对于有本地特色的内容，其写法进行了拓展和延伸。如机构队伍、文化市场管理等，这些共性的东西志稿中都写了，且篇幅不长、语言不多，做到了点到即止。对能反映北辰地方文化特色的人和事，进行了浓墨重彩。如“天穆杯”全国小品展演，为突出其地位专门设“第四节”还分了4个子目另加图照，其幅度和字数都大于或多于其他并列节。

三是形式活泼，不硬塞，不拼凑。该文化编图文并茂，可读性强。现已出版的二轮新志普遍存在显功隐过，形式单一，可读性不强，提振不起读者的味觉。《北辰区志(1979—2009)》在这个方面处理得比较好。全编只有30几个页面，配照片20几张，平均每1页半有一张照片，且多都是随文而出的，如“非物质文化遗产”中所配的上蒲口同乐高跷和天津时调大数字两幅照片，能帮读者加深印象。尤其是天津时调大数字，作为外地读者，初看题目不知是什么回事，看文字内容也只了解一个梗概，想不出它的场景。看了照片就更清楚了，既有人表演，又有人伴奏。不仅能给人一种新鲜感，还能给人一种美的享受。

说北辰文化编写得成功，并不是说它已尽善尽美了，也还存在一些不足和不到位的地方，主要有以下几点：

一、有缺项目、缺资料的现象。如党史编研，设了“编研成果”和“宣传教育”却没设“资料征集、编写与研究”。地方志编研没有涉及方志理论及旧志的整理和地情的调查研究，而该稿只写了地情资料的整理。

二、有归属不当，张冠李戴的现象。如第一节文化设施，以下的馆、站、室建设，真正说设施建设的只有句把话，其余都是上级组织给予的奖励和荣誉，其中有些与设施相关，有些则指的是整个“群众文化工作”。应该把这些奖励和荣誉放到无题小序中去。又如把“图书馆、书店”之类放到“群众文化”节中去也是不妥当的。

三、以事系人还做得不够。《新编地方志工作暂行规定》指出：“在世人物不立传，凡在世人物确有可记述的事迹，应在有关章节目之中予以记录。”这段话阐明了生人不立传、但可入志的观点。即所谓因事系人，记述某一事物的发展变化时将与之密切相关的人物一起记述。《北辰区志(1979—2009)》文化编已有这样的记述，但做得还不够。如“宜兴埠诚音法鼓”传承人李恩庆、剪纸佼佼者贾玉凤、藏书集邮家王广星等也可像处理该文化编中的剪纸张学仲、绝活李国顺、收藏夹赵建强那样直接入志，还可采取括注式或页下注等方式予以介绍。

四、行文语言还有待进一步规范。如村老年活动中心的“2000年至2009年万民同乐大联欢中心”“2002年至2003年春节期间”等几乎每个章节都有这样的表述，可以省写为“2000—2009年”“2002—2003年”，时间为经只能纵记，不能倒述插述。

五、制定表格还有欠缺。文化编中的所有表格的顶线和底线都不是用的粗线。还有些是应该补充表的，如档案的整理入库情况，报刊的发行情况都是可制成表的，以便节省文字和保存资料。

（郭显斌系湖南省岳阳市君山区史志档案局局长、君山区委办副主任，涂山河系湖南省岳阳市君山区政协原秘书长）

天津市《北辰区志（1979—2009）》文化类志稿读后感（节选）

郑世晟

天津市《北辰区志（1979—2009）》文化类志稿，是整部志书很出彩的部分。北辰区志编纂人员在短短6年时间里，收集了这么多详细、客观、全面的资料，并按志书体例规范要求完成了志稿，十分不易，也让我们从中学到了不少东西。

一、基本评价

1. 时代特色鲜明。《北辰区志（1979—2009）》属于续修，时间断限虽然上溯较多，但对改革开放30年有一个比较完整的记述，这是一个大胆而又合理的选择。特别是单设精神文明建设编，更是反映了北辰区改革创新创建的全貌。

2. 乡土文化气息很浓。任何一种文化都根植于一定的土壤之中，北辰文化是天津文化的组成部分，作为曾经是郊区的北辰，民间艺术不仅形式多样，而且历史悠久，单单一个民间花会，主要会种就有11种之多，有很多对于南方的人们来说闻所未闻。文化越是乡土的，就越是民族的。城市区志应以文化为主线、为灵魂，就是要充分地挖掘地域文化现象。志稿中非物质文化遗产也很有特色。

3. 运用了为数不少的专项社会调查资料，既反映了北辰30年的真实变化，又增加了志书的厚度，志书可读性也随之增强。这是《北辰区志（1979—2009）》

的一个创新，一个亮点；旧志很少反映社会底层事物，《北辰区志（1979—2009）》用很大的篇幅多角度、多层次反映当时当地的社会事物，这很难得。比如居民生活编中“2009年12月31日10元人民币的等价商品”，从老百姓日常家居生活必需品来记述，非常具体，非常真实，很具有存史价值。这样的资料，要说难一点也不难，只要有心很多人都可以做到。要说容易其实也不容易，这些司空见惯的东西只要一不留心就溜过去了，这说明志书编纂者的独具匠心。当然，志稿中还有很多可圈可点之处，比如图片的选择，图表的设计等等。

二、几点建议

1.“天穆杯”全国小品展演最好升格为编。“天穆杯”小品是北辰区文化建设的一大品牌，从刚开始局限于天津市群众文化的话剧小品赛发展成为全国小品展演，走过了20年的历程，实属不易。这样一项全国性文化赛事，不仅是北辰区的文化品牌，也是天津市的文化品牌，更是全国群众文化品牌。这样一个文化品牌最好能升格为编，放在文化编后，这样更为突出。如果这样，章、节需要重新设置，难度会大些。

2. 第二十八编教育第三章特殊教育内容过于单薄。建议设节放到第二章基础教育中，作为第四节特殊教育。

3. 涉及改革内容的记述应统一。从区志目录看，有集中写改革的，如第十编经济体制改革，其余均为分散写。我认为，各种改革应以分散写为好。集中写容易造成改革的内容与实际的内容脱节，还容易造成重复。

4. 有些节名设置不妥。第三十四编居民生活中第一章居民收入第三节农民从业收入调查和第二章居民消费中第三节专项消费社会调查作为节名不太合适。这两节内容都非常好，可以用调查报告形式作为附或者专记入志比较妥当。

5. 宗教应单独立编。目录中第三十五编社会民情中第三章宗教，这样不妥。可能考虑民俗中有民间崇拜、民间信仰的因素，但这些和宗教还是有很大区别的，应该单独立编记述。

6. 志稿中著述性不够。凡例中有著述性的要求，但已看到的志稿中著述性体现不明显，特别是在编、章下的无题序言中。地方志要求述而不论，但新时期志书的概述、无题序言可以以述为主，间或有论。这就要求编纂人员从篇章的整体上去把握，不能简单地把篇章内容概括说明一下，只是重复志文中的内容，而没有编者自己的东西，也就是缺少著述性。编章下的无题序言特别是编下的无题序言其实很重要，写好了可以增加志书的文化含量，增强志书的质量，提高志书的可读性。无题序言应在交代背景资料、叙述事物成因、介绍特色特点，抒发编者感触等方面着手。

7. 节下各级目可以不标序号，用不同字体分开即可。用序号既不好看，也容易出错。

（作者系宁波市海曙区地方志办公室工作人员）

天津市《北辰区志（1979—2009）》文化编评审意见（节选）

郑红波 张琴 王文竹

文化是人类在社会历史发展过程中所创造的物质财富和精神财富的总和。作为天津文化的重要区域之一，北辰区在改革开放之后形成了自己独特的文化特色。《北辰区志（1979—2009）》将之客观、真实的展现在大家面前，着实下了很多功夫，值得我们学习。

志稿详实地记述了1979—2009年31年间北辰区文化事业发展历程的方方面面，记录下这一段历史，很有必要，也很有意义。

经过认真阅读，笔者觉得该志是一部相当成熟的志稿。体现在以下几个方面：

一、思想观点正确。该志以马列主义唯物史观的方法，客观、公正的记述了1979—2009年北辰区文化事业改革、发展的轨迹和取得的非凡成绩，体现了北辰区文化从小到大、从单一到多元的发展脉络，也体现出了北辰人民和北辰区文化工作者在这31年中为北辰区文化事业的发展所做的努力，不虚夸，不溢美，不回避问题与矛盾，一切以事实和成绩说话，表现出了天津市《北辰区志（1979—2009）》的编写者客观、公正、严谨的工作态度和历史责任感。

二、志稿特色突出。该志稿紧紧围绕“文化”这一主题展开，从“群众文化”开始，层层推进，环环相扣。不仅表现出了文化事业的独特性，更体现了文化在社会生活中的重要作用，使文化编的时代特色、行业特色鲜明。

三、志稿篇目合理。该志篇目设置合理，层次分明，排列有序，逻辑性强，横不缺要项，纵不断主线，涵盖了文化事业的各个方面，且避免了大量的交叉重复。特别是作为非物质文化遗产的“北仓少练老会”和“双街鲍氏八极拳”在文化编中主要记述了其源流和特点，与在体育编中的介绍成绩互为补充又不重复。

四、志稿体例得当。该志采用章节体，编下设章、节、目，部分目下设子目、孙目。兼采章节体与纲目体之长，编章下以无题序统领主要内容，体例上富有特色，逻辑性强，整体把握较好。

五、志稿资料丰富，内容翔实。该志涵盖了北辰文化事业的方方面面，内容全面具体，资料丰富翔实，详略基本得当，重点较为突出，宏观微观的关系处理较为得体。图表设计合理，清晰易读，信息量大。特别是附的“外环线竣工碑”“卫河碑文”“北辰公园记”，既记述了,3件事情的经过，又文采斐然，可以补城乡建设及交通之不足。

六、语言精练，文风朴实。该志行文流畅，文字简洁，基本符合志体，特别是概述、无题概述和图表的运用，节省了大量篇幅，使人能够一目了然，更具说服力，比较严谨和客观，体现了撰稿者的功力和水平。

以上是该志稿成熟、成功的6个方面，也是其保证质量的基础。根据二轮志书的要求，本着精益求精的原则，笔者提出一些自己的看法和建议，仅供参考。

第一，个别内容没有写出深度和特色。如剪纸，从该志内容上看比较兴盛，是群众文化生活的一个重要方面，但写得较为平淡，没有写出北辰剪纸的特色。而作为非物质文化遗产的“北仓少练老会”和“双街鲍氏八极拳”等就特色鲜明，写出了深度。

第二，个别地方缺少要素。如白马寺庙碑，“光绪二十六年（1900）被八国联军焚毁。2001年北运河改造后，白庙村重新修复大殿，将‘孤云寺’匾筑于殿内”。该处缺主语，不知道是白马寺被焚毁还是白马寺庙碑被焚毁，更没有说清楚“白马寺碑”和“孤云寺”的关系。

第三，精益求精，注重细节。该志质量总体不错，但还应该在细节上下工夫，严把校对关，一些本不应该出现的小问题应该避免。如“2008年‘天穆杯’全国首届小品展演获奖情况表”中，二等奖《达西村采访记》的演出单位“新疆巴音郭楞蒙自治州文化局”有误，应为“新疆巴音郭楞蒙古自治州文化局”。

第四，明晰概念，避免出错。该志总体说来条目标题与内容明晰，给人一目了然之感，但在最不应该出现的“地方志”内容中却出现了一些小瑕疵。该志“部门志编修”中，不仅介绍了各个部门的修志情况，还介绍了乡镇、街道和村的修志情况。街道乃区县的派出机关，乡镇乃是我国最基层的行政建制，因而街道、乡镇和村所修志书应为政区志，是综合性志书，与部门志有着天壤之别。该志将两者放在一起冠以“部门志编修”是欠妥的。

总体来说，该志是一部成熟、成功的志书，特点突出，内容丰富，体例严谨，虽然还有一些小的瑕疵，但瑕不掩瑜。希望该志能够精益求精，注重细节，加强校对，使得天津市《北辰区志（1979—2009）》更加成熟与成功，成为二轮修志中的佳志、名志。

（作者均系陕西省西安市地方志办公室主任科员）

由天津市《北辰区志（1979—2009）》文化编看城市志文化部类编纂特点和规律（节选）

王耀生

一、编纂优长之处

1. 体例完备。区志整体框架设置稳妥、合理，没有较大的分类、归属上的问题。

首先，体裁使用上，各种体裁具备。一是述体运用充分，特别是编章下无题概述设置齐全，全编不仅有编下无题概述，而且全编6章都设置无题概述。无题概述设与不设、撰写质量如何，实际上反映内容资料多寡和记述质量。一般需要区地志办的同志来写，从正文中提炼、归纳。这就需要在对内容资料真正吃透消化的基础上，加以提炼概括，需要较强的理论功底和文字综合能力，写好不容易。

二是“附”这种体裁运用较多。“附”就形式而言，是纪事本末体在志书中的具体运用，在体裁上仍属“记”。就内容而言，它是完整地记述某一特定事物在本地发生、发展和演进的全过程。它的作用，一可弥补门类划分横排以后，涉及多部门协同性、综合性的事件无法反映的缺陷，二可填补大事记与专志之间的断层，使一些大事能够详细记载，充分展示。“附”是点，志书是面，点面结合，增强志书存史、资政、教化的功用，增强志书的可读性。

三是图照体裁也有所运用，而且有些运用的很高明。照片运用较多，全编共用23幅照片资料。更为难得的是“历史文化遗产”章“物质文化遗产”节所设“北运河北辰区段人文历史遗址示意图”很有专业水平，资料性非常强，可谓“一图抵千言”，在全国二轮市县志书中不多见。

其次，框架结构设计合理。一是采用中编体结构，采用中文化概念设置法，缩小了文化概念的外延，把文化编内容限定在文化部门，这是全国二轮市县志编纂处理文化部类的主流做法。采用中编体的好处在于避开大部类的划分，采用暗分法，将中等层次作为第一级类目，即编。这样就把所有的事物在记述空间上普遍提升了一个档次，能够容纳更丰富的内容。

二是层次结构上，编章节三个基本层次保持了完整统一，这对于区志而言很不容易。

第三，篇目设置科学。一是突出地域特色，给予“群众文化”“民间收藏”等内容足够的篇幅和记述空间。“天穆杯”全国小品展演设专章记述，采用纪事本末体，设置“发展演变”“媒体宣传”“剧本征集”“展演成果”4目，记述完整；又用表格体裁把具体内容网罗其中，信息量非常大，但又简明扼要，可谓志书编纂中执简驭繁的范例。

二是排列上“群众文化”适当前置，凸显其重要地位和作用。

三是“史志”“党史”“档案”归属合理。地方志分类的原则是按事物性质分类，标准是学科分类与社会分工实际相结合，归属应按性质，不同性质的事类不能混淆。区志严格遵循地方志按性质相同或相近的事物归为一类的原则，把史志、党史、档案归列在文化编中。因为史志、党史、档案从机构编制的角度看，它们就是公益文化类事业单位。

2. 记述到位，资料挖掘较深。一是区志是资料性著述，要对资料广泛搜集，深入考证，精选入志。“民间艺术”“民间收藏”是文化编中浓墨重彩记述的两节，资料翔实，内容丰富，记述有深度，文字见功力。

二是以事系人记述做得较好。“民间艺术”“民间收藏”两节收载很多普通人，增强了志书的区域性和社会性，拉近了与普通读者的距离。

二、编纂反映出的问题与不足

1. 无题概述体裁使用上还有不足。主要是两点，一是编章的无题概述有些写成内容的简介，没有深度。二是全编只采用一种写法，显得单一。其实，无题概述写法很多，诸如纵述沿革、横陈现状，概述整体、展现形式，面中有点、揭示特色，前后对比、反映变化，略述源流、承上启下等。

2. 有些章节的标题设置不当。如第三章“历史文化遗产”的标题不是太妥当，是否改为“文物古迹与非物质文化遗产”；“文学艺术”章“文学”节题目是否改为“文学创作”。

3. 资料归属问题。主要是现代碑文，如“卫河碑文”“北辰公园记”能否列入“历史文化遗产”范畴。

4. 个别语言文字不当。如“文学艺术”章“文学”节中的“文学大师梁斌”是不是合适。

（作者系山东省地方史志办公室副调研员）

编纂成功　质量上乘

曾欣

天津市《北辰区志(1979—2009)》文化部类稿内容丰富、记述全面、特点突出，具有很高的存史、资政、育人价值。同时，其中的一些编纂方法，很值得我们学习和借鉴。总体上说，这是一部编纂成功、质量上乘的城市区志。这部志稿的编纂特色和成功之处主要体现在以下方面：

一、观点鲜明，体现规律。本志稿以马克思列宁主义、毛泽东思想、中国特色社会主义理论体系为指导，坚持历史唯物主义、辩证唯物主义观点和实事求是原则，以"改革、发展"为主线，全面、真实地反映断限内北辰区文化事业发展情况，达到思想性、科学性、著述性和资料性相统一。

地方志书是指全面系统地记述本行政区域自然、政治、经济、文化和社会的历史与现状的资料性文献。文化部类是志书的重要组成部分，本志通过对文化内容的记述，揭示了社会发展客观规律，弘扬了社会主义核心价值观，传播了正能量。

二、科学谋篇，体例完备。本志稿篇目采用编章节大篇体式结构形式，按照事物性质和社会分工科学分类，结构严谨，层次清晰、排列有序、归属得当，各级标题简洁、精炼。为便于记述和竖写，从实际出发，根据内容在节下设目，部分目下设子目、孙目，宏观和微观、整体和局部兼顾，使记述内容更加清楚，增强了资料性、可读性。本志稿在全面反映文化各项事业基础上，将体现地方特色和时代特征的编章作升格处理。如设"精神文明建设"编、"'天穆杯'全国小品展演”章。

本志稿体裁多样，形式丰富。采用述、记、志、图、表、录等体裁，全方位、多层次、立体地展现北辰区31年来文化事业发展的全貌。在编、章下设小序，内容精炼，与正文各有侧重，体量适度、均衡，编下序400字左右，章下序200字左右，起到了综合概括、引领正文、强化整体性的作用。文字、图、表搭配得当，相得益彰，实用性强。表随文出，表格设计规范，表题、表序、表头、计量单位、数据区等要素齐全，清晰直观，化繁为简。本志中的图大量采用条形图、柱状图、曲线图、饼图等多种表现形式，便于分析、比较，使事物发展变化、对比情况一目了然。图片的设置也比较丰富，整个文化部类共有图片130余幅，平均不到两页一幅，而且选用了一些老照片、对比照片，起到了活跃版面、赏心悦目、生动形象、可读性强的作用。在符合志体的前提下，不拘一格，不拘泥于完全的统一和一成不变，灵活运用，不宜记入正文又能体现地方和时代特色的典型事物随文附录，使记述内容更加立体、丰富，增大了信息量，增强了记述深度。

三、资料翔实，著述性强。资料全面、系统，横不缺项，纵不断线。文表互补，文字体现事物的发展脉络，用表中的数字体现事物的量变和规模。数字比较准确、完整、系统。节下或各级目下的内容记述完整，竖写比较规范。以时为序，从1979年或事物发端始记，重要阶段以及转折点、关键年、变化年等重要节点展开记述，点、线、面结合，重点突出，脉络清晰。为避免重复记述，交叉的内容采用“互见”的办法解决。本志稿注重在记述中以事系人，反映各行各业涌现出来的先进代表人物，反映了人民群众是历史的创造者，推动了经济社会的发展和进步，赋予了志书鲜活、生动的生命力和感染力。

四、立足改革，时代特点突出。本志断限为1979—2009年，没有把前志的下限1997年作为本轮志书的上限，反映了设计者的初衷就是突出改革开放给各项事业发展带来的巨大变化。

五、弘扬传统文化，地方特色浓郁。本志稿注重弘扬地方传统文化和文化传承，如教育编中百年老校、历史名校因前志未作详细记述，上限追溯至事物发端，填补了前志的空白。不愧是百年老校，每个老校都有校训、教风、学风，不禁令人肃然起敬。民间艺术包括民间花会、剪纸、雕塑、绝活、传统戏法及传承人，历史文化遗产等内容的记述体现了历史的厚重和编纂者对历史和传统文化的尊重、传承和保护。习近平总书记在考察北京市时的讲话中提到“历史文化是城市的灵魂，要像爱惜自己的生命一样保护好城市历史文化遗产”。我认为，这句话在北辰区志文化部类稿中得到很好体现。

六、文风朴实，版式符合出版规范。文字简洁、流畅、严谨，用词准确、到位。语言精练，记述风格前后统一，述而不论，符合志体。可见，此稿在资料筛选取舍、总纂及文字的精雕细刻上下了很大工夫。

版式设计精美、规范，文字、数字、计量单位、标点符号的用法符合国家最新标准要求。校对质量也比较高，差错率在国家规定的要求之内。

本志稿在一些细节方面略有不足之处：

其一，个别图片说明文字没有标注时间或表述不清、不严谨。

其二，个别节的分类和节中记述的内容界限不很清晰。

其三，文字表述方面，有些括号里的内容可以把括号打开记述。

其四，个别年份统计数字缺失。

其五，校对方面缺失。

其六，排版方面有疏漏。

瑕不掩瑜，天津市《北辰区志(1979—2009)》文化部类稿是一部编纂水平和编纂质量比较高的志稿，从谋篇立目、收集资料、编写志稿到总纂修改、校对排版确实下了很大工夫。本志稿时间跨度31年，资料不好收集，但全体修志人员坚持不懈，广征博采，资料除来源于文献、档案、报刊、书籍外，还有口述史资料和专项调查等，这其中凝聚了全体编纂人员的辛勤汗水和努力付出，为我们树立了一个标杆，是我们学习的榜样和范本。

（作者系黑龙江省哈尔滨市人民政府地方志办公室处长）

感悟篇

城市区志编纂中常见的几个基本问题

霍贵兴

当前，天津市大部分区二轮修志正在编纂之中，在篇目设计、突出改革开放主线及地域特色等方面都有诸多探索、成功之处，在体裁运用上不乏亮点和特色。但从已复审的几部志稿看，由于资料欠缺、部分编纂人员工作经历的局限性，以及对方志体例运用不熟练、编修经验不足等，在横排竖写、严守断限、资料归属、续志复载、以事系人及前后对比等方面，常常暴露出一些基础性问题，还需要编修人员夯实基本功，进一步理解和把握方志编纂的基本原则和方法。

一、要项勿缺，主线勿断

“横陈门类、纵写史实”是方志体例规定的基本要求。从编修实际看，一些编修人员对方志乃“一方之全史”的理解不准确，时常出现两种现象。一种是机械地追求大而全，认为资料越多越好，记述越细越好。一些单位、部门也把能够入志看成是一种“待遇”和“分量”，希望本单位、本部门的工作事务多入志。于是产生“过于求全”的现象。另一种是把基层上报的资料作为撰写志稿的全部，而不分析资料是否齐全，结果出现横缺要项、纵断主线的现象。相对于省市志来讲，城市的区志要做到“横不缺项、纵不断线”的要求也许很难，但应该能够做到“横不缺要项、纵不断主线”。

要项勿缺。有的蓝本中某些要项被忽略了。例如，在记述乡镇经济发展时，个别乡镇只设置了“农业”和“工业”两个子目，缺了“第三产业”。从产业构成和第三产业所占比重不断增加的情况看，从横不缺要项的角度讲，写经济发展不写第三产业就是要项不全。究其原因，其一是基层上报的资料有所缺失，其二是编辑人员不了解乡镇经济工作。

再如，有的蓝本在社会部类中对习俗和宗教作了记述，但对方言类内容只字未提。方言、歇后语等民俗内容在志书中占据着重要位置，是不可不记的内容。

又如，在写人事劳动与社会保障时，记述了劳动制度改革，而忽视了人事制度改革。在改革开放30多年中，人事制度改革较为突出，横向不应忽视，应设一节专题记述。

主线勿断。节点很重要，有了节点，事物的发展脉络和起伏转折就清楚了。蓝本志稿中有些地方所记述的节点明显不足，有的只记述两三个时间节点，很难反映出某一事物30多年的发展变化过程。

在具体事物记述上，横排门类一旦确定，无论最后划分到目还是子目，必须按发端、发展纵写史实。志稿中有的事物有的目或子目设置不合理，导致纵写事物无相关资料可用。例如，有的蓝本中自然环境编设土壤肥力一节，下设6个目所记述内容皆为2007年一年的监测数据，2007年之前和之后的土壤肥力变化情况无一字记述，根本谈不上主线问题。对此土壤肥力个别年份的单独调查情况，建议不设目，把这次土壤监测数据调查作随文附。

再如，某蓝本水利编“水环境管理”一目，只介绍了1994—2010年的一个整体时间段，不过三五句内容。整个目无任何时间节点，看不出事物发展的主线，更看不到其水环境管理不断加强的变化。

二、严守断限，写好“两面一线”

严守断限。除了凡例里规定的个别事物可以适当上溯或下延之外，一般事物应当严格遵守上下限的时间要求。如果志稿中很多事物的记述都不按所规定的断限要求，那么这本志书就不是严格意义上的续志，读起来也给人上下限混乱的印象，这是续志所忌讳的。有的志稿某些章节随意打破断限、尤其是随意上溯的情况比较多。有的节或目上限1979年之前的内容占到总体字数的二分之一强，超限太多，让人分不清这是续修还是重修。再如，某蓝本农业编第四章农业机械第五节农机化服务企业，下设3个目，每个目都严重超越上限，从50年代或60年代写起，而限内文字介绍不过几句话，下限情况更无任何记载，这样记述实为不妥。

有的志书规定下限为2010年，但蓝本中多处出现写不到下限的情况，有的目写到1986年，有的目写到1994年，有的子目写到1997年，更多的子目则是记到2009年。对于为什么没记述到2010年，则未做任何说明。

写好“两面一线”。“两个面”指上限和下限年份的两个横截面，要尽量记述全面。“一线”指上下限年之间30年发展变化的主要节点和重要史实。“两个面”是两个历史年份的平台，中间是一条串联若干珍珠（事物节点）的链子，它们构成了限内各个事物的发展概貌。写好上限就能清楚地交代背景和本部志书所记述某个事物的起点，背景和起点交代越清楚，后面的发展变化才能显现出来。有比较才有鉴别。

写好上限，这里还有一个难点，一些地区续志的上限即本书上限并非前志下限，前志记述相对较少。假如上部（或首部）志书（也称前志），是一部合格的方志，那它的下限一定会记述全面而清晰。为全面反映改革开放，天津市规定各区续志的上限为1979年，而天津首部区县志的下限大多是1990年至1998年。因此，天津市的各区（县）续志并不是衔接前志的下限，而是从改革开放的起始年1979年写起。而1979年并不是所有事物的节点，前志里有的记述不多或根本没有记述这个年份。因此，资料的收集就显得十分重要，需要下一点工夫。志稿中的上限很多不是从1979年开始记述，有的从70年代、60年代甚至50年代写起，唯独不提下限1979年的情况。更多的事物记述则随意后延，有的从1989年、90年代甚至2000年后开始记述，断线十年、十几年。

写好下限十分重要。清楚记述本部志书最后年份各项事物的性状、成就和不足，给历史和读者一个内容丰满而全面地交代，给再续志时提供一个翔实的起点和背景。蓝本志稿中许多地方没有写到下限或下限记述得太过简略。事物下限情况不仅必须记载，而且要力求记载清楚，记载得全面具体。

“一线”，即事物发展变化的主线。蓝本志稿中明显存在两方面的倾向。一方面，由于资料不足或残缺，断线现象比较突出，主线或无上限或中间无节点；另一方面，则是事无巨细，年年都记，似资料长编，重点、节点淹没在冗长的流水账里。

写好主线，就是要在大量资料中，在岁岁年年都有详细记载的情况下，分析、归纳、筛选，找出事物发展变化或转折的那些节点和折点，这样记述就能脉络清晰、文字简练，主线突出。

三、归纳补充，处理好复载问题

天津市规定第二轮编修区县志的上限起于1979年，目的是期望完整地记述改革开放30多年来的历史进程，全面反映改革开放以来经济、政治、文化、社会以及生态环境的发展变化。这与各区县前志有10年以上的时间重合，因此，面临大量复载问题。这是一个相对较难处理的问题。虽然各区（县）续志在凡例中都明确规定，以重点概括和归纳法处理复载问题，但在实际编纂过程中能够一以贯之地去执行，不是一件容易事。

重点概括或归纳性记述要把握整体均衡性。对复载内容可以简练，整体上可以详近略远，可是也不宜过分简略，甚至让读者看不到那个阶段的重点和节点。

如果片面担心续志与前志的重复而忽略不计，其结果必将导致限内事物发展脉络不清，无法比较改革前后或改革进程中的变化及其内在发展规律。另一方面，对前志与续志重复时段的记述内容，编纂者认为前志写得既全面又重点突出，不知该怎样概括和归纳，于是便全部搬来续志；相反前志下限之后的资料反而不足，导致出现详远略近的现象。在复载问题上，我们既反对过度简化前志内容，使原有的重要节点、折点销声匿迹；也反对原版原样复载，从而看不出续志编纂者的分析提炼。

处理复载问题，还要适当补充前志记述的薄弱点。对重合的十年、十几年时间资料的把握，应归纳其详处，补充其略处。对这段时间资料进行收集和挖掘，是处理好与前志简单重复的好办法。前志对重要史实记述简单的、重要节点记述不清的、重要事项遗漏未记的，都可以继续挖掘相关资料，以补前志之不足，也解决了简单重复问题。

四、以类相从，详查资料归属

以类相从，谓按其类别各相归属。事物应按其属性各从其类。详细分析记述内容资料的属性，相同属性的应合并记述。例如，某志稿农业编第五章第四节农业税费管理内容，1985—1991年记述的是中央政策，1992年后记述了部分改革与管理内容，记述简单，过于单薄，与第十编第一章第三节农村税费改革内容又有交叉，建议把农业编此内容合并到第十编农村税费改革一节之中，使同类事物记述完整。

五、善用图照，突出对比效果

图照是二轮修志最具突破性的一种记述手法。科技进步让更多更富有色彩的图照进入志书，如何利用好新旧图照的前后对比，对于二轮续志反映改革开放主线具有不可替代的作用，其既可文约事丰、说服性强，又增强了生动性和可读性。一些区县志蓝本在有些特别需要图照对比的章节，则使用图照较少，在蓝本修改中还有很大空间。

北辰区续志居民生活编7章内容共选用了55幅实物照片，制作使用各类示意图26幅。数量虽多，由于遴选的目的清楚，所以作用明显。“我们并不会嫌其多余，因为它们运用比较恰当、得体、直观、形象。应该说，北辰区生活编比较多地使用各种统计图和照片来反映居民生活的做法是比较成功的，它可以成为编写居民生活编的一种比较适用的技术手段。”全国方志专家颜小忠如是说。

图照，特别是实物照片，使用得适当，不仅可以增强对比性，也可为历史留下真实佐证。

六、以事系人，多为小人物立名

二轮修志一个鲜明特点，就是贴近百姓生活。官书民用成为与旧方志相区别的一种发展趋势。生人虽不能入传却可以入志。记好人物活动，尤其是百姓人物，我们的区（县）志才更接地气。除了人物志专门记述外，其他章节采取以事系人的方法记述人物，是方志界一致的认识。有的区（县）志蓝本在选介科技示范户、民间收藏爱好者等百姓典型方面还显得缩手缩脚，在这方面还有较大的挖掘潜力。例如，科技编中的种养殖状元户、能手；文化编中的木雕、根雕、泥塑、剪纸等方面的民间艺人、民间绘画画师、民间收藏爱好者及其藏品；精神文明建设编（章）中的精神文明典型人物，等等。倘若把这些小人物写进区（县）志，让各行各业“出彩”的小人物入志立名，那么我们的区（县）志将向贴近基层、贴近群众、贴近社会生活实实在在迈出了一大步。

（作者系北辰区委党史研究室、区地志办主任）

精雕细琢出精品 七年打磨酿佳志

——评《北辰区志（1979—2009）》篇目

韦 恬

篇目是志书设计的蓝图，搜集资料的向导，也是编写前的提纲。在成书时，又是整部书的目录，也是查阅全书的索引。一部志书篇目设置是否科学合理，能否体现时代特征、地方特点，是决定志书成败的关键。《北辰区志（1979—2009）》根据《天津市人民政府办公厅关于进一步加强天津市地方志工作的意见》要求，记录时限为改革开放黄金30年，其志书篇目就很好的体现了在改革开放的时代大背景下，北辰区内发生的社会、经济、人民生活等方方面面的变化，堪称天津市二轮志书之表率。以下，笔者试从《北辰区志（1979—2009）》篇目设置的五个方面入手，分析其成功所在。

一、调整编章节顺序并对重要篇目升格处理

为了突出区域特色和改革开放带来的变化，对需要重点突出的内容予以升格，对编、章或节的前后位置适当调整以突出重要内容。具体到编章则是把有区域代表性的内容、对区域影响较大的内容和直接体现改革开放变化的编章节前移，如环境保护编。

环境保护是我国的战略决策，十八大报告中15次提及“生态文明”，把环境保护、污染治理、资源节约等一系列事项统一为“生态文明”概念。从十四大报告“加强环境保护”短短一句话，到十八大报告成为一个独立部分，国家对环保

相关领域的重视提升到了空前的高度。环保在北辰的一轮志书中还只是城乡建设编的一章，天津市已出版的二轮志书中大部分也是放入城乡建设或环境编作为一章，北辰区顺应时代发展理念的变化，升格为编，并将其前移至第三编紧接着自然环境的内容，体现了我国在发展过程中对环保问题愈加重视的趋势。其中环境准入制、农业生态保护、城市环境综合管理等节的设置都体现了改革开放过程中政府和民间逐渐觉醒的环境保护、科学发展意识。特别是“重大污染事件”一节，写出了北辰部分化工企业在发展生产的同时对环境污染产生的严重影响，区里在面对既要发展经济又要保护环境的现实问题中做出了积极应对。作为当代志书“不溢美不掩丑”，着实可贵。

关于升格的标准，在志书篇目设置中是个值得探讨的问题。改革开放的新生事物很多，在界定什么内容应该给予升格处理时，可以考虑以下几个原则：

一是升格后不影响整部志书谋篇布局。编章的结构最终都是为整部志书的完整性、科学性服务的。升格后的内容不影响整部志书篇目的总体规范是篇目升格的最基本要求。

二是此内容在本区域内有自身的特点，人无我有，人有我优。

三是这一类目占本地区国民生产总值比重较大，属于优势产业。

四是有继续挖掘史料的必要性和可能性。

《北辰区志（1979—2009）》对于环保内容的升格处理，应该说是很好地遵循了这四条原则。

二、扩大能代表改革开放趋势内容的比重

志书中记载的部分内容是在改革开放过程中逐渐显现出重要性的，并且代表着改革开放的发展趋势。对于这些内容，在区域发展中有特色、有材料可挖掘的，适当扩大其在整体篇目中所占比重，突出其在整部志书中的地位，以更好地发挥记载改革开放发展历程的作用。如精神文明编、居民生活编。

精神文明内容的记述在二轮修志工作中一直是一个争议比较多的问题。有

的志书在党或政府工作中设立一节记述，有的专家则认为一节不足以突出精神文明建设的重要性，主张至少设章或编记述。笔者在参加天津市多部志稿的评审工作中深有体会，对于精神文明放于志书中的哪个位置，难点在于是否有充实的记述内容作为支撑。北辰区在这个内容的篇目中就做了很好的编排，将其作为编设置，足以体现出北辰精神文明工作多年来的成效。全编分7章，分别为：文明农户创建、文明村镇创建、其他创建、思想道德教育、军民共建、“四下乡”活动、感动北辰文明人。精神文明活动参与的主体从农户、居民、军民个人到村镇集体，体现了北辰区作为环城近郊区县的特点。精神文明创建的活动除了必备的思想道德教育外，还有文化、科技、卫生、法律“四下乡”和具有自身亮点的感动北辰文明人活动。篇目全面而不冗繁，条理清晰且内容鲜活、充实。

居民生活编，在首轮志书中这方面内容一般属于民情编的一章，改革开放后居民生活得到了最大的改善，也成为二轮志书记述容易写出亮点的一个内容，二轮志书中有的将此内容设立为社会生活中的一编，有的分散到农村工作和城镇建设中的相关章节。北辰区为此内容专门设立了编的层次，大书特书。为给此编提供真实、丰富的素材，北辰区还专门组织了对区域内居民生活的社会调研工作，设置了7套问卷、81个项目的专项调查，涉及13个街镇19个村和11个社区，1300多户家庭。取得了很宝贵的一手资料，使志稿得以真实记录区内风土民情的演变过程，最大限度地贴近百姓、贴近民生。此编在章的设立从收入、消费、衣食住行、电器等方面排列，最后还设有休闲、养生、美容章。单从篇目上看，居民生活质量的提高、选择形式的多样化就已跃然纸上了。居民生活编的资料看似琐碎，却是反映人民生活质量变化最需要记载也最珍贵难得的史料。二轮志书有了这些详细的资料，便可通过微观层面反映出人民生活水平的提高，直接体现出改革开放带领人民共同富裕的成效。

三、设立新编章节记述社会经济发展中涌现的新事物

对二轮修志期限内出现的新情况，对能体现各个生产、生活领域的新变化设新的编、章、节加以记述。如消费者权益保护节。消费者权益保护节只是工商行政管理章中一个不起眼的小节，但这个新内容地加入体现的作用却不小。首轮北辰志书只设立了消费者协会一目，概括了一些消协的活动。二轮志书时限内，市场经济愈加成熟，消费者维权意识进一步上升，消费者权益地维护进入了全社会的焦点范围。因此，很有必要设立一节的内容，记载消费者维权活动。其中也记载了“12315”消费者投诉举报专线电话的工作，这是国家工商行政管理总局在全国设立的、专门受理消费者投诉举报专用的电话号码。这一个号码虽不起眼，但它体现的是我国工商行政管理理念的进步，记载的是我国建立了以现代信息技术为手段，集受理、查处、监管为一体，覆盖全国城乡的消费者申诉举报服务网络，是改革开放中国家为了维护市场经济秩序，促进经济健康发展，依靠新的技术建立起来的新型管理措施。

四、重新组合章节内容

针对改革开放30年来的发展变化，对首轮志书已记述而二轮志书仍将记述的事物，需要进行合理地调整组合，或调整篇幅大小，或调整归属编章，以使分类更合理并突出重点。如一轮志书中的乡镇街道编在二轮篇目中变化不大，无需再赘述，精简成为政区编的乡镇街道章。电信中的移动通信、宽带互联网已是人们离不开的工具，上升为节的内容记述。

五、关于改革内容的集中记述与分散记述

二轮志书的记述重点是改革开放的历程。30多年中，政治体制、经济体制、工业企业体制、商业发展模式、教育制度等都经历了大规模的革新。怎样把这些方面的改革完整而生动地记述下来，是二轮志书面临的一个重要问题。在已

有的区县篇目中，主要采取的是两种方法，集中记述与分散记述。其实各有利弊，集中记述的好处在于可以集中体现体制和政策在一段时期内的变化趋势，有利于总结规律，但容易与后面的相关内容出现交叉重复。分散记述的好处在于容易着笔，但不利于集中体现规律。综合两者的优势：对于涉及社会整体、全局的相关政策、体制改革采取集中、全面记述，有利于把改革开放的整体历程、各个行业实行的重要改革措施、方方面面取得的主要改革成就，宏观地反映出来。对于具体到各个行业改革的相关政策和措施，采用分散记述的方法，列入各个行业编章中去写，用微观的改革措施引领篇目内容，意在表现改革开放对于全社会的影响，从行业本身的角度体现改革的成果和改革的深入性与广泛性。北辰区的篇目设置了“经济综述”“经济体制改革”这两编，集中记述经济的总体发展变化情况、重大改革过程。其他各个行业的改革成果则分散到编章中记述。两者结合，相得益彰。

总体来说，《北辰区志（1979—2009）》篇目设置体现了区志编修人员七个寒暑精雕细琢的工作成果，体现了作为全国二轮修志试点单位应有的较高水平。作为天津市入选“中国志书精品工程”的第一部区县志书，为天津市乃至全国的二轮修志工作提供了非常有价值地借鉴参考作用。

（作者系天津市地方志办公室干部）

浅析志稿修改应把握的几个关系

霍贵兴　刘秋香

在二轮修志中，为了高标准高质量做好修改提高工作，力求达到精品佳志的目标，我们重点把握五个突显原则，即篇目突显地域特色、资料突显重点亮点、内容突显时代特征、记述突显节点要点、语言突显朴实简洁。

修改志稿涉及方方面面的问题，从大的方面讲，诸如对事物本质把握不足、不能很好地洞悉事物发展变化规律、说不清各行各业改革开放的发展主线和特色、找不准事物兴衰起落的节点与折点以及入志资料收录标准不统一等问题。从微观角度讲，在篇目设计方面，表现为事物内在关系辨析不清，章节设置欠妥；在资料选用上，过于具体细微，枝叶庞杂；在内容记述方面，重点特色不突出，节点折点反映不够，使用统计资料和表格缺少提示说明性表述；在记述语言上，官话套话痕迹较重，句式冗长，表意不简练等。

概括地讲，以上问题的出现，主要还是对新方志撰写的要义和精髓缺乏深刻理解和把握，没有充分体现“大事、要情、折点、特色”的记述重点，详略失当，时代特征和地方特色得不到彰显。在此，笔者主要从如何处理好几个关系的角度，对志稿修改谈一些体会。

一、处理好主线与节点的关系

明晰点与线的内在逻辑关系，一直是正确摆布处理资料的关键。主线是记述某一事物的线索脉络，是由关键的时间节点连接起来的。它不需要按时序事无巨细地逐一记述，只要关键的时间节点、事物折点不缺，这条主线就能保持流畅。但在实际记述中，常常会出现矫枉过正的现象，时序拉开过大，又无过渡性语言，从而造成明显的断线。例如，有一段内容是记述“万民同乐大联欢活动”，但在记述首届之后，直接记述第九、十届，后面又直接跳到第十六届，中间第二届至八届、十一届至十五届没有任何文字记述，撰写者只考虑到事物的节点清晰，而整条主线多次中断，事物发展变化的脉络也随之折断。

二、处理好随文附与正文的关系

随文附因需而至。生动事例、典型案例则以随文附为载体，丰富了志稿的内容，增加了志文的厚度和可读性。但在志稿中，过多的事例、案例，也会造成结构的不匀称，出现“大肚子”现象。

如何区别和界定正文与随文附，目前并没有一个明确标准。随文附的形式虽好，但随文附不是一个筐，什么内容都可以往里装。

首先，随文附该如何选材？随文附是正文的有益补充，内容与正文紧密相关又相对独立，其内容具有相对完整性，形式体裁灵活多样。什么样的材料可以选作随文附这个问题解决不好，随文附便有可能成为一个杂货铺，不仅不能有益地补充正文，反而会使整部志书不伦不类。因此，随文附的内容必须是与正文紧密关联的重要资料，是对正文的深度记述和生动例证，非如此，最好不作随文附。

其次，如何写好随文附？很多撰写者以为它不在正文之列，就可以放宽标尺，无论长短，一一照录，这样做，使得随文附臃肿庞杂，反而影响到整部志书质量。所以必须精炼，做好加工整理，选取最重要的例证，编辑最主要的事实，节选最精彩的部分，力求短小精悍，掷地有声，充分发挥其作用。

三、处理好主次资料的详略关系

志书的详略原则，有详今略古、详近略远、详独略同、详主略次等等说法，基本上已成为公认的惯例和传统。这里主要谈谈修改志稿中如何把握详主略次问题。

所谓主要事物，就一部志书而言，一定是能够重点体现时代性、地域性的资料。如北辰区续志上限1979年，下限2009年，选择的范围正是改革开放后的前30年。对此，北辰区续志的主要事物就应该是以地域性反映改革开放进程及其成就的时代特色和社会风貌的资料，应该是能够反映城乡巨变和文化撞击交融的贴近民计民生、贴近社会生活、贴近基层民众的资料。因此，主要事物明确以后，详主略次的指导思想就可以贯彻到志稿撰写及修改的过程之中。

详写主要事物，首当其冲的是需要大量收集整理反映主要事物的资料。例如居民生活编，我们从居民收入、消费以及衣食住行用等方面着手，大力收集相关资料。初稿完成后，发现在许多方面仍不够充实，尤其缺乏具体数据的依托，于是在全区范围内作了较大规模的社会问卷调查。这些调查数据在政府的统计资料手册中是找不到的，因此显得尤为珍贵。该详记的事物不惜笔墨，且不断在修改中补充，在补充中修改。

作为续志中属于次要的事物及其资料，则应该明确简略记述的指导思想，在修改志稿中坚定地贯彻始终。在志稿中，次要的事物比比皆是，而且常常拥有丰富全面的资料。对它的修改要敢于下手，舍得删削。对记述次要事物内容的修改，主要把握“两面一线”和“三点突出”的原则。“两面一线”，就是要写好一个事物上限、下限两个年份（即起始年和终结年两个面），择要记好事物的一条主线。“三点突出”，就是在处理好“两面一线”的基础上，作进一步修改精简，重点是努力突出事物的起点、折点（节点）和终点，使事物在“两面一线”的整体概貌中闪耀着几颗珠玑之点的光芒。在修改中删除，在删除中修改，几轮删改之后，“肉埋饭里”的现象就会减少，重点的、主要的东西突显出来，读起来行文干净，脉络清晰。

四、处理好性质相同资料的取舍关系

在一部志书中，所有章节的记述标准、程度、内容要相对均衡。在志稿中，通常是资料翔实的记述细致全面，资料相对匮乏的记述则寥寥几笔，造成性质、类别相同或相近内容记述不均衡。例如在一篇记述中，对1987年以前所建学校的情况均为综合介绍，而2001年后所建各校，分别记述了建筑面积和投资数额，这样就造成同一章节同一类别的内容记述标准不一，程度不一。出现这种现象的缘由，一定是对原始资料未作处理，多则多之，少则少之，原资料照录。

处理办法不外两种，一种是补充1997年以前的资料，与后面的内容数据项大体一致，突出可比性。另一种是如果不必要记述太详尽，可以求前后相同项，其记述深度、范围应大体一致，令其简洁统一。不能因为某一篇的资料缺乏就人为地简记，而资料多的则全盘照录，导致整部书的不均衡。

五、处理好文字与图表的关系

图表虽不是志书的主体部分，却是志书中的重要组成部分，是志书的基本体裁。图、表是方志中最具直观性、生动性的表现体裁，与其他体裁同等重要，具有不可替代的作用。值得肯定的是，在我们的志稿中，图表被广泛使用，与文字有机配合，相互补充，有效地提高了志书的直观性、科学性和可读性。但也必须看到，在许多志稿中，滥用图表、表前无字现象也较为突出。

在修改中，要弄清图表与文字之间的相互关系，巧妙转换，图表前应有简练精当的文字，以说明图表内容的规律、特点和其他情况。表前文字至关重要。有表无字，呈现在读者面前的只是一组组数据，至多不过是一份份统计资料而已，存史而不利于资政。只有把图表内数据项的规律性、差别性指出来，把数据背后所蕴涵的事物发展变化情况、规律和因由指出来，才能使图表活起来，不再是一堆死数字。也不是图表越多越好，应尽量避免图表相连。有的志稿采用大量图表，映入眼帘的是一组又一组数据，一张表连着另一张表，只要看一会儿，就会出现视觉疲劳。实际上，有些内容并不适宜图表，图中的有价值的数据项并不多，如果改用文字记述，点出发展变化的内在规律性，既突出重点又得到启发，既方便阅读又节省空间，一举多得。

六、处理好一般性与特殊性资料的关系

主要是考虑入志资料的占有及使用。善于从资料中寻找具有地方特色、具有事物特殊性的资料，给予重点记述，而将一般性、普遍性资料尽量剔除出去。

例如，精神文明建设编中记述百佳示范工程评选情况，十佳文明村、文明机关等内容属于一般性的资料，无新意和特点，建议简记；而十佳文明家庭、十佳优秀教师、十佳文明工商户等综合比较，更贴近民众、贴近社会，可做特殊性资料处理，建议详记。

七、处理好全区与各单位、各系统的隶属关系

尽量不出现某系统、某单位的具体名称。

例如精神文明编中："1998年9月，北辰区文明委以建成区为中心，居委会为单位，启动文明小区创建活动。"按照志书要求，站在区县角度记述，"北辰区文明委"应改为"北辰区"，即原文应修改为"1998年9月，北辰区以建成区为中心，居委会为单位，启动文明小区创建活动。"类似的情况各章节都有出现，应及时修改更正。

（霍贵兴系北辰区委党史研究室、区地志办主任，刘秋香系北辰区委党史研究室综合科科长）

力求精品、修改打磨志稿的八个着力点

霍贵兴

文不厌改，好文章是修改出来的。编纂方志也是如此，不经过反复修改和潜心打磨，一部志稿就不会保证质量，更不能成为精品佳志。在北辰续志的编修过程中，我们广泛汲取专家和各方面意见，从以下八个方面下工夫，力求全面提高志稿质量。

一、深入挖掘，在补充资料上下工夫

力求完整。资料主要包括文字资料、实物资料和口碑资料。出于有些资料散失，查找比较困难，结果出现了事物记述不完整的现象。有的事物记述没有具体时间、没有具体做法，而只是简单笼统概括，出现纵向断线现象，导致记述的事物缺乏整体性，不能体现事物发展变化的重要节点和完整过程，因此要努力收集断线、缺失的资料，使所要记述的资料丰富、节点清晰、内容充实、使用价值高。

侧重鲜活。一些志稿存在的主要问题就是：旧资料多，新资料少；死资料多，活资料少；文字资料多，照片图表实物资料少。这就导致大部分志稿的内容只是从文字到文字，缺少鲜活生动的事例和形式，也缺少新意。所以，在修改和补充志稿过程中，撰稿人员一定不要只局限在档案资料和老志旧书，要有一竿子插到底的精神，走出门查询、走访、拍照，从而突破只靠部门所提供资料的局限。要深挖广掘，注重口碑资料、实物资料、音像资料等，在新资料、活资料上下工夫，重在走访知情人、当事人和热心人，以搜集补充第一手资料，用以体现志书鲜明的资料性。

节点不漏。运用资料时要本着横不缺要项、纵不断主线的原则，把在记述时限内的内容记全。横向记述要体现全面性，做到记述主要事物、亮点工作、重要环节三个不遗漏；纵述史实体现系统性，记述事物发端、变化、现状，做到三个层次不断线；行业专业不缺特色，体现客观性，做到记述本行业本部门的特色亮点、规模优势、社会贡献三不缺失。

二、突出重点，在压缩文字上下工夫

一般性的工作可以简记或不记。本着详略得当，突出重点，突出特色的原则，一般性的工作可以简记或不记。

对照标准，调整级别。一些志稿记述事物的标准过低，记述事件过细等问题，如教育编中学校选介一节，不仅介绍的学校太多，而且介绍的内容也多，事无巨细，过于琐碎，应该选择有代表性的学校的主要特色加以介绍就可以了。还有的志稿把内设科室建设或科室人员变动的情况也记述下来，作为资料长编或部门志可以，但作为区志内容就不符合标准，应该依循标准，删繁就简，简练而精当。

叙事工巧，详特略同。叙事工巧，就是使志书所载文约事丰。该略写的地方，要惜字如金。要做到详特略同，详特，就是要突出地域特色、行业特色、事物特色，如农村中过半数农民离土不离乡的从业变化。略同，是指所记述的事与各地情况类似，这样的事物一定要略写。

三、寻根溯源，在理清历史沿革和发展脉络上下工夫

志书的记述特点是要对事物的来龙去脉交代清楚。记述事物有始有终，既对当代负责，更要对历史负责。

关于历史沿革。在有些志稿中，很多建置时间较短的单位没有详细记述本

单位成立前的历史沿革。修志规定要以现辖区或现辖机关单位追溯历史，无论建置长短，都要从1979年甚至事物源头开始写起，这样既能保证记述完整，又能体现历史发展变化。一些建立时间不长的单位，如发改委、药监局、安管局、综合执法局、土地整理中心等，都要上溯成立之前的基本情况。土地整理中心是2007年独立出来的，在这之前，是由谁管理，是怎样发展变化的，这些都要给读者交代清楚。还有村情、镇况等，必须要追溯历史，点出发端。

关于发展脉络。记述事物要处理好详与略、简与繁的关系，需要简略的地方必须抓住关键的、主要的发展环节，就是我们一再强调的节点。这里不仅仅指各个方面体制改革的节点，也包括要记述的所有事物的节点。抓不住节点就会是材料一大堆，节点淹没在材料中，从而看不清事物发展脉络和发展变化的规律。例如记述经济体制改革，就要写清计划经济、计划经济为主市场经济为辅、有计划的商品经济、中国特色的商品经济、社会主义市场经济等几个节点。

四、分门别类，在明晰层次条理上下工夫

志体要求横分门类，纵写史实。这就需要在撰写志稿时把主要事物按门类设置章节目分别记述，做到“三戒”。

戒节下不分目。一些志稿节下不分目，眉毛胡子一把抓，混在一起分不出个所以然来。

戒资料不熟。你中有我，我中有你，条理不清，内容混杂。主要原因是对资料不熟，囫囵吞枣，缺乏必要的分析和整理。

戒层次不清。表现在镇街的记述上，把教育、文化、卫生、体育混在一起反复记述，让人有杂乱无章之感。不仅内容混乱，而且采用总结式写法，把方方面面的成绩放在一段中集中记述。

五、严谨规范，在志文表述上下工夫

志书对文风和语言的要求是严谨、朴实、简洁、流畅。一些志稿还存在褒

贬失宜、概念含糊、表述不准、文繁句冗等问题。

删除虚话、套话。如“××× 系统保持旺盛的斗志，按照市、区委的部署，坚持围绕中心，服务大局，做好政府人道领域助手，弘扬人道主义精神，保护人的生命和健康，改善最易受损害群体境况，将建设 ××× 成为应急反应科学化、公益项目品牌化、宣传教育长效化、组织建设规范化、志愿服务特色化、运行机制社会化的人道救助团体。”虚话、套话是志文的大忌，不下决心删掉，就永远走不出公文痕迹的圈子。

规范标题。一些志稿的节、目标题不符合志体要求。如目题“拆迁人员攻坚克难，保证了拆迁工作顺利开展”“以情拆迁，做好困难户的帮扶、救助工作”“坚持党的领导，服务和谐社会”“增强大局意识，服务经济发展”“服务发展大局，发挥职能作用”等等，完全是公文套路。

戒除非志文体。使用非志文体的现象仍然比较突出，如工作总结、教材讲义、通讯报道、事迹材料、领导讲话等，最突出的问题是把不该入志的“目的、意义、指导思想、基本原则”等内容，也照搬到志稿中。

慎用浮词。修饰性词语如“积极、不断、隆重、充分、大力、深入、牢牢、紧密、全面、热烈、进一步”等尽量不用或少用。

使用短句。志稿中长句、复句的使用仍然比较多。要长句化短，尽量使用短句。在所收集的资料中大多是公文，必须对其给予必要的改写和压缩。注意不要随意使用简称、滥用结构助词和时态助词等。

六、合理设计，在图表照片使用上下工夫

图和表的体裁运用，是志文的重要特点之一，不仅极大地扩充了志书的资料容量，而且明显地方便了读志用志。

一些编修人员还不善于使用图表，志稿中图表使用数量还比较少。

“图”，包括照片和示意图等。照片是一种形神兼备的史料，不仅珍贵而且生动。要注意多搜集一些具有对比价值的新老照片，以反映不同时代的不同风

貌，要根据续志需要，经过认真筛选，把那些有价值的照片资料尽可能地充实到续志中来，增强志稿的可读性和真实感，做到图文并存。

要重视各种示意图的运用。反映事物状貌的示意图多种多样，如反映生产过程的流程图、机构设置的结构图、事物构成比例的圆形分隔图、事物前后不同状况的柱形对比图、事物增减趋势变化的函数坐标图以及城市功能区划图、行业分布图等等。结合志文合理配置相应的示意图，会产生活泼、直观的效果。

表，是一种既易综合、又便省览的体裁，具有信息密集、覆盖面广的特点，有综合对比的作用，既一目了然，又节省篇幅。“一表抵万言”。

表的恰当运用，能使志书某些内容代繁为简，节省文字，又增加科学性和资料性。图、表与文配合，可增加志书的容量，增强表现力。

在一部佳志中，不仅人物、纪年立表，而且政治、文化、经济、军事、体育、卫生等情况都可以综括为事表、物表、数字表等形式。

七、变换角度，在处理复载上下工夫

按照续志工作的整体要求，在与前志时间交叉内容重复的处理上，要采取归纳概括、减详补略的原则。值得注意的是，一些志稿照搬前志原文，甚至整段照抄，这与续志要求是相悖的。有的志稿则变化了记述角度，查找补充了新资料，做到了补之不足，这种方法就很可取。

需要复载的内容主要有以下几方面：地质地貌、建制沿革、民情风俗等内容，以及体现改革主线和重要节点的事物。

八、综括大要，在凝炼概述上下工夫

“概述”置于志书开卷之首，是对一地自然、社会的历史和现状的高度概括，犹如一地历史和现状的鸟瞰图，它不仅对一地全面情况进行概括地介绍，而且要突出地方特色，彰显地方菁华。一是综括全志大要。对一地全面情况概括介绍，包括地理位置、面积人口、建制沿革、政治经济、军事文化、人文历史、

社会民情等内容，这些是概述内容的主体。二是突出地方(时代)特色。虽然“概述”综括全志大要，但绝非事无巨细，面面俱到，应着重选择具有代表性和有一定影响的人和事物，突出地方(时代)特色、展示一地之精华，乃是概述中不可缺少的重要内容和闪光之笔。三是昭示规律和因果。新方志“概述”利用高度概括与叙述结合的形式，揭示一地社会事物的发展规律及相互间的因果关系，也是“概述”的主要内容和点睛之笔。四是依时纵写，反映全貌。力求高度概括，突出闪光点。述中有论，找“节点”、揭规律、点不足，凝练文字，言简意赅，议论得当。五是文约事丰。不要担心事物记不全，不要舍不得割舍一些内容，“概述”的文字一定是最凝练的文字，字数虽少内容却要相对丰富。

（作者系北辰区委党史研究室、区地志办主任）

志稿校核中的几点体会

董学清

史料真实可靠是地方志书的生命。国务院《地方志工作条例》指出："编纂地方志应当做到存真求实，确保质量，全面、客观地记述本行政区域自然、政治、经济、文化和社会的历史与现状。"天津市地志办《编修工作规范》要求："记述的所有事实，都要从整体上把握，有可靠的资料依据，时间、地点、主体、主要过程、结果等准确无误。"笔者退休于史志部门，后受聘重新参与北辰区二轮修志工作。几年中，谨遵国家和地方对修志工作指导原则和技术规范的要求，忆亲历，核史实，勘讹误，尽了一份绵薄之力。

一、校核领导人信息。根据在区级机关多年为领导服务了解的情况，对于志稿中领导人任职、交流、年龄、籍贯等不准确的地方，在认真核查史实的基础上予以更正。如2001年11月组织安排我到政协机关工作，而在校阅志稿时发现当时的两位副主席不在政协领导名表之中，另一位已到政府工作的副主席仍在政协领导之列。经以领导人为线索，对人与表、文与表、表与表、凭记忆等多个环节地核实，反复访谈回忆、查阅相关资料，印证此二位副主席为2001年1月经区政协会议补选到政协任职；而仍在名表之中的副主席，已于是年1月区人大会议上当选为副区长。此外，2006年1月区政协会议增选两位副主席，而政协领导名表中也未作出反应。因其中一位副主席2007年1月当选为政协主席，另一位副主席同期转任政府副区长，自己印象深刻。上述两个错讹之处，均及时予以改正。

领导人的出生年月和籍贯也是一个非常严肃且比较敏感的问题。在校阅志稿中，自己发现区委主要领导和一名政协副主席的籍贯与事实不符，另一名人大常委会副主任和一名政协副主席的出生年月有误，经核查资料和电话联系得到证实，均据实予以更正。

二、勘正史实记述。根据区级机关的性质、地位和作用，将有悖领导机关关系的志稿针对性地提出修改意见。如在第二十编《人民代表大会》无题序中有这样一段表述："办理代表建议、批评和意见4600件，解决一批历史遗留问题和环境污染、城市建设、工农业发展、民计民生等亟待解决的问题。"这里区人大及其常委会是权力机关，而政府才是执行机关，以上表述容易使人们对办理代表建议、批评和意见的责任主体产生歧义，根据个人在区级机关工作中掌握的人大机关和政府机关的职能分工，建议改成了"办理代表建议、批评和意见4600件，使一批历史遗留问题和环境污染、城市建设、工农业发展、民计民生等问题得到解决"。几个字地改动，使记述更准确，更贴切。

三、梳理纷繁关系。根据几十年的日积月累，对志稿中涉及的有关工作程序、时间顺序、空间排序、数量关系等进行了核实和调整。在工作程序方面，第二十编第一章关于区人大代表的"选举程序"，原表述为："第一步，成立选举机构，划分选区，宣传培训；第二步，选民登记，审查选民资格，公布选民名单；第三步，分配代表名额，提名推荐，酝酿代表候选人；第四步，召开新一届人民代表大会第一次会议。"根据多次参与各种选举的工作经历，认为此选举程序缺少了最为关键的一步——投票选举，建议将第四步修改为"以无记名投票的方式，选举产生新一届人民代表大会代表"。

在空间排序方面，一是针对志稿中镇街、村居排列无序问题，建议依方位予以规范。二是针对水利志稿中存在问题提出修正意见。如文中所述"大兴庄村西郎元引河"不够准确，因郎园引河为东西走向，实为从大张庄镇大兴庄村南经过。另"津保高速东侧"之说也有悖事实，因津保高速公路亦为东西走向，故东侧表述不妥。以上均提出质疑，建议修改。

在时间顺序方面，农村饮水安全一处有如下表述“2006年，实施农村饮水安全工程”，“2007年，启动农村饮水安全工程”，笔者认为先实施后启动有些不合情理；永定新河深槽蓄水，有的地方说成1996年，有的地方写成1997年，均已建议据实修改。

在数量关系方面，根据多年实践感悟，对志稿中的一些数据提出异议，并经核实予以更正。如在“共产党员统计表”中，2001年35岁以下党员为3461人，2002年为1459人。实践告诉我们，同一地区、同一年龄段的党员人数，如果没有机械性增减，只是自然变动，上下年之间相差数量不可能如此之大。经核查，工作中把千位的“3”，打成了“1”，实为3459人。又如，引黄济津北辰段工程，打坝土方量1.44万立方米，编织袋土方3900立方米，搭打圆木桩25根，本人认为使用木桩数量过小；另其中一期工程打坝15处，工程土方7002立方米，使用编织袋1.82万个，木桩18根。本人认为18根木桩用在15处土坝、固定1.82万个编织袋是不可能的。

四、还原事件原貌。根据工作中的积累和经历的事项，对重大事件的记述提出修改意见。如第二十编第四章有这样一段记述：“1984年12月，区人大常委会组织调查坐落于区内极易使早晨污染环境的“涕灭威”生产项目，向市有关部门提出报告，并委托区内市人人代表提出有关议案，市政府调研后决定停建。”实际情况为，驻区企业天津市农药工业研究所准备新上一个“涕灭威”项目，生产环节危险性很大，一旦发生事故，对周边较大范围的危害将是毁灭性的。退一步说，此项目对周边地区极易造成环境污染，而不是仅仅污染“早晨”的环境。作为亲历者之一，提出了符合实际的修改意见。

（作者系北辰区委党史研究室、区地志办原主任）

总纂阶段修改八法

霍贵兴

从修改方法上讲，总纂阶段应从以下八个方面做好志稿修改工作，即删表、撤目、减庸、去痕、调优、归重、补缺、求衡。前4种修改方法侧重于志稿瘦身，后4种方法侧重于全书的整体把握。运用这些方法，力求总纂阶段的志稿达到内容精当、文字简洁以及志稿的整体优化。

一、删表

就是删减表内统计项，删除存史价值不大的原始统计表。原本不想用“删”这个词，其实用“削”字或许更为准确。意在强调各类表存在的问题太多，不删除一些，不足以达到科学、精炼、瘦身的目的。更多的表的修改则主要还是给予各种形式地改造。

1. 删减表内统计项。虽然冠以“情况表”的表头，实际上很多表并没有做精心地加工整理，依然是原始的统计表，而原始统计表的特点就是全面细致。未经加工的统计表有许多不具存史资政价值或价值不大的统计项，必须予以删除，使改造后的表中每个统计项、每个数据都具意义。

2. 改横表为竖表。志文中尽量少用横表。二轮修志对横表的改造，主要基于便于阅读以及志稿瘦身的要求。一是删减价值不大的次要项，改横表为竖表形式。二是改大多数年份无数据的统计项为文字记述，改造成竖表形式。

3. 改情况表为示意图。选择重要或节点年份做函数示意图或柱形比较图等等，变表为图，既直观生动又达到瘦身目的。

4. 删除原表，改表为文字记述。择表中要项以文字形式按时间顺序记述，插入表前相关资料中。

5. “秃表”的改造。“秃表”，即表前无相关文字记述、目下直接列表的情况，原则上不能出现“秃表”现象，或在表前作扼要的文字说明情况，或择要改为文字记述，或改为示意图。

6. 彻底删除。出于某种原因，整个表内的统计项数据不能令人信服，或者非常原始的、工作记录性质的、日志型的，或整体存史价值不大的统计表，均应坚决删掉。

二、撤目

客观地说应该叫并目，也是出于坚决精简瘦身的目的以示强调。需要撤目（并目）的情况有以下几种：

1. 删去内容空洞言之无物的目。如，记述开展教育培训、政治理论学习、宣传教育的目或子目。哪个机关单位不搞这些呢，没有资料也不能用这些空洞无物的东西来凑数，其中的一些数字多有虚假成分，用之则有编纂者不负责任之嫌。

2. 撤除不具入志标准资料的目或子目。例如，某某“自身建设”。

3. 记述内容相近或同类的目，应合并或转移。如，妇联组织有组织机构，又在它处设目“各专门委员会情况”。

三、减庸

就是提纯、消肿。一部综合性地方志不可能事无巨细全部记载，许多章节对一般性事物记述过于详细，应该说有一定的资料性保留价值，但作为一部区域性综合志书，不可能像行业、部门志那样对本部门本专业的大事小情都系统地记载下来。那样的话，区县志就会超过二三百万字，不符合全国二轮修志的总体要求。减庸针对的是非重点章节或非重点内容的资料。

消肿主要是针对重点章节记述重点事物的资料而言。其存在的问题是对重点事物中非重点部分的处理。我们应该对大事要事重点事物浓墨重彩，大书特书，这一点毋庸置疑。但是重点事物一定有重点部分，这是记述的重点，而非重点部分可以简写，不能等同于重点部分给予同等的笔墨，一棵梧桐树下的野草依旧是野草。

1. 专业性较强的资料。如税种税率，属通典，又多为概念解释，没有实际数据。再如，奶牛的品种、挤奶，生猪的饲养管理，粮食作物品种，等等，一定要大力消肿，留下主要的，其余删去。

2. 一般性事物记述过细。如政法编的“四五”普法、“五五”普法，全国都在普法，形式内容差不多，应留下干货，其余的虚话除去。再如，党风廉政建设一节记述过细，干货不多，虚话不少。

3. 语言啰唆，记述冗长。如政法编安置帮教中“回归帮教”一目，两页内容没有多少值得入志的资料，冗长无物，多为概念和总结汇报性语言，消肿后留下三成内容足矣。类似例子在其他编志稿中也不少见。

4. 重点事物的衍生物宜简写。如农业体制改革中建立农民专业合作社，这是社会化服务体系建设的一项内容，文中大量记述了农民专业合作社取得的成效以及详细记述了合作社的典型，这些要记但又不宜太详尽，否则就会削弱如何改革的主线。因此应简记衍生物，主题会更突出。

5. 重点事物的枝节宜简记。如工业编的工业门类（行业），北辰工业有令人骄傲的六大支柱产业，记述的重点应是支柱产业的形成、规模和效益，也需要介绍有代表性的企业。但志稿中介绍了大量的企业状况，有的行业记述仅寥寥数语，大量的篇幅是企业介绍。这样就遮掩了主干，彰显了枝叶，使记述的主体严重弱化，次要部分反而膨胀起来。再如，人民政府编中的重要施政部分长达10页，应予压缩；农业体制改革共16页，有的地方记述过细，有的总结性语言的公文痕迹也比较明显。必须忍痛做出割舍，对相对次要资料勇于下刀切除。

切除的部分在史料丛书汇编时再给予恢复，或编写部门志时使用。

四、去痕

在一些章节的记述中，总结、汇报味道依然较浓，许多地方虽经多轮修改痕迹仍在，字、词、句、段落都有。

1. 记述事件中夹杂着原始公文里的“虚话空话”。如强调“某某领导出席”“奋战几天，圆满完成”。再如，目题“组织技术与市场对接座谈会”实际就是“技术与市场对接”。

2. 记述工作实施中残留“行政化的”痕迹。一项工作、一项工程的实施，主体是实施过程中的节点和结果，而不宜将一般性的组织推动资料也留在志文里。如“成立户厕改造领导小组”“成立手足口病防治工作领导小组”“开展户厕改造回头看”“召开预备会议”“某某副区长出席”等。

以上4种修改方法侧重于志稿精炼删减的修改，为瘦身之法。

五、调优

调整篇目，优化结构，进一步突出重点特色，也是总纂阶段的任务之一。这里重点谈升格调整，以期达到彰显重点、特色事物的目的。

1. 升格为编的调整。经专家指导、集体讨论，综合全书主线特色考虑，将涉及经济体制改革的内容，包括农业经济体制改革、工业企业体制改革和流通体制改革三部分，由原来分散在各编记述，改为集中记述并独立成编。把经济体制改革内容升格为编，有力彰显了北辰续志中改革开放的主线，且便于阅读，易于比较借鉴。此外，我们将专记的内容（含塌河淀探源、北辰人民革命斗争史略和北辰区知识青年上山下乡运动）从附录中移出，放到人物编之后，相当于独立成编，突出了3篇专记的历史地位和史料重要性。

2. 升格为章的调整。这里仅举两个例子来说明。原工业编的第一章为规模效益，后发现其内容丰富翔实，对于北辰区工业30年的迅猛发展具有指标性的说服力，据此，将其章下的第一节发展规模、第二节经济效益均升格为章，使工业发展的整体规模和效益更加突出。原“天穆杯小品全国展演”是作为专记来记述的，后从专记中移出归位于文化编第一章群众文化里，最后考虑到“天穆杯小品全国展演”作为北辰区唯一的全国文化品牌，是特色中的亮点，很有必要突显它的位置，遂决定将其升格为章。

目升格为节的情况则更多，这里就不再赘述。总之，升格之事应视具体事物而定，既不能固守成规，机械地按照传统志书的章节分类照搬套用，也不能违背规律和事物内部的从属关系，随意升格记述，导致升格成灾。

六、归重

归重就是归并重复之处，合并移转。资料记述重复的现象在分纂稿中常常出现。凡重复记述的，不管记述角度是否不同，应该努力回避，也尽量不使用互见的方法。免得读者看了，一件事几个地方括注见某章某节，好像你这个区县就这几个企业、这几个人、这几个亮点，不得不反复使用一样。

1. 有自己座位的，应回归原位。文联出版了一套《北斗星世纪丛书》，文化编里要记，社会团体里的文联组织也要记。文学创作是北辰文化的五大品牌，放在文化编的文学创作里是正位。

2. 几个座位都可以坐的，选一个主要位置。要分析轻重主次，甲处记述了，乙处就尽量避免再介绍，只有不得不在乙处记述的，再使用互见法。

七、补缺

所谓补缺，即查补缺项和断限。

1、缺项必补。明显的缺项，一般在总纂前已经解决，但比较隐性的仍然存在，不能忽视。例如，第三十三编精神文明建设，其中有文明农户创建和村镇创建，全面系统地记述了北辰农户和村镇在精神文明创建活动的情况，却忽略了期间开展的“文明胡同创建活动”，当初也许是因为“胡同”介于“农户”和“村庄”之间，难于归类而暂时搁置，后被忽视。再如，第四编人口，总纂过程中在看到记述姓氏和谱牒这一部分内容时，隐约感到两部分中间似乎少了什么，深思之后发现缺少了“姓氏渊源”，没有“姓氏渊源”就谈不上“谱牒”，经研究调整了篇目，重新增设一章“姓氏渊源”，设姓氏、部分姓氏渊源和谱牒3节内容。

2. 断限必接。断限是常见的缺陷。尤其是在缺乏历史档案资料的情况下，记述中出现大步跳跃的现象，几乎每一章中都有。总纂不能视而不见，或降低标准知难而退。总纂阶段所需资料的挖掘工作是十分艰难的，但不管多难，也要竭力为之，相信功夫不负有心人。经过补充缺项和断限后的志文，一定会在质量上有一个大的提升。

八、求衡

求衡是指对全书的平衡把握。一本大部头的志书，应力求各个部类、各个编章在文字量、图照等方面大体平衡。当然，平衡是相对的，像工业、城乡建设与管理等编内容多、重点多，容量自然也大一些；而自然环境、交通运输等编则内容相对较少，单纯地以文字量作比较则有失客观。关键要看重要的资料是否已经记述，各个编章的资料选用是否同一个标准，从而在全书平衡点上用心斟酌，以求达到基本平衡。

1. 把握各编文字量的相对平衡。尤其是同一个部类的几编，内容的文字量多少应适度把握，不能因分纂稿的多少而决定最终的篇幅。例如，曾经见过的一部志稿，其文化部类中教育、卫生、文化、体育等编记述比较翔实，篇幅都在三万字以上；而科技编只有短短二三千字，实在不成比例。询问后得知，原来是相关部门在报送资料方面出了问题，数次催要，仍不配合，导致该编志稿的撰写无米下锅。北辰也遇到过类似情况，到了总纂阶段，有些编、章的资料明显不足，形成节、目之下实质内容不多，其他多为空泛之词。空泛之词绝不能用，删除之下，所剩内容则显更少。例如，某一个民主党派的资料奇少，无法与其他几个民主党派的文字量相平衡。解决办法只有一个，就是千方百计补资料，一直找到主委、原主委，通过各种渠道终于补充了一些资料。类似这样的情况不少，总纂阶段应不遗余力，尽最大努力去挖掘那些本应入志却难以收集的资料，不仅为了章节目之间的均衡，更主要的是对得起历史和后人、对得起编纂者的那份责任。

2. 把握各编随文附、随文图照等相对均衡。总纂阶段应该有意识地去把握各编的图、志、表等体裁的使用，不能简单地在分纂稿基础上修改增删，而忽略志体之外的图、表等的使用情况。较之首轮修志，二轮修志更重视图照的存史价值，但基层单位报送的资料中图照的多少差别很大，有的单位资料里甚至没有一张符合要求的照片，后虽经几次催要，结果仍不理想。这就导致在各编记述中，有的照片很多，有的照片极少。事实本身并不如此，而是因为有的单位有照片档案，有的单位始终没有照片档案。为了各编相对均衡地留存历史图照，有必要做出调整，寻求一种内在的平衡。一方面对照片多的编做精简工作，优中选优；一方面再次动员有关个人，想方设法补充收集一些老照片。同时，动手制作一些示意图，补拍一些事物照片，使图照的使用在全书中基本均衡。此外随文附和媒体链接的使用也适度考虑各编的均衡性，避免出现这一编设置了好几篇随文附和媒体链接，而另几编则一篇没有的现象。

3. 把握入志资料标准的统一性。各编分纂稿对入志资料的标准上难免把握不一致，出现各编记述事物的层次标准不均衡的现象，需要在总纂中仔细比较入志资料的一致性、平衡性。例如，教育编中，在学前教育一个幼儿园的情况表中，有一项是幼儿园园长的姓名，这就大大降低了入志标准，产生了不平衡，因为在中小学教育各章中，中小学校长是不入志的。再如，有的人民团体的主要活动中记述了普法宣传，这也是忽略入志标准把关不严造成的，试想哪个单位、哪个部门不搞普法宣传呢？这是司法部门的主业，其他单位部门应统一标准，只记自己的主业。

（作者系北辰区委党史研究室、区地志办主任）

常用易错字词辨析

董学清 邱宝亮

在几年的史志文稿编撰和审校中，不断总结并积累了一些容易写错用错的字词。归纳为以下三类，与大家分享。

一、易混的字词

1. “备加”“倍加”与“备受”“倍受”。“倍”指加倍，有更加、格外的意思，如“信心倍增”“倍感亲切”“倍思亲”。“备”是表示完全，有极而言之的意思，如“艰苦备尝”“关怀备至”“备受欢迎”。

2.“薄”与“簿”。“薄”指单薄；也指轻视、看不起，如厚此薄彼；也可指迫近，如日薄西山。“簿”指本子、账本，如发文簿。“练习簿”不能写作“练习薄”。

3.“彩”与“采”。都是多义词，应根据不同的义项加以辨别。一般来说，在表示具体事物时用“彩”，如“节目精彩”“剪彩”“彩排”；在表示抽象意义时用“采”，如“神采奕奕”“兴高采烈”。

4.“不耻”与“不齿”。“不耻”指不以……为可耻，如“不耻下问”；“不齿”则指羞与为伍、不愿意提到，表示极端瞧不起，如“人所不齿”。

5.“侦察”与“侦查”。“侦察”常用于军事、作战等方面；“侦查”常用于公安、检察、司法等部门以及与破案有关的方面。“侦察”着重于察看，从观察中来了解情况；“侦查”着重于调查，从检查中来了解情况。

6.“度”与“渡”。这两个字都含有“通过”的意思，在使用中，用于与时间相关的意义时，一般用“度”，如“度过这段时光”“欢度国庆”“虚度年华”；用于与空间相关的意义时，用“渡”，如“渡江”“渡河”。如用于有人为因素的意义，用“渡”，如“引渡回国”。“渡过难关”“过渡时期”的“渡”，有“由此到彼”的引申义，带有比喻的性质，所以用“渡”。“度汛”，是指度过“汛期”这个时段，所以用“度”。

7. “副”与“幅”。对字画习惯用“幅”，如“一幅画”；而对联因为成双，只能用“副”，如“一副对联”。用于脸部表情，用“一副笑脸”。

8. “伏法”与“服法”。“伏法”指罪犯被执行死刑，不能用在被判死缓及以下的罪犯身上；如果指罪犯认罪，可用“伏罪”。“服法”是指服从法院判决，如“认罪服法”。

9. “竿”“杆”“秆”。“竿”指竹竿，所组词汇与竹子原料有关。“钓竿”现在多用塑料来做，但仍沿用“竿”字。“杆”是指细长的棍状物。“秆”是指某些植物的茎，“秸秆”“麦秆”不要写作“秸杆”“麦杆”。

10. “合龙”与“合拢”。“合龙”特指修筑堤坝或桥梁等，因为施工中的桥梁或堤坝的中间一段称作“龙口”，所以这种接合工作叫“合龙”。“合拢”可指堤坝、桥梁以外一般事物的闭合。

11.“宏大”与“洪大”。“宏大”指规模巨大、志向宏伟，如“规模宏大”“志愿宏大”。“洪大”一般指声音和具体的情状，如“钟声洪大”“水势洪大”。

12. “会合”与“汇合”。“会合”含有相会、见面的意思，如“两军会合”。“汇合”没有相会、见面的意思，而且多用于水流聚集或类似的喻义，如“三江汇合”“人民的意志汇合成巨大力量”。

13. “轰然”与“哄然”。“轰然”形容声响巨大，如“旧楼轰然倒塌”。“哄然”形容人声又多又大，如“哄然大笑”。

14. “简朴”与“俭朴”。“简朴”除了指生活方面外，还指语言、文笔。

15. “扶养”与“抚养”。“扶养”意为“养活”，其对象既可以是长辈，也可以是平辈或晚辈。“抚养”的意思是“爱护并教养”，其对象多指晚辈。

16. “权利”和“权力”。“权力”经常做“行使”“使用”等的宾语，而“权利”经常做“享受”“享有”等的宾语，二者不能互换。“权力”可构成“权力机关”“权力部门”，而“权利”则不能。

17.“临”与“邻”。如“相临的吧街”应为“相邻的吧街”；“邻街建筑”应为“临街建筑”。“临”指到来或挨着的意思，如“身临其境”“临河”；“邻”指接近、附近，如“邻居”。

18.“明”与“名”。邮政用途的“明信片”，不要写作“名信片”；人与人互相介绍身份、联系方法时用的“名片”，不要写作“明片”；“明星”不要写作“名星”。

19.“帐”与“账”。表示“财物出入的记载”和“债”的义项时，不能写作“帐”，应写作“账目”“账号”。

20.“州”和“洲”。“州”一般用作行政单位。“洲”是指河流中的陆地，如“绿洲”“沙洲”；又是大陆及附近岛屿的统称，如“亚洲”。

21.“赃”与“脏”。“销脏”应为“销赃”；“人脏俱获”应为“人赃俱获”。“赃”有贝旁，一般指钱、财、物等，多用于指贪污或偷盗所得到的财物，如“赃款”；“脏”指不干净，如“衣服脏了”。

二、容易被曲解的词语

1.“叹为观止”是用来赞美看到的事物好到了极点的。常被误用作看到不满意的事情或景色而感叹。

2.“无可厚非”意思是没有可以过分责难的，并不是“毫无疑义”的意思。

3.“首当其冲”意思是指最先受到攻击或遭遇灾难，与“冲锋在前”的含义是完全不同的。

4.“差强人意”指大体上还能使人满意(差：稍微)。常被误当成“不如人意”来用。

5.“曾几何时”指时间没过多久。常被误解为“曾经有一段时期”来使用。

6.“豆蔻年华”女子十三四岁年纪称为豆蔻年华。常有人误用于女子十七八岁或二十几岁。

7. “灯火阑珊” 表示灯火将尽。常有人误以为是灯火辉煌之意。

8. “法人” 并不是指特定某个人，不要把厂长、经理等担任 “法人代表” 的负责人写成 “法人”。“法人” 与 “自然人” 相区别，是指法律上具有民事权利能力和民事行为能力，依法独立享有民事权利和承担民事义务的组织。它包括企业、事业单位、社会团体等。“法人代表” 是代表法人行使职权的负责人，是 “法人” 的法定代表人。

9. “倍” 字不能用于表示减少的场合 “减少了一倍” 是错误的用法，应写作 “减少了一半” “减少了 50%” 或 “减少了五成”。

三、容易写错的字词

1. “荟萃” 指英俊的人物聚集或精美的东西汇集，不要写作 “荟翠”。

2. “憾” 指失望、不满足。“震撼” 不要写作 “震憾”。这个词经常用作 “震撼人心”，不要因为与 “人心” 有关就写成 “震憾”。

3. “竟然” 不要写作 “竞然”。

4. “竣工” 不要写作 “峻工”，没有 “峻工” 这个词。

5.“一年之计在于春” 不要写作“一年之季在于春”。“计”在这里指计划、安排、打算。

6. “几率” 和 “概率” 是一个意思，不要写作 “机率”。

7.“忌妒”和“嫉妒” 是同义词，现在常用“忌妒”。“嫉”本身就有“忌妒”的意思。不要把 “嫉贤妒能” 写成 “忌贤妒能”。

8. “家具” 不能写成 “家俱”。

9. “请柬” 的 “柬” 不要写作 “简”。

10. “精简” 一般不写作 “精减”。

11.“再接再厉”的“厉” 不要写作“励”。“厉”古通“砺”，意为磨快，引申为奋勉。

12. “俩” 是 “两” “个” 两字的合音词，“俩” 字后面不能再接 “个” 或其他量词。

13.“另” 不是“零”的简化字。“零件” “零售” “零散” “零碎”的“零”不要简写成“另”。

14. “澜”与“斓”“波澜”不能写作“波斓”，“斑斓”不能写作“斑澜”。

15. 没有“美仑美奂”和“美伦美奂”，只有“美轮美奂”。“轮”指轮囷，古代圆形高大的谷仓，在这个成语中指高大；“奂”指众多。“美轮美奂”多形容建筑物的高大、众多而华美。

16. “谜团”不要写作“迷团”。“一个谜”不要写成“一个迷”。

17. “哈密瓜”是因“哈密”地名而得名，不要因为它如蜜一样甜而联想写作“哈蜜瓜”。

18. “困扰”不要写作“困绕”。

19. “擅长”不要写作“善长”，没有“善长”这个词。

20. “事迹”不要写作“事绩”，没有“事绩”这个词。

21. “无所适从”不能写作“无所是从”，没有“无所是从”这个成语。

22. “淡泊名利”不要写作“淡薄名利”。

23. 涉及汽车的“换挡、挂挡”中的“挡”不能写作“档”。

24. “唉声叹气”易误作“哀声叹气”。

25. “按捺不住”易误作“按耐不住”。

26. “舶来品”易误作“泊来品”。

27. “不省人事”易误作“不醒人事”。

28. “不尽如人意”是成语“尽如人意”的否定用法，不能写作“不尽人意”。

29. “橱柜”易与“厨具”相混淆，而误写成“厨柜”。

30. “出其不意”易误为“出奇不意”。

31. “独当一面”易误作“独挡一面”。

32. “诡计多端”易误作“鬼计多端”。

33. “宫保鸡丁”（菜名）常被误写为“宫爆鸡丁”。

34. “览胜”常有人误写成“揽胜”。

35. “期间”指某个时间里面，一般不能单独使用。前面必须有表述某个特定时段的用语，如“暑假期间”“春节长假期间”。

36. “人心惶惶”常有人误写为“人心慌慌”。

37. “人才辈出”易误作“人才倍出”。

38. “融会贯通”易误作“融汇贯通”。

39. “神采奕奕”易误作“神采弈弈”。

40. “世外桃源”易误作“世外桃园”。

41. “水乳交融”易误作“水乳交溶”。

42. “引吭高歌”易误为“引亢高歌”。

43. “坐月子”易误为“做月子”。

（董学清系北辰区委党史研究室、区地志办原主任，邱宝亮系北辰区委党史研究室干部）

浅谈撰写《塌河淀探源》专记的心得

苗泽玉

专记即专题记述，是对前志的补遗和考订。此次二轮修志，《塌河淀探源》专记便是《北辰区志（1979—2009）》需要补遗和考订的内容。

专记的记述形式较志书灵活，其文体宽松，内容集中典型，可夹叙夹议，可描述。那么，如何把专记撰写得生动得体、形象可读、提高“录用率”，使其具有知识性、资料性、趣味性和一定的学术价值，成为志书中一个“亮点”，提高志书的存史、资政、教化作用呢？余在编撰《塌河淀探源》专记的实践中，有如下粗浅的心得体会。

一、胸怀使命，用心撰写

历史上，塌河淀为京畿六大泽之一，位于天津城东北部（今北辰区小淀镇域内），其水域广阔辽远，烟波浩渺，水势泱莽，实为巨薮大泽。19世纪末，塌河淀水域范围如前，仍是一派泽国。至20世纪30年代，随着塌河淀自西向东逐渐干涸，人们对她的印象也渐渐消失。如今年轻一代，知塌河淀者寥寥无几，至于塌河淀在历史上发挥的作用及淀边人民的无私奉献更是无人认知。

为了追忆历史印迹，承载感情，留下记忆；让后人铭记塌河淀曾为保卫天津人民生命和财产安全，为河道港口通航、发展天津商贸所起的巨大作用；牢记北辰人民为此做出的无私贡献和牺牲；我们理应担当起这一历史责任，用心撰写好《塌河淀探源》专记，这是历史赋予我们的使命。因为这是历史，也是文化。

二、分列条目，突出“专”字，彰显特色

面对大量翔实有关塌河淀的史志、典籍、档案资料和文献资料，若仅凭资料作主观任意性堆砌、机械地横排竖写，就不能清楚明了地回答出塌河淀形成何时及成因，塌河淀的作用及变迁，塌河淀的文化及传说等问题。其撰文会显得冗长庞杂、乏而无味，也就很难提高专记乃至志书的“录用率”及其社会存在价值。

诚如中国地方志学会理事、贵州省地方志编纂委员会顾问，方志界卓有成就、声名远播、为人钦仰的专家张桂江先生，在其所著的《地方志编纂与续修》一书中所云：“志书‘录用率’越高、被录用的资料发挥的作用越大，则志书的实用质量，即科学价值也就越高。”

因此，在认真阅读资料后，经筛选取舍，再分类归纳。依据在专记中应解决和回答的问题，分别列出大淀形成、蓄洪聚潦、纳淤通航、淀边文化、大淀南北诠释、大淀变迁、大淀传说及随文附等8个条目。确定每目标题，力求简练抢眼，言简意赅，引人注目。围绕每目确定的中心标题，在分类归纳的专记资料中，选取那些典型完整、翔实系统、揭示事物发展规律、能反映地情浓郁特色的核心内容，集中记述。使每个目都能成为专记中的一个“闪光点”，以突出专记地位；使地情典型资料起到点石成金的作用，以突出地方特色。

三、从方志史料中挖掘佐证资料，探求学术价值

在《天津卫志》《畿辅通志》《海河志》《天津通志》等多部史志典籍中，对塌河淀之方位、水域面积均有描述。但究其形成何时及成因，于古无考。为此，余从史志资料中“由表及里”向纵深挖掘，并从横向分析对比，从中推断出塌河淀的成因。《天津卫志》载：“塌河淀，在城东北，去城三十里，俗传前代塌陷为淀，周围百里。”由此可见，地壳变动可能是塌河淀形成的主要原因。

另据《畿辅通志》载：“……塌河淀早期与七里海相通，均上无来源，下通潮汐。”据《海河志》载：“……隋、唐、宋、金、元的一千多年中，黄庄洼——七里海洼淀群不叫雍奴薮，而称三角淀。”又据《畿辅通志》载：“七里海，《水经注》

所谓雍奴薮也，在宁河西南，宝坻东南，天津之东，其西接塌河淀……。”

在对上述资料对比分析中，虽未能确定塌河淀最初形成的时间，但塌河淀存在的时间已向前推到距今1400多年前的隋代。从考证塌河淀形成于何时的角度上看，该篇专记中的这一推断具有一定的学术价值。

《塌河淀探源》专记曾得到天津社科院历史所研究员、市文史馆馆员、史志专家罗澍伟和天津市地方志办公室年鉴指导处原处长赵继华先生的首肯。倘若这篇专记对《北辰区志（1979—2009）》的“录用率”和“实用质量”能起到些许作用，将是对我认真、执著、默默笔耕的慰藉。

（作者系《北辰区志（1979—2009）》编修人员）

志稿修改需注意的几个问题

赵景秋

为使志书成为一部能够经得起历史推敲和检验的权威官书，初稿形成之后，编纂人员要在总纂之前先互相修改。但如何修改？都需要修改什么内容和注意什么？恐怕每个人都会有不同的见解。笔者结合改稿实践，谈谈自己在修改《北辰区志（1979—2009》志稿中的一孔之见。

一、修改内容

1. 看记述内容是否全面，如果横缺要项、纵断主线，必须要把相关内容补全。

2. 硬伤必改。如记述名称不准确的，团区委写成区团委，公安北辰分局写成区公安分局的，必须修改；还有数字写错的，如10万写成了1万，等等。这些就是硬伤，必须改正。

3. 看篇目安排是否科学，归属是否得当，可根据具体内容作适当调整删改。如金融是业态，不能与财税放在一编；再比如，党史编研可放在文化，与地方志编研合成一章，不必放在中国共产党地方组织编。还有就是为了归大类，可以把原属民政的城乡居民最低生活保障放入社会保障，以使其内容更加充实合理。

4. 看表格的数字之间、表格与文字之间的记述是否准确、一致，须核实。而且表格设置原则应是全而不滥、精而不缺。从整部书的角度去把握，文字记述不了或比较麻烦的才用表格记述，避免表格过多、过细及与文字不必要的重复。

5. 重复的内容须删除。主要看编与编之间、章与章之间、节与节之间、目与目之间的内容有无重复，有重复的地方，应保留一处，其余删除。如果两个地方都需要，则可采用互见法。特别注意大事记与志文的重复记述问题，大事记要以提供线索和纵向的脉络为主，记述应简练，与志文重复过多的部分应删除。

6. 过细或空泛的内容须删除。如果前志已记，续志时无变化，或是复载前志的内容，要简要概括地记述，删除过细而无新意的内容。具体案例在志文中不记，如果要记的话可择其典型，放入随文附中。随文附中内容如果与志文中重复，应删除随文附。对于意向性的、目标性的思路、想法及过于原则笼统的内容，要删除。释义性的内容、工作的具体过程及量变不明显的年份内容等，应删除。

7. 通典的内容或交代全国全市背景的情况应删除，即上级规定的制度、管理办法、措施、要求及本行政区以外和全国皆然的事物。

8. 超过上下限的内容应删除（凡例中特殊说明的除外）。

9. 涉密内容须删除，即涉及军事、人防等有关内容及有关部队番号、人口绝育等内容。

10. 按照行文规范修改志文，删除虚话、套话、空话。对句子过长或一句话的段落，应以事物折点点位重新修改成段。

11. 文不对题须重写。对有些志稿节题或目题与所写内容毫无关系，应重新挖掘内容重写。对于某节或某目志稿内容没有时间的，应重新按事物的起点发端（或记述上限）、起伏变化的折点、节点及终点结果（或记述下限）纵向写清史实，必须注明时间。

12. 内容平淡须挖掘。对于某些一般性的、日常性的、按部就班、乏而无味的内容，应该多方挖掘，增加一些最新的亮点和能彰显地域特色的精彩之处，并且增加相关图照，使志稿更加生动可读。如气象章节中，就不能只简单地满足于罗列一些气温、风力的表格，而是应该进一步深挖四季的具体天数变化、气温升高的年度变化、空气质量变化等内容，增强志书的实用性和科学性。

二、修改方法及注意事项

1. 对照志书。修改志稿一定要对照前志和已出版的外省市二轮志书的相关内容。这样不仅可以更好地看出新编二轮志书的志稿与前志的区别和有无重复和错漏，而且还可以与外省市对比，看看我们有哪些借鉴与创新等。

2. 对照原始志稿。修改志稿遇到疑问处，要对照单位上报的原始稿。这样就可以查看是否是因为编辑过程中的错漏所致。如疑问处与原始稿一致，那就要查看其他资料或请教原单位报稿人或其他知情人。

3. 多人一稿。修改志稿可采取多人一稿的方法，这样可以充分发挥各人的长处，取长补短，各有侧重，事半功倍。每次修改完一篇志稿后，修改人要与撰稿人沟通，不仅要在原稿上用铅笔标注，对于重大的修改，如篇目的调整、内容的大量删改等，还需另附纸列明细及建议。撰稿人对照修改稿及明细清单逐项修改，把修改情况对照清单也附纸说明。如果遇到几人修改的内容互有矛盾和质疑时，要共同研讨，达成共识，确定唯一正确的记述内容，使志稿更加准确完善。

4. 大胆谨慎。修改志稿要求修改者既要大胆又要谨慎。对于硬伤或重复的内容，修改者要大胆删除。但对于可改可不改的文字或不能确定是否错误之处，最好先标明，后再与撰稿人交流、核实，别主观臆断擅自大改。

5. 上下限内容最好不删。如有的志稿中下限到2009年，但2009年的内容写得单薄，有的修改者就把此年份的内容删除了，这样就容易造成断限。应该先保留，等收集到完整资料后一并修改。另有表格中有个别年份有缺项，有的修改者就删除了这几年，结果也造成了整个表格的断限。这种情况尽量不删，可再补充相关资料。如果实在收集不到相关资料，也要保留或作一些技术处理，以防断限。

6. 删后防错漏。删除志文后要注意内容是否准确，文字是否通顺。不能为了删而删，以防造成“差之毫厘，失之千里”。如在《人事劳动与社会保障》编中，有一句“使在北辰的农民工实现‘病有所医’”，修改者为了使志文更加精练，改成了“使北辰农民工实现‘病有所医’”，删除了“在”“的”两字，结果使记述主体的范围被缩小，导致句子的含意发生改变。又如，仍是在《人事劳动与社会保障》编中，“劳动工资”目下有一句“1980年代初期，劳动工资严格按照计划经济的管理体制与模式运行，增人有计划，招工有指标，市局须审批，工资办追加的工资基金按基数管理。”修改者将其中的“增人有计划，招工有指标，市局须审批，”删除，变成“1980年代初期，劳动工资严格按照计划经济的管理体制与模式运行，工资办追加的工资基金按基数管理。”后来又有修改者在此基础上，在“工资办追加的工资基金按基数管理”上增加了“及”字，变成“工资及办追加的工资基金按基数管理”，致使伤文害意、谬之千里了。

7. 格式统一。有些志稿内容有一些相同的规律，如人大、政协的一些会议及医院、学校、企业的相关简介等。这时修改者改稿时要注意前后格式的统一性，从标点、用词、格式、顺序等，尽量统一规范。如《人民政协》编中，第二次会议和第三次会议，都有“听取并讨论区长郭醒民作的《政府工作报告》”的记述，但第二次会议用的是“听取并讨论”，而第三次会议用的是“听取和讨论”，对此，修改者就要取其一种而统一。

总之，地方志是严谨、朴实、科学的资料性文献，认真、细致、上水平的志稿修改，是提高志书质量的重要环节。我们一定要按照“详事业略机构、详典型略一般、详独有略共有”的原则，反复修改志稿，使志书真正成为一个地区历史与文化的精髓载体，成为人们可资镜鉴的宝贵精神财富。

（作者系北辰区委党史研究室编研科科长）

审校志稿的重要使命——消灭“硬伤”

汤建中

编纂地方志应当做到存真求实、确保质量。一部志书质量的高低，除了决定于政治观点正确、体例完善、资料翔实、突出地方特色和文风端正之外，还取决于差错率大小这一重要条件。如果志书中记述的事实和数据谬误百出，则高质量就无从谈起。原全国政协副主席、中国社会科学院院长、中国地方志指导小组组长陈奎元讲过：“质量是志书的生命和价值所系”“编写地方志，一定要坚持质量第一的原则”。

消灭“硬伤”，是确保志书质量的重要一环。在校对、审阅志稿时，应特别注意查找并消灭“硬伤”。所谓“硬伤”是指志书中的差错和讹误，多表现在资料运用自相矛盾、不能自圆其说。如记述史实错误；概述内容与大事记、正文不一致；文字表达与图表中的数字对不上；表格中的分项数字之和不等于总数；还有错字百出、语句不通等不应出现的错误。“硬伤”是志稿中的绝对性错误，错就是错，无可辩驳，不具有申辩性；“硬伤”使入志资料失去真实性、准确性、可靠性，使志书质量降低，必须改正。

志稿中的“硬伤”，有的比较明显，稍微用心一点就能检查出来；有的不太明显，不仔细查看容易漏掉，具有一定的隐蔽性。审稿者必须认真、细致地字斟句酌，才能尽可能地发现并消除志稿中的“硬伤”，以提高志书的质量。下面笔者就校对、审改志稿中发现的两类不同的“硬伤”列举如下：

一、容易发现的“硬伤”

1. **“张冠李戴”类**。如《双街镇志》志稿自然资源河流部分，写到双街镇的河流时，错把北辰区境内的河流情况，写成双街镇境内的河流情况了。

最初的原稿写的双街境内河流：

北运河 古称潞河、白河、沽水，是海河支流之一。上游源于北京市军都山八达岭南麓，经昌平、通县、香河、武清至北辰区境屈家店村北与永定河汇流，至金钢桥汇入海河。主河道全长148千米，流域面积5300平方千米。由小街村进入镇境，北运河境内段长20千米。

郎园引河 位于镇境北部，西起永定河左堤郎园村南，东穿北运河、京津公路、京山铁路、津蓟铁路、津围公路、机排河、杨北公路，流经郎园、北孙庄、大兴庄、辛侯庄，至北京排污河右岸韩盛庄泵站。全长23.55 千米，流域面积133.3平方千米。

丰产河 位于区境中、东部，西起阎街村南北运河左岸，东穿京津公路、京山铁路、津蓟铁路、津围公路、淀南引河、永金引河、杨北公路，经天穆、宜兴埠、小淀、霍庄子、西堤头，至东堤头村北三号桥扬水站，全长22.7千米。

杨村机场排水河（机排河） 位于镇境东北部，是承担杨村机场排沥的河道。自杨村一中大坑西起至铁路货场转向东南，经郎庄子村北向东、由瓦房村南入境，再经小韩庄、仁和营、南王平至永定新河左堤姚庄子泵站，全长26.3千米，境内段长14.05千米。该河在境内被郎园引河隔为两段：由小韩庄至郎园引河左岸长9.27千米，郎园引河右岸至姚庄子泵站长4.78千米。

以上原稿写的双街镇境内的河流情况全部为北辰区境内的河流情况，并非双街镇境内的河流情况。其中丰产河经天穆、宜兴埠、小淀、西堤头镇，根本就不在双街镇域内；原稿中北运河境内段长20千米，实际上这是全北辰区境内的长度，双街境内实际长度应该用北辰区境内的长度减去北运河流经北仓镇及天穆镇域的长度；郎园引河全长23.55 千米，流域面积133.3平方千米，实际上这是全北辰区境内的数据，双街镇域内的数据应用北辰区境内的长度及流域面积减去郎园引河流经大张庄镇和西堤头镇域的长度和流域面积；杨村机场排水河（机排河）全长26.3千米，境内段长14.05千米，这个境内段长是全北辰区境内的段长，而双街境内的段长应该用北辰区境内的长度减去杨村机场排水河（机排河）流经大张庄镇及西堤头镇域的长度。原稿河流部分采用了2000年10月第一版《北辰区志》中北辰区的河流情况，但是没有经过改写而是直接将其替换成双街镇的河流情况，属于张冠李戴，差错是很明显的。

2. "差之毫厘，谬以千里"类。如《北辰区志（1979—2009）》志稿经济综述编，其中的北辰区部分年份主要经济指标占全市比重情况表，表下的说明写成：北辰区外贸出口总值1980—1990年的单位为亿元，1995—2009年的单位为美元。实际上正确的应为北辰区外贸出口总值1980—1990年的单位为亿元，1995—2009年的单位为亿美元。志稿错将1995—2009年的单位"亿美元"写成"美元"，少写了一个"亿"字。其结果造成了外贸出口总值表中北辰区1995—2009年外贸出口总值数字表示：1995年北辰区外贸出口总值为0.25美元、2000年为3.04美元、2005年为15.1美元、2009年为22.06美元，4个年份的外贸出口总值分别仅为各年份实际外贸出口总值的一亿分之一。细微的失误，一字之差，导致了巨大的差错，真可谓差以毫厘，失之千里。

3. "风马牛不相及"类。如《小淀镇志》志稿农业部分，其中的1966年北郊区战斗公社（小淀）农作物产量表，表中15项有完整数字的项目，每一项的播种面积乘以播种亩产都不等于总产量，而且相去甚远，每一项的3个数都风马牛不相及，不知所云。原表如下：

1966年北郊区战斗公社（小淀）农作物产量表

农作物名称	播种面积（公顷）	播种亩产（千克）	总产量（吨）
全年农作物总计	2919.75	—	—
一、全年粮食、大豆合计	2627.65	187	317.05
其中：冬小麦	138.29	122	123.31
天津一号大麦	314.43	120	277.41

续表

农作物名称	播种面积（公顷）	播种亩产（千克）	总产量（吨）
稻谷	184.67	479	658.97
山芋	72.95	200	102.67
玉米	1058.99	217	110.36
高粱	671.11	90	270.03
谷子	14.83	199	21.69
大豆	67.83	79	40.1
二、棉花	55.3	77	29.56
花生	0.13	399	0.039
其他油料	7.73	115	8.91
青麻	143.75	68	9.27
三、蔬菜	204.39	5976	915.75
瓜类	2.37	2492	5.9

面对这样有极大错误的表，编者不能直接拿来就用。应认真核对，仔细查找错误发生的原因，弄清到底是哪些项目数字错了并加以改正。如因各种原因确实无法查到原始资料、无法核实更正的话，那么这个差错极大的表则应直接删除，以去掉“硬伤”。

4.“自相矛盾”类。如《小淀镇志》志稿农业部分，写耕地时叙述的一段话自相矛盾，不能自圆其说。原稿：1993年，粮田面积1200公顷，小麦373.33公顷，其他粮田面积538公顷。原稿中的小麦面积373.33公顷加上其他粮田面积538公顷等于911.33公顷，并不等于总的粮田面积1200公顷，少了288.67公顷，出现了差错。因为总的粮田面积中除了已给出数据的小麦外，剩下的面积都是其他粮田面积，已给出数据的粮田面积加上其他粮田面积必须等于总的粮田面积。实践中叙述总数和各项分数时一般有两种写法：一种是写完总数后将各项分数都写上，各项分数之和必须等于总数；另一种可以写完总数后，挑一种最重要的分项写上数字，以表示其较重要，再写上其所占的百分比，其他的各项可以省略不写了。

5、“用字错误”类。如《小淀镇志》志稿附录“渔文化”部分，原稿写到小淀村王有成的老太爷和二老太爷在天津市内开个剧场，名为“宴乐生平”。这里剧场名称4个字错了两个，“宴”应为“燕”、“生”应为“升”，剧场名称应为“燕乐升平”。书写影院剧场名称、店铺商号等都应该用字准确，应写当时的名称，不能随意更改。

二、不容易发现的“硬伤”

1、**“偷换概念”**类。如《北辰区志（1979—2009）》志稿政法编，写到刑事检察时，有这样一段话：严厉打击严重刑事犯罪始于1983年，1983年至1985年，区检察院共受理公安机关报捕案犯993人，审查逮捕案犯819人。乍看这段话好像没什么问题，实际上仔细读来这段话叙述的不准确。严厉打击严重刑事犯罪活动并非始于1983年，1983年以前也是要严厉打击严重刑事犯罪活动的，对杀人、放火、抢劫、强奸、重大盗窃等严重刑事犯罪活动，政法机关历来都是严厉打击的。实际上，正确的叙述应该是1983年至1985年，区检察院在3年严厉打击严重刑事犯罪活动斗争期间，共受理公安机关报捕案犯993人，审查逮捕案犯819人。原稿这段话本来的意思应该是想说1983年至1985年开展的“3年严打斗争”始于1983年，但是原稿的写法上却偷换了概念，这种写法给人的印象是不加限制的“严打斗争”始于1983年，那么1983年以前就没有严厉打击严重刑事犯罪了吗？不是的！由于叙述的不准确，造成了概念上有了问题。这类硬伤，不仔细审阅有时可能会看不出来，属于不太容易发现的硬伤。

2. **“机构名称不准确”**类。如《北辰区志（1979—2009）》志稿政法工作部分，其中的一段文字，原稿：1986年，建政法委员会，列入区委序列，时有工作人员4人。这段文字，粗看好像没有什么问题，可是仔细斟酌就发现问题了，这段叙述是错误的。实际上，区委政法委员会（简称政法委）早在1984年3月就成立了。1986年时建立的是政法委员会办公室（简称政法办），当时列入区委序列的是政法办而不是政法委，当时政法办和政法委是两个不同的概念。这是一处不太容易发现的错误，这个“硬伤”不认真校阅很难发现，审核志稿时需要仔细认真地核对，才能发现并去掉“硬伤”。

上述内容只是简单列举了志稿中两类不同类型的几处“硬伤”，志稿中其他“硬伤”还有多次出现的“建国后”（正确的应改为“新中国成立后”）等。校对审阅志稿时一定要把好史实关、资料关，认真细致地查找并修改原稿中的差错，最重要的是尽可能的消灭志稿中的“硬伤”。如果一部志书正式出版以后才发现“硬伤”，再想修改已经来不及，只能留下遗憾了。编修一部志书要求完全没有差错是不可能的，关键是编纂志书要尽量减少差错，尽可能的消灭“硬伤”，以提高志书质量，这样才能在志书正式出版后少留遗憾。

（作者系《北辰区志（1979—2009）》编修人员）

编撰大事记的几点体会

刘凤雷

编撰大事记，乍看起来应该不难，只要把资料收集全了，核对史实无误，再按年月日顺序一排列就大功告成。其实不然，《北辰区志（1979—2009）》大事记稿送印刷厂之前就进行压缩、增删、修改、规范，七易其稿，《北辰区志（1979—2009）》蓝本经方志专家评审后，遵照专家提出的意见，我们对大事记文稿中存在的问题又进行了3遍全面系统地修改，前后易稿达10次之多。

下面就大事记的编撰，谈谈自己的几点粗浅体会。

一、搜集资料求全，选取侧重独特、亮点和“首事”

1. 编辑续志大事记，为减少与《北辰区志》（以下称“前志”）的重复，只选择前志大事记中1979—1999年的部分内容，另外从《中国共产党北辰区大事记（1948.12—2003.12）》和《北辰区改革开放30年大事记》中选取部分内容进行补充。关于2000—2009年大事记的内容，主要从各年年鉴中摘取大事要事。开始是求资料全，字数不怕多，初稿大事记字数达9万多。只有资料全，才不至于将大事、要事遗漏。然后再删减、精炼，稿传给印刷厂时字数3万多。

2. 选取的内容，注意记载“之最、首个”，如天穆镇是全区首个产值亿元镇，韩家墅村是全区第一个亿元村，再如区举办的首次房地产交易会，举办的首届农民画展等。

3. 要忍痛割爱。有时出于多存史、多保留点历史资料的想法，而舍不得往下删减。这不是编年体的史料长编，所以必须“该出手时就出手”，大刀阔斧，挥笔删除。要掌握好标准，对自己一时拿不准的应予以保留，由主编定夺取舍。

4. 遵循“详独略同”的原则，内容雷同的少记或不记。如人大会议，每次都听取、审议《政府工作报告》《人大常委会工作报告》《财政上年决算和下年预算的报告》《区人民检察院工作报告》《区人民法院工作报告》等，每年都举行，内容雷同，不要每年都记，一般只记载换届选举那次。对于特殊情况，例如区长人事变动，虽非换届人代会，也要在大事记中反映出来。

5. 不可只记载正面的事物，防止“报喜不报忧”。对于发生的重大事故，当记载。如，2005年3月23日，中央电视台“东方时空”栏目对区内西堤头镇遭受化工企业严重污染状况进行披露，做了如实记载。

二、定体例求科学合理

对于编写本志的大事记采取什么样的体例，经过了一番思索，也走过了一段弯路。首先确定不能用纯编年体，例如一项工程，上一年奠基开工记一条，翌年竣工典礼另记载一条，则部分词句难免令人有重复之感，违背了“惜墨如金，节省文字”的修志原则。一项大的（时间段稍长）活动，如一届运动会或“天穆杯”小品大赛等也是如此。故强调不运用纯编年体，而采用始末体（或称纪事本末体）。

这样一来，编者就将1986年的区首届运动会直至2007年的区第五届运动会都聚集在一条里了；将不同年月日成立的4个民主党派北郊支部集中到一条内了；将12个乡先后由乡建制改为镇建制（跨度十几年）全归在一条中了。后来中指组的指导专家张英聘在初阅稿时认为这样处理不妥，还是应酌情分条记述。经过反复修改，笔者体会到大事记应区分不同情况，采取编年体与纪事本末体相结合的方法，这才是科学合理的方法。认识和理解了编写大事记不同于撰写条目，也与大事纪略的写法有所区别。

三、把关求精准、求稳妥

把好史实关。事件发生的时间，涉及的人名、地名、企业单位名称，涉及的具体细节、数据等务须做到符合史实、准确无误。如前志表述1980年5月“首家中外合资企业中法王朝葡萄酿酒有限公司……”，笔者在编辑“北辰之最”和编撰“工业”编时，发现王朝葡萄酿酒有限公司是由法国独资、中法合作经营管理的企业，而非中外合资，遂将那条的“中外合资”4个字改为“三资”2个字。

把好政治关。如某人的贪腐问题揭露出来后，对于曾记载他视察区内某派出所的那一条坚决予以删掉。涉及招商引资的内容，对于引进的台湾、香港资金，掌握好用词“港澳台资”或“港澳台商投资”，而决不用“外资”一词。文字叙述中不得将台湾、香港与其他主权国家并列，因为台湾、香港、澳门是中国领土不可分割的一部分。对于原稿混在一起的，根据具体语句进行分离和修改。

四、语体、格式求统一

记述中，对语体表述方法、记述风格需保持一致。譬如，这次党代会写“选举 ××× 为书记，×××、××× 为副书记”，而下一次党代会则写“××× 任书记，×××、××× 任副书记”，是不可以的。

打造“精品工程”，需要一丝不苟，细节也不能粗枝大叶。例如此处写“占地 ×× 公顷”，而彼处写“占地面积 ×× 公顷”，也属于不规范，需统一写成“占地面积 ×× 公顷”。

需始终注意格式的统一。如：× 日到 × 日，中间过度是统一用“~”号，还是用“—”号，还是用汉字“至”？必须从头到尾一致。对相同日期的记述，开始时，笔者参照《天津通志·大事记》的规范，采用“同日”“本月”“是年”，最后领导与专家商定，统一用“是”字，即是年、是月、是日。

五、审核求严，史实求真

1. 对于收集、抄录来的资料必须加以分析研究，认真推敲，不可“拿来主义”，照搬照用。

2. 掌握大量信息、熟悉情况，多翻阅、熟悉各类、各方面资料，才利于发现硬伤，查出差谬。对于大事记中的疑惑之处，查找正文内容，看是否有矛盾之处，查找区志、年鉴、各镇街志、各部门专业志，找知情者，以进行验证或佐证。

例如，市委原书记谭绍文为季庄子小学教学楼剪彩，前志写的是“1990年12月6日”，笔者翻阅了《霍庄子镇志》，写的是“1991年1月12日”。确切地说，1990年12月6日是季庄子小学教学楼的竣工日期，而后需要清理施工现场，做有关善后工作，并做举行剪彩仪式的相关准备工作。而后于1991年1月12日举行剪彩仪式。

3. 特殊情况做技术处理。如民进北郊支部成立日期，前志大事记与内文不一致，大事记写的是12月10日，而内文记的是12月1日，笔者去区档案馆查，没有档案资料记载。想找民进组织负责人，可是民进原支委有的不在世了。笔者又找到区委统战部，也没有这方面档案记载。只好进行技术处理，改为12月上旬。

4. 注意“牵一发而动全身”问题。在区志“附录”中，设“党和国家领导人题词题字”分目，一次，笔者意外地发现中央军委主席江泽民为天津武警六支队题写“牢记历史使命，当好人民卫士”的照片上的日期与抄录的文字叙述不一致。抄录前志的日期是“1991年7月31日”，而照片上的日期是“7月29日”，即7月28日江泽民视察屈家店水利枢纽的翌日。这时笔者联想到了大事记的这条日期也需要改，也想到了“军事”编“军事机构”章中江泽民视察“武警六支队”的日期也得改，避免了两处硬伤和因此而造成的遗憾。

（作者系《北辰区志（1979—2009）》编修人员）

浅谈如何提升城市区志的文化底蕴

李啸宇

与传统地方志的省、市、县分类不同，城市区志是政区志中的一种，同时也是新方志编修中产生的一种新志种，源于20世纪80年代，是方志界理论创新的产物。首轮修志之初，绝大部分地区依旧沿袭传统区志的分类模式，城市区志所出不多，且大多使用传统区志的编修手段，忽视了城市区志的特殊性。文化是城市区志的主脉，是城市区志地方特色和发展历程的体现。把握文化发展脉络，提高志书文化底蕴，有助于提高城市区志编修水平，开发创新区志编修理念。

一、城市化与城市区志的出现

城市化又称都市化或城镇化，指由于城市工业、商业和其他行业的发展，使城市经济在国民经济中的地位日益增长而引起的人口由农村向城市的集中化过程。城市化是由农业为主的传统乡村社会向以工业和服务业为主的现代城市社会逐渐转变的历史过程。而地方志则将这些社会的发展变化和社会形态的更迭予以完整记述。

方志很早就受到了重视。《周礼·诵训》上记载:“掌道方志，以诏观事”。当时，“诵训”这一官员的职责就是为王述说方志所记述的四方之事，了解各方面的情况，以便于治国。清代是我国古方志发展的鼎盛时期，据初步统计，现存的清代志书，约6000种，占现存旧志总数的75%左右。著名的志书有《灵寿县志》《遵义府志》《六安州志》《永清县志》《亳州志》等。清代官修的州县地方志书，不仅数量众多，而且内容很丰富。其中关于地理、自然资源、自然灾害、科学技术、农民起义、典章制度及历史人物等方面的记载，都具有很高的史料价值。新中国成立以后，方志工作传承下来，白话文编修的各地区方志开始出现，且具有鲜明的时代特色。随着经济的发展，农村不断向城市集聚，城市开始建立区级的行政体系，原有的区志分类得到创新，开始出现城市区志。城市区志的出现晚于中国的城市建区时间，以1988年南京《白下区志》为开端，其后其他地区的城市区志也就应运而生。

二、城市区志编修过程中可能出现的问题

1. 城市区志与传统县志的混淆

城市区志与传统县志都属于县级综合志书，都遵循志书编修的“横排竖写”“以类聚事”基本原则和要求，主体内容和编修部类也相同。而双方的差别在于记述的侧重点，传统区志更侧重于记述农业为主体下的社会发展，主要以政治、经济发展为脉络。由于城乡之间较为分散，造成文化发展不统一，在某些程度上缺乏完整的文化品牌定位。不同于传统的修志理念，城市区志更加注重地区的地方特色和文化理念，并将之予以概括，形成一个地区特有的社会文化，在志书中表现出来。文化的发展和进步在这个过程贯穿始终，不同时期、不同地区的文化与社会风俗、文化现象相辅相成，形成各种不同的社会文化形态。而在当今的城市区志编修中有时会“换汤不换药”，忽略“文化品牌”的巨大影响力。

2. 记述中的“时间”与“时期”

在记述中，志书遵循“横排竖写”的方针，按时间顺序记述各部门、各类别的发展变化情况，这往往会出现流水账，一通到底，毫无亮点，毫无新意。这就是忽略了“时期”的重要性，如“文化大革命”时期，纵跨60年代和70年代，在这段时期开始之前、之中和之后就属于不同的社会文化发展形态。

三、如何提高城市区志的文化底蕴

不管哪种类型城区，都有其长期的历史积淀和文化底蕴，对现实存在的区情有深厚的影响。即使现在编纂的是续志，是断代志，上下限只有二三十年。但修志者要深入掌握现实区情特点，必须吃透长期形成的历史积淀和文化底蕴，这是分析区情变化及其特征的基础性条件。

1. 找准定位，分而不散

城市化的功能分区多种多样，形成不同的文化区域，因此如何理清“市”与“区”的关系就至关重要。以天津市与北辰区为例，俗话说九河下梢天津卫，地理位置上的优势造就了天津形式多样的民间文化，民俗、民情也各具千秋。在进行这类内容的记述时，需要将区志中的“小文化圈”与天津的“大文化圈”以交集的形式表现出来，而不是单纯的归属关系。既能“走进去”，又能“跳出来”，求同存异，在市志中宏观介绍的基础下，找出本区与其他区民俗、民情的不同点，更微观地予以呈现，如婚丧嫁娶的习俗、民间俚语、民间艺术等。但需要注意的是，在记述中不能单纯地以行政区划作为划分区与区、区与市的标准，而应与文化差异相结合，写“大区志”，不做“小区志”。

北辰区位于天津市的城乡结合部，南部与市区接壤，北部与武清相邻，而在“南与北”的一些地区某些习俗却不尽相同。如在结婚时“接亲”时间基本是下午的3点左右，然后举行典礼，婚宴在晚上举行，这一点与市区相同；而在接近武清区的部分村庄，则与武清区的习俗接近。在上午或凌晨去接亲，典礼和婚宴在中午进行。这种情况就属于比较特殊的民俗现象，必要时需要进行分而述之，以尽可能完整地反映本地区的民俗文化风貌。

2. 城乡的“集聚”与“分离”

城市化的结果就是农村进一步向城市靠拢，这也造成了所谓的“主流文化现象”，很多农村原有的民俗文化被城市所同化，记述中应在把握全局的同时，兼顾不同村落、不同地区。以北辰区为例，21世纪以来，应市委市政府的总体部署，北辰区陆续在各镇开展示范小城镇建设，许多的村落被吞并、拆迁，村民搬进楼房，与城区进一步融合。原有的自然村文化圈被破坏、流失，这就需要开展多层次、多角度地挖掘与调查，力求保存最原汁原味的文化素材。如北辰区有7道小车会，尤以北仓虮蜡庙小车会为佳，被市政府批准列入第一批市级非物质文化遗产名录。这就需要在介绍全区其他传统小车会的前提下，予以深度挖掘。

3. 突出地方特色

地方文化包括地名文化、宗教文化、礼乐文化、民间文化、习俗文化、庵观寺庙文化等。乡村中的河流、屋场、山岭、城镇、集镇、街道等地名，都有其起源和故事。本地区的宗教文化，如祭拜方式、宗教生活等与其他地区的差异，本地的传说、童谣、民歌，名胜古迹、楹联匾额、碑文皆是地区文化的积淀，值得大书特书。北运河作为北辰区的一个文化地标，在许多文学作品中出现，但需要注意的是，北运河流经许多城区，北辰段只是小小的一部分，需要大量独有的古迹、碑文、公园和民间故事、民间传说来形成有特色的北辰运河文化。

塌河淀曾是存在于天津中心城区东北部的泄湖型洼淀，清乾隆四年（1739年）版《天津府志》中记载："塌河淀，　名大河淀，即北运河筐儿港藉以蓄泄者也……"。这片烟波浩瀚的水域，在天津历史的发展进程中，对周围村落的形成、经济的发展、海河中诸多水系的开挖起到了至关重要的作用。但现在多数人已经不知道这段历史，这就是城市区志不断创新中需要挖掘的题材，能够最大限度地保留历史，是不可多得的文化财富。在正在编修中的《北辰区志（1979—2009）》中就对塌河淀进行了全方位地考察、论证和大篇幅的记载，从古籍、档案等材料中不断完善内容，最终在读者面前呈现出一个完整的塌河淀。

北辰区的文化旅游资源在周边乃至全国都有较强的独特性，以桃花寺、北运河和清真寺及回族村为最。由于"潮不过杨"的自然地理因素，北运河杨村以下的北仓成为明清时期漕运枢纽和重要商埠，留下了较多的历史文化古迹。桃花寺是北运河较为著名的文化古迹，名字是清代康熙皇帝所赐，曾经繁盛一时。清真寺紧邻北运河，其所在的天穆镇是天津市最大的回族聚居地，天穆村清真北寺是天津市最早伊斯兰宗教建筑和活动场所。北辰区的农民画、民间曲艺和民间工艺均有自身的特色。在群众文化活动方面，也已经形成了以“天穆杯”小品大赛和“北仓杯”青年歌手电视大赛等影响力较大的活动。这些就是专属于本地区的、独一无二的地方特色，值得深入挖掘。

四、结语

志书的功能是资政育人教化，修志人承载着记录历史的重任。如何在社会形态不断变化发展的情况下，对城市的发展历程予以完整的呈现，并找出其中的闪光点，是修志人工作的重中之重。在当代经济、政治大发展、大繁荣的社会环境中，文化底蕴更能彰显地区特色，也被更多地提上案头，成为城市区志的工作重点。一个有文化底蕴的城市，才是一个有血有肉的城市；一部有文化底蕴的城市区志，才是一部实实在在的志书。

（作者系北辰区委党史研究室干部）

把好三关出精品

颜昌栋

笔者有幸参与《北辰区志(1979—2009)》稿的校对和《中国名镇志文化工程·天穆镇志》的编辑过程，感受最深的是搞好文稿的质量，就要把好三关。

首先是撰稿关，锻文炼字。常用的汉字很多是一字多音、多意，或多字一音，还有形似字，一辈子也认不全。作者在写稿时，虽不必像古人作诗填词时“吟安一个字，捻断数茎须”，也要严谨审慎地选择正确的字，准确的词，恰当的句，来确切地表述你要表达的意图、思想、理论、观点、态度以及对事物的描述。绝不能心浮气躁，急于求成，急于交差，慌忙定稿。否则就写不出好稿，也不利于写作水平的提高。记得早年有一个笑话，说是一个小青年给父母写信，汇报他在乡下的情况，信中写“住在老乡大狼的‘火坑’里”，实则是他睡在老乡大娘的“火炕”上。因他造句不当，用字不对表达不准，父母看信后吓了 大跳，给后人留下一个茶余饭后的聊资。

文章千古事。无论是作文或是撰稿，重要的是怀有一颗对读者、对后人负责的责任心，对文稿负责的严谨态度，对历史负责的使命感。

炼文锻句注意别出病句。病句是指不符合语言组织规律，不符合客观事物的事理，不符合人们语言习惯的句子。辨析病句是修改病句的基础。要准确辨析病句，那就需有较多的阅读量，有一定的语言存储，有较强的语感；也要熟识并明确常见语病的类型。在校稿实践中，遇到的病句多为语序不当、搭配不恰、成分缺失或多余、结构混乱、表意不明、不合逻辑等。

辨析病句，可从3个方面着手。先是阅读文稿，凭语感对语句的对错做出直觉反映。这样的句子结构一般都较简单，语病较明显。如果你的语感好，一读就会发现。再从内容上对语句予以分析，看其表达是否有矛盾，表述合不合事理，有没有歧义或极端。最后，看看语句有无搭配不当、成分不全、结构不清不顺、修饰语与中心语是否搭配、语序是否妥当等语法、结构方面的问题。

其次是编辑关，审慎严谨。古人云“改章难于造篇”，今人也有“咬功甚于造篇”的深切体会。有句话叫“好稿不怕百回改”，说的有些夸张，却也有深刻哲理蕴含其中。过好编辑关，编辑的文字功底和写作水平要高，这就不必说了。更重要的是具备较多的自然、地理、社会、文史等方面的知识和较高的政策水平及了解掌握志书编纂的规定、规范、法则、要求等。这不是经过几次培训、看几本书、校几篇稿、当几年编辑或校对能解决或能提高的事。全靠当事者的阅历、经历、经验、修养、思想及觉悟水平。拿到文稿不偷懒，不潦草，一点一滴不苟且，一笔一画不放过，郑重其事地做好编辑工作。遇疑点，不武断，不固执，不着急，虚心平和地寻根觅据。

再次是校对关，“咬文嚼字”。应该说，校对，是一项专门技巧。要干好校对，除了知识上的必要积累，还得有一双锐目，十分警惕，不懈怠、不麻痹、不色盲，能一眼从字堆里发现别人不易发觉的错误。

校对，要有相当的文字功底，这包括字词的正确搭配、写法、含义及其不同语境中的不同用法，这是搞好校对的基本条件。只有这样才能找出文稿中的错字别字，把错别字消灭在成稿前，使即将付梓的文稿有可靠的质量保证。有人说“校对这活，初中生就能干”。我想，说这话的人一定没做过校过，他把校对这事当成浏览小说了，要不就是他无知，或者他蔑视校对这活。不管怎样，这话真不敢恭维。

先说“咬文嚼字”中的“咬文”。同一件事，在不同的文本中表述不同，那就得刨根问底，就得查明为什么不同，找出他们表述的依据，然后定夺是非曲直。凡是证据不充分不满意的，答案不确定的，那就姑且悬而不断，等一等，放一放，不轻易下结论，不轻易定稿。等和放，不是不管了，而是“上穷碧落下黄泉，动手动脚找东西”。等找到可靠的资料、史实、证据时，再下结论。

再说“咬文嚼字”中的“嚼字”，就是要有较高的辨错、把控能力。对于那些不常用的字，要仔细核对，对形似的字，审慎地辨别，不放过一个可疑之处。

不管是谁的稿、什么稿，只要遇到把握不准的字词，一定要请教、要较真。千万不能自以为是，别贪懒、图省事，怀侥幸之心轻易放行。

没有什么工作是不辛苦的，没有哪篇稿件是清水一潭。每一本受人羡慕的精品之书，都有一个千锤百炼的历程，而这个历程就是璞玉成器精雕细琢的蜕变之路。

笔者聊的这点，也只是纸上谈兵，在撰编校实践中也出过不少错。说这些，只为跟同仁交流，互相提个醒，以来日不断提高文稿质量为宗旨，别无他意。

实践是最好的老师，时间是可靠的检验。要相信时间和自己的努力，尽管出精品的路很长，只要把好三关，精品之书还是大有希望的。这里把好三关，除有对文字的把控驾驭能力、严谨审慎的态度之外，有一颗对当代、对后人负责的责任心，对历史负责的使命感和担当信念，应是最重要的。

（作者系《北辰区志（1979—2009）》编修人员）

运用互联网判断专业术语的正确性

张天敏

一部志书要能经得起推敲，除翔实无误的史实脉络、数据外，专业术语的准确运用也同样考量着志书的权威性。但修志的工作人员不可能对自己专业外的术语有透彻地了解，在编辑、修改志稿的时候，就难免会遇到自己不懂的词语。那么，如何确定这个词语是否正确呢？除了通过向供稿单位进行核实之外，运用互联网进行核实不失为一个最便捷且行之有效的办法。已经普及计算机办公的今天，区地志办的每一台计算机均可登录互联网，因此笔者认为，确定专业术语的准确性首选的办法是登录网络，通过百度、谷歌或者搜搜等搜索引擎，查询网络数据库中该词语是否被提及，如果该词语被提及且出现频率较高，则可确定该词语的正确性。如在网络数据库中未见到该词语被提及，再联系供稿单位确认其是否有误。采取这样的核实方式，不仅减轻了供稿单位的工作量，更是提高了编辑修改志稿的工作效率。

笔者结合对《北辰区志（1979—2009）》（以下简称区志）的编辑、改稿实践，就如何运用互联网确定专业术语的正确与否，谈谈自己的一点体会和做法。

当一些平常不接触的专业术语和常见词语相类似仅个别字不同时，我们在编辑、改稿的时候就会犹豫而难以确定其正确性，这时候就可以借助互联网的搜索引擎，根据互联网中给出的解释确定其正确性。比如，在修改区志中《自然环境》一编里的“地质构造”时，有这样的一句话：“区境属华北平原沉陷带中沧县隆起与冀中坳陷交界部位，次一级构造为武清凹陷和双窑凸起的过渡地带……”其中就有老师提出“坳陷”中的“坳”为什么不用“凹”，因“坳”字并不常用，他怀疑“坳”为别字。于是笔者登录网络，在百度中同时输入“凹陷”“坳陷”两个关键词，查询得知“坳陷”是盆地的次一级构造单元，而“凹陷”是盆地的再次一级构造单元，由此确定了“坳陷”是地质学上的专业术语。

当根本没有接触过的专业术语出现在稿中时，有时也需要我们确认其正确性，这时，我们同样也可以通过互联网找到正确答案。比如，区志中《工业》一编里有介绍区内重点纳税企业的内容，其中在介绍到天津长荣印刷设备股份有限公司时，提到其专业生产、销售印后设备，有老师不明白“印后设备”的含义，几番改稿都在这个词语旁打上“？”，对该词语是否正确提出疑问。当我们共同通过搜索引擎找到该设备介绍时，终消除分歧，达成共识。类似这样的例子，在我们修改志稿的时候比比皆是，如“胖龙温室工程”“尼龙66盐”，不管是公司名称，还是其他专业术语，借助互联网，我们都及时得到了正确的答案。

另外，我们也可借助互联网修正志稿中篇目分类的不正确。当我们修改志稿时，明知篇目的分类有错误，但却不知道如何修正时，也同样可以向互联网求助。比如，区志蓝本里《农业》一编中，在记述到兽病防治时，原分目为“重点病防治”“主要疾病防治”“其他疾病防治”，这是一个含糊的分类。及至登录互联网，我们才明白，原来兽病正确地划分为“一类疾病”和“二类疾病”等。于是，我们根据搜索的结果重新调整了分目的目题和内容，从而保证了志书篇目设置的科学性。同样道理，在《卫生》一编中，我们根据互联网搜索的结果调整了有关传染病、职业病和慢性病的分目设置和内容。

以上只是笔者在编辑、修改志稿中，遇到的众多借助互联网解决问题中的几个例子。通过这几个例子，我们看到了互联网在其中起到的不可忽视的作用。志稿中会出现这样或者那样需要核实的问题，究其原因，一是区地志办的工作人员对专业术语或专业分类的不了解；二是志稿供稿人对志体的不了解；三是志稿供稿人因多为单位办公室工作人员，对稿中的专业术语和分类也不甚了解。当稿中出现需要核实的专业术语和专业分类时，如果我们都向供稿人核实，有的内容可以即时得到答案，有的却需要等待几个小时甚至更长时间，时间就这样浪费在等待中。而如果我们请教互联网，几分钟内就能得到想要的正确答案。

地方志是一个地区历史与文化的精髓载体，是人们可资镜鉴的宝贵精神财富，是科学、权威的资料性文献。严谨修改、核实稿中出现的疑点，是提高志书质量的必要条件，而采用恰当便捷的方式修改、核实问题，更为修得一本精品佳志争取了更多的时间。

（作者系《北辰区志（1979—2009）》编修人员）

浅谈收集资料应注意的几个问题

刘秀玲

2009年底，笔者开始负责《北辰区志（1979—2009）》科学技术编的资料搜集整理工作。经过两个多月的集中收集和之后一段时间的查缺补漏，使该编资料得以逐渐完善。通过对此编资料的搜集，自己悟得并总结出收集资料要注意的几个问题：

一、收集资料要多、要细

收集资料是编纂志书的基础，没有资料就没有志书。收集到的资料要具有真实性、准确性、全面性、系统性、代表性和权威性。篇目是志书的框架和蓝图，也是搜集资料的提纲和依据。收集材料时从篇目最基础的环节入手，避免志书内容的漏项缺项。志书是以“目”为基本单元进行资料搜集的，可依据材料的重要程度采取全文复制或摘录予以收集。遇到与篇目关系紧密的资料，多采取全文复制方法。一般原始资料往往反映的内容很多，涉及广泛，用复印或扫描方式全文复制，再按篇目内容需要进行摘录、删除。对于资料中只有部分是需要的内容，选择与篇目有关的事物和事件史实的主要内容，采用摘要法，要注意资料取舍要合理，摘录、摘要的内容要完整。且要把握资料内容的六要素：时间、地点、人物、事件、过程、结果。在收集材料时要注意资料的选用，以志书篇目为基础，但又不能完全受篇目的限制，有些重要却看似与篇目无关的资料也要录入下来，存放一处，以备修改完善篇目时使用。

二、大事、要事、亮点、特色不遗漏

搜集资料，要避免遗漏那些反映本行业中大事、要事、亮点、特色的材料。例如在科学技术编中："1994年11月30日，区委、区政府颁发《天津市北辰区依靠科技进步三年实施意见》，提出农业依靠科技进步实施"4318"计划至1997年全面完成（"4"即4项农业技术改造，"3"即3项技术开发，"1"即10项技术引进，"8"即8项技术推广）。"1996年5月8日，国家科委批准双街镇为星火技术密集区。两则内容均为科技领域中的大事、要事，是工农业科技改造、开发、引进、推广的鼎盛时期，使北辰区经济得到迅猛增长。

三、节点、折点要清晰

节点、折点，就是在事物发展过程中发生明显变化的资料。收集资料时，要想使节点、折点清晰，必须要将事物记述完整，不能只有事物的开端、结果而淡化事物发展变化的过程。例如，在收集科学技术编第三章气象、地震观测第一节的第二目气象信息网络时，开端记述的是："作为气象站，建站初期不发报，只积累观测资料。1982年配备高频无线电话与市气象台进行天气会商、口传报文。1995年通过高频电话发雨量报。1999年使用169拨号上网收发气象报文与资料。2006年至2008年7月共建11个镇村自动气象站，所采集的数据通过无线网络模块传送至天津市气象局信息中心。"记述过程中显然缺乏节点的变化，收集断线，资料缺失，为了使记述的资料丰富，节点、折点清晰，随后又补充了2003年11月起使用2M光纤收发信息。2004年建立可视会商系统，设备型号TANDBERG550。放在材料中间，从而体现了事物发展的完整性。

四、一般性的工作资料不录用

本着详略得当，突出重点，突出特色的原则，一般性的组织推动，一般性的工作可以简记或不记。如在全国科普日期间，区科委怎样制订方案，精心组织，加强领导这样的内容。例如，区科协领导高度重视科普月活动，为切实搞好此项活动，责成科普科制定了活动实施方案，并就活动内容进行了专门地研究。9月初，区科协将制定好的活动实施方案下发到了各镇、街及有关部门，从组织、人员、经费上为活动地顺利开展奠定了基础。像这样的资料属于一般性的推动工作，不录用，写在志稿里意义也不大。

五、录用文字、数据时要认真核实，避免出错返工

在查档录用文字、数字时，一定要认真核实，避免出错返工。例如，在搜集科学技术编农业科技引进、推广项目资料时，有这样一段话：全区2000公顷稻田全部推广采用传统灌溉方式种植水稻，全生育期用水1100立方米以上，而采用浅、湿、晒节水灌溉技术只需800立方米左右，节电15万度，增产稻谷78万公斤……。在录用资料时开始将增产稻谷78万公斤，录为增产稻谷78公斤，少录一个“万”字。过后感到数据有问题，又再次查找材料进行核实，予以更正。因此，日后返工，不如当时复核准确，事半功倍。

六、标明出处，便于查找

大量的资料搜集工作，难免会有疏忽和遗漏的地方，为了节省时间便于查找，一定要在每一条录用的材料后面标明材料出处(年份、卷数、页码等)。只有在搜集资料过程中认真了、用心了，才能收集到真实、可靠、丰富可用之材料，在编纂时才有内容可写，避免了因为材料的匮乏，而无从下笔的窘况。

以上是自己在搜集资料过程中的一些体悟，与同仁共享。

（作者系《北辰区志（1979—2009）》编修人员）

浅谈图照在志书中的使用

庄倩倩

图照在志书中的运用，是从旧志图的基础上继承和发展而来的，是对旧志书体例的一种丰富。隋唐时期，建立了一套完整的定期呈送图经版籍制度，宋朝时朝廷组织编造图经，在此基础上汇纂图经总集和全国地域图志。此后这一制度亦得到沿袭。1985年4月颁发的《新编地方志工作暂行规定》就对照片的使用和编制提出过要求，2008年9月16日中指组制定印发的《地方志书质量规定》要求:"图、照注重典型性、资料性，从不同角度反映变化的情况。"

地方志的体裁应包含述、记、志、传、图、表、录等，以志为主体。图照，包括地图、图画、示意图、照片等，"无图不成志"，是对图照在志书中的地位的肯定。现代志书的编修，已开始大量地使用图照，图照在志书编纂过程中的作用越来越突出。

在首轮修志中，没能将图照与文字视为同等重要的资料列入收集计划，因此许多首轮修志出版的志书，除卷首集中排列少量地图和彩色照片外，大多没有或很少安排随文图片。《北辰区志（1979—2009）》是二轮修志，作为续修志在前志对图片运用的基础上做了进一步地扩展，入选的随文图片400多张，各种示意图、数据图表更是遍布书中，为最后成稿增色不少。

一、图照的选择

在二轮修志的过程中，要使一部志书达到应有的品味，既要有设置科学合理的篇章，也要有结构合理的图标和精美得体的照片。《北辰区志（1979—2009）》中的各种示意图，基本是编辑人员自己制作，颜色、结构、线条皆经过细致斟酌，使内容更为科学直观，如居民生活一编中的多数图。书中所选的照片，改革开放前的照片多是黑白的，增加历史厚重感；改革开放后的照片则多是彩色的，体现时代在发展，社会在进步。

二、图照的安排

根据志书相关章节的内容，相对应的选配了若干幅图照，如何安排图照在文中的位置也颇为重要。《北辰区志（1979—2009）》的图，多是居中横排，清楚明白。照片多是插在所叙述内容的正左或正右方，说明文字以简洁为要，图文并茂的效果比较突出。照片安放的位置，存在整体设计、谋篇布局的问题。哪些照片应放在正文前的彩页中，哪些宜作为随文照插入正文的相关处，要经过全盘考虑、周密思索。同时要竭力避免彩页图照与随文照重复，即防止一片两用。

三、图照的真实性、资料性和代表性三方面兼顾

入志图照必须是原始的客观事物的真实反映。《北辰区志（1979—2009）》中的图表皆是作为统计资料经过官方认定的，照片是基层工作人员或史志工作者实地拍摄的。历史资料性是选择志书图照的质量标准；内涵丰富、主题突出、具有一定的代表性则是使用准则。如人口编中计划生育活动的照片，详细记录了计划生育政策的发展变化。

四、图照的后期处理

为了突出主题，有的图照需要进行剪裁、增亮等后期加工，对于随文图照更是如此。在对图照进行编辑的时候，《北辰区志（1979—2009）》坚持把最有用的东西、最能传播有效信息的内容留下来，凡是与主题无关的信息都应当裁掉。

如书中奖牌的照片，有阴影的进行提亮，模糊不清、扭曲的空旷之处进行裁剪。

随着方志事业的发展，图照越来越受到志书编纂者的青睐，成为新方志体裁的一个重要组成部分。图照使用的恰当与否，对于强化志书“资政、教化、存史”的功能，提高志书质量，增强可读性，反映时代特点、地域特色和风土民情等都有不容忽视的作用。

（作者系北辰区委党史研究室、区地志办干部）

地方志图片的拍摄

李啸宇

地方志作为资料性著述性文献，在我国拥有1000多年的历史。其记录形式从单纯的文字记述，到文字与绘画结合，发展到现在的文、表、图多种方式共存，记述方式日趋多样。其中图照由于能够更直观、准确地表现史实，在新修志书中越来越多地使用。笔者有幸参与了《北辰区志(1979—2009)》的编修工作，在其中负责图照的整理与拍摄。下面就区志中图照的拍摄谈谈我的几点体会。

一、老照片的保存与拍摄

胶片形式的老照片，尤其是黑白照片较为珍贵，需要及时进行翻拍，并分类装进照片保护册置于防潮箱中避光保存。一般黑白照片可以保存百年以上，彩色照片约20—50年。在翻拍照片时，要做到以下几点：

1. 保证相机稳定性。首先要保持镜头和照片的平面平行，由于老照片较小，一般为5~6寸，因此对清晰度的要求也更高。如果拍摄者手持相机在室内拍摄的话，会因为人体的自然晃动出现图照亮度不够、清晰度差或清晰度高、亮度不够的情况，因此在室内光源不足的情况下要使用三脚架，必要时可以使用快门线来增加相机稳定性，使用P档程序曝光模式拍摄。

2. 保证光源稳定。过强或单一方向的光源都会影响成像质量。在拍摄时，应尽量让光源从周围照射到要翻拍的照片上(以免有反光)，有几个办法可以做到：

(1)阴天时在室外拍摄。这时的光线不那么强且来自四面八方，不会出现反光现象；

(2)在室内从45度角度打出两盏灯，能够保证光线充足、减少反光；

(3)一些数码相机有延时拍摄功能，可以在相对昏暗且没有直射光源的情况下，将照片与相机对好焦距固定住后，关闭闪光灯使用A档光圈优先延时拍摄，相机会自动计算出所需曝光时间完成拍摄。

3. 拍摄距离。在拍摄时应离照片远一些，一般在一米左右，再通过变焦把照片拉近，这样可以避免拍出的照片出现球状或桶状畸变。

二、新照片的拍摄

搜集资料时往往会有图照资料不够完整或遗漏的情况，需要对一些固定的对象进行补拍，如建筑物、道桥、河流等。在拍摄时应注意以下几点：

1. 拍摄时间的选择。一般的室外静物拍摄，尤其是建筑的拍摄时间以清晨或傍晚为宜，因为此时的光线来自一侧，光暗对比较为强烈，会增加建筑的层次感。如果图照需要反映建筑的主体结构、空间布局等细节情况的话，就需要在光线强的时段拍摄，如上午9~10点，下午3~4点。

2. 镜头的选择。因为室外被摄物体一般较大，所以需要使用广角镜头远距离拍摄，广角镜头会改变透视效果，拍摄时要使镜头的轴心和地面平行。一般使用15~85毫米镜头就能基本满足拍摄要求。

3. 拍摄的角度与构图。在拍摄大型静物时，第一应保证较远的拍摄距离，这样能够保证记录到被摄物体与周边环境的关系，让图照信息更为完整；第二在拍摄大型建筑时，正面拍摄能够反映其整体规模及总体布局、结构特点等，而侧面拍摄能够表现建筑物的立体感，这就需要拍摄者根据需要进行选择。

4. 拍摄地点的选择。在拍摄道路、河流时，周边的制高点是最佳拍摄地点。

因为道路、河流是具有延伸性的静物，在不需要表现更多细节的情况下，在制高点拍摄能够更清晰的表现其规模、走向等信息。

总之，志书图照摄影既要保证美感，又要保证承载信息的完整性与全面性。这就需要我们在提升摄影技术的同时，更为透彻地了解被摄主体所蕴含的历史和现状，从而做到与志文相辅相成。

（作者系北辰区委党史研究室干部）

浅谈示意图在新方志中的设计和使用

韩玉梅

作为表现统计资料的一种有效形式，示意图在二轮修志中被广泛采用。示意图类型有折线（曲线）图、条形图、柱状图、饼形图等，其最直接的作用，就是用点、线、面的结合来表现数值与数值之间的关系，直观地反映多个数字相比较产生的幅度变化、比例结构等。

示意图的使用极大地提高了志书的整体质量，使阅读更加直观明了。在《北辰区志（1979—2009）》中，编者大量使用了示意图，形式多样。笔者在工作中对这个问题进行了一些探索，并根据实际需要设计出折线图、柱形图、饼形图等。下面简要说说几种常用示意图的特点和作用。

一、折线图。折线图是以折线的上升或下降来表示数量的增减变化，常

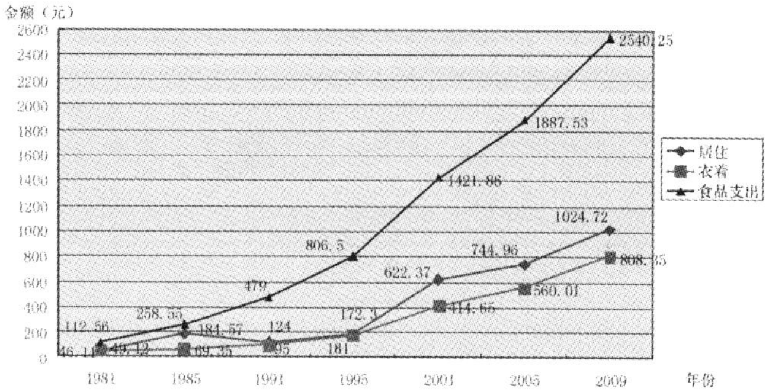

用来分析数据随时间的变化趋势，也可用来分析多组数据随时间变化的相互作

用和相互影响。在《北辰区志（1979—2009）》中折线图的使用非常广泛，如第三十四编“居民生活”中“1979—2009年部分年份北辰区农民家庭抽样调查人均分项支出情况示意图”，反映出人民生活消费在不同方面的支出随时间变化的情况，进一步分析人民生活状态的改变，从而预测未来各相关行业的增减情况。

二、条形图。条形图是用一个单位长度表示一定的数量，根据数量的多少画成长短不同的直条，然后把这些直条按一定的顺序排列起来，清晰地体现每组中的具体数据，突出数据之间的差别。如第二十四编“政法”中“2000-2009年经济案件破案情况示意图”，采用条形图，清晰地反映出各重要年份破案情况，差别一目了然。

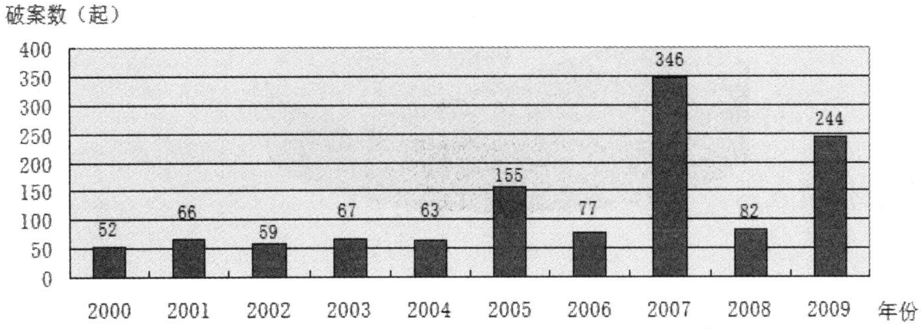

三、柱形图。适用于反映指标数值的变动情况，了解事物在各时间段的数值，显示各项之间的比较情况，具有立体感。例如第十二编“工业”中“2009年

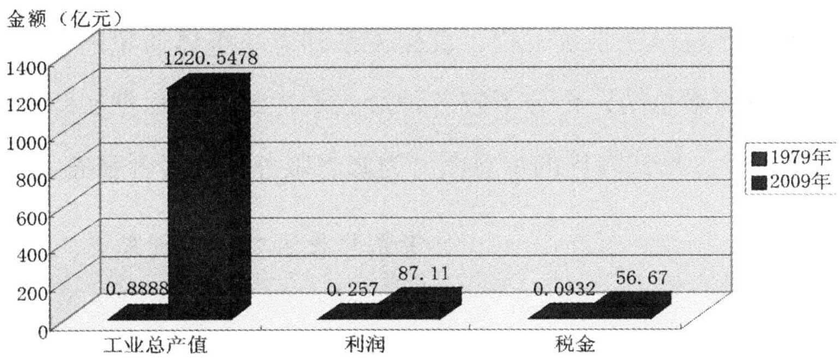

与1979年工业总产值、利润、税金增长对比示意图”，反映了北辰区工业总值、利润、税金20年来的明显对比，形象立体地展现了北辰区工业的突飞猛进。

四、饼形图。饼形图是用扇形的大小来表示各部分在整体中所占的比例。饼形图简单易懂，并且便于比较，适用于反映分项在总项中所占的比例，形象直观。例如，第三十四编“居民生活”中“2009年北辰区农民家庭户均年收入构成情况示意图”，读者可以直观地看到不同领域收入情况在总的收入中所占的比例，非常形象。

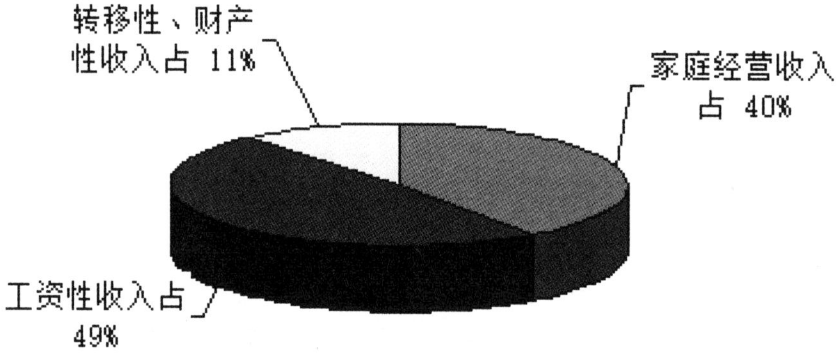

这四种图形在新方志中使用较多。当然，每一种图形又有很多种变化，如折线图有二维折线图、三维折线图，在二维折线图里还有标注数据点和不标注数据点之分，这些就可以视情况而定。同时，除了这些常见图形外，还有其他图形，随着计算机软件的不断开发，制作者选择性会更多。

示意图设计是一项系统工程，直接关系到志书整体质量的高低，因此需要在实践中不断探索总结，充分了解各种形式的优缺点，根据实际情况力求设计出更加合理科学、形式多样的示意图，为修志服务、为读者服务。

（作者系北辰区委党史研究室、区地志办干部）

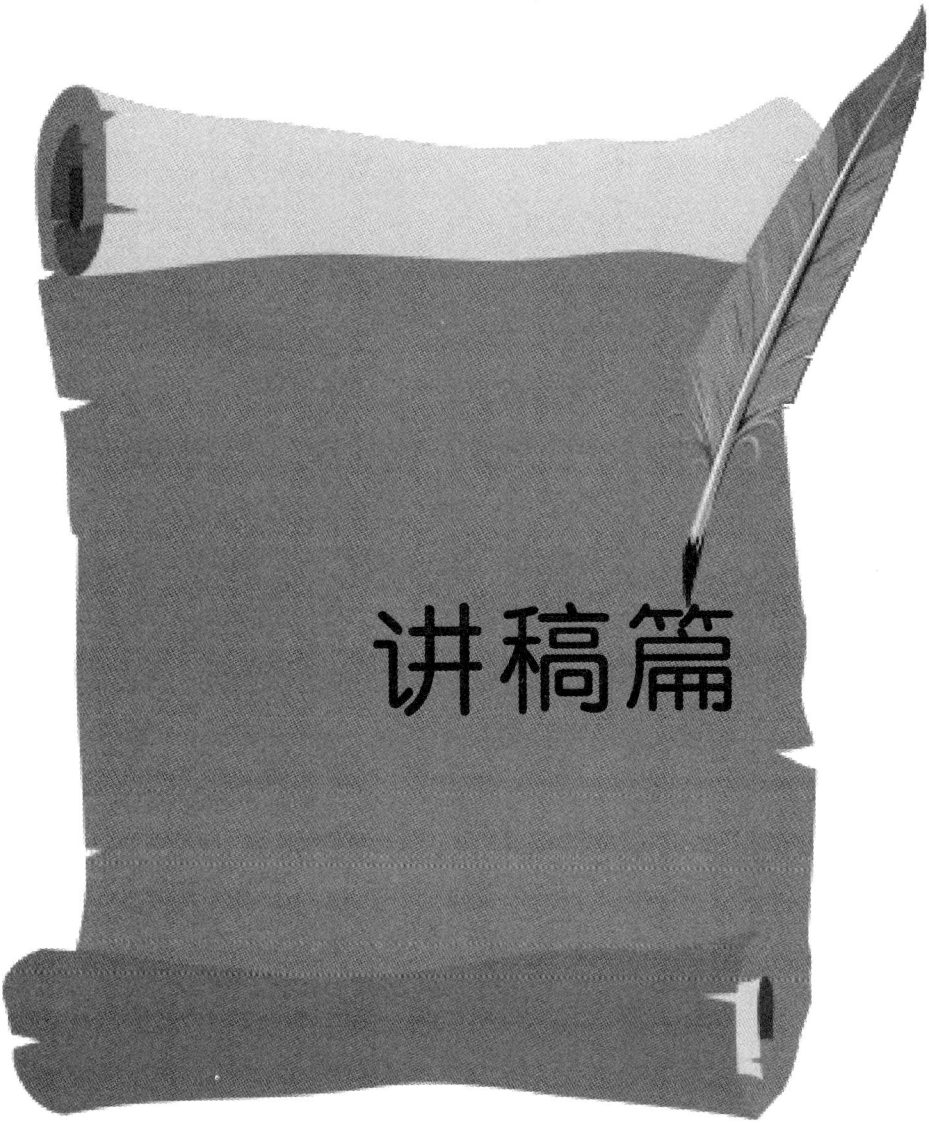

讲稿篇

志书述体的特征、作用和撰写

赵继华

中国地方志指导小组颁布的《关于地方志编纂工作的规定》中指出："地方志的体裁，一般应包含述、记、志、传、图、表、录等，以志为主体"[①]。将述体作为地方志的体裁而加以规范，是新编志书对旧志体例的一个创新性发展。自上个世纪80年代以来各地修志实践证明：运用并撰写好述体，在志书中建立完整的述体结构，对提高和拓展地方志的功能、增进新编志书的科学性和可读性、加强地方志的著述水平和学术品味都具有十分重要的意义。总之，述体对提高志书总体质量的重要作用越来越受到志界同行的关注，并在修志实践中努力探索，加以应用。

深入研究志书述体的基本特征，全面认识述体结构在志书中的作用，是写好述体的前提条件。因此，笔者认为，有必要以部分志书为实例，就此做些探讨，这对提高志书的撰写质量将大有裨益。

一、述体的基本特征

特殊的表达文体和撰写方式，形成了述体区别于其他体裁的一些基本特征。这些特征，笔者从述体在志书中的编排形式、所记述的内容、所使用的笔法和在志书中的作用等方面进行分析，从而归纳为四大主要特征，即结构性特征、概括性特征、论述性特征和纲领性特征。

① 载《中国地方志》1998年第一期，第4页。

结构性特征。述体具备了结构性特征是其在应用过程中逐渐趋于成熟和完善的最终结果。我们之所以称其为“述体”，是因为它已不仅仅只在某个层次上设置，而是形成了志前列“概述”（或称综述、总述），各编（卷）设“简述”（或称概述、无题序），重点章有“无题序”的完整的梯形结构。这种结构与志文在纵向上相互贯通，在横向上紧密结合，成为连接和凝聚整部志书的桥梁和纽带，将志书的各个层次，各个部分组成一个不可分割的整体。述体的这种结构性特征是其他诸种体裁所不具备的。可见，如果只有某个层次的述，而未形成完整的结构，将使其作用受到削弱。在修志工作中，一般对第一个层次的志前概述比较重视，而容易忽视第二、三个层次，写与不写随意性比较大，应当尽量避免，必须强调述体的结构性亦即它的完整性。

概括性特征。概括性是志书诸种体裁中唯在述体中表现最为突出的一项重要特性。例如，在一部志书中，“概述”的一项任务即是要对全志的主要内容进行综合和概括。而这里的综合，并不是对事物的简单罗列；这里的概括亦非为志书内容的随意浓缩。要求概述既要写出高度，又要记出深度。高度在于能够纵览和横观一地的全貌，勾勒出基本轮廓；深度在于能够审视和撷集精华，经过深入的分析和科学的归纳在纷繁复杂的事物中理出主线，突出特点。

笔者翻阅了一些志书的概述，发现在写法上一般均具有较强的概括性。例如，《建德县志》概述，将该县的特点归纳为：“旅游之地”“地质之窗”“果木之乡”“水电之城”，并以这四点为线索概括记述全文。读了这四个方面的记述，能对建德的概貌及优势一目了然。《南开区志》概述，更是把历史上的南开和现实中的南开高度概括为光辉的过去——旧城所在地、商业繁荣地、教育起源地、民俗发祥地、学运中心地；奋进的今天——高新技术产业区、教育科研区、现代商业区、文化旅游区。短短四五千字的概述，将洋洋百万言的志文中所要突出的主线和要阐述的特点予以概括，其作用是显而易见的。

论述性特征。论述性特征是述体在使用笔法上区别于其他体裁的一项重要特征。志体一般“述而不作”“寓观点于记述之中”。这是志书编纂中应该坚持的一条原则，亦是志体优势所在。而志书的“资政”功能和为现实服务的宗旨，要求必须改变呆板的、平铺直叙式方法，应当用“点睛式”的笔法揭示事物本质，阐述发展规律，从而给人以有益的启示。

实践证明，必要的论述是拓展志书功能、增强志书可读性的有效笔法，但要真正达到这一目的，却并非易事。执笔者要对地情有深透的认知，并善于对掌握的资料进行提炼、归纳、分析，还应有丰富的知识面和深厚的文字功底。述体论述的目的性比一般议论性文章要宽泛得多。可以直接得出有说服力的结论，也可以提出问题、引发思索，还可以探索规律、展望未来。要达到这些目的，必须以凝练的资料为基础，做到选材精确、说理精深、论述精辟、结论精当。

《绍兴市志》概述，是笔者见到的论述性把握较好的一篇。这篇概述万余字，设立五目：一目记述建置沿革、自然环境、自然资源；二目阐述历史文化、历史地位和人文景观；三目论述绍兴人才、人才辈出的原因；四目评述绍兴经济发展和各业历史与现状、绍兴对国家的贡献；五目分析绍兴经济发展的不利因素和面临新的机遇。这篇概述虽说主要以策论的笔法撰写，却并不空泛；虽说选用了诸多事实和数据资料，又颇具深度。该概述以具有说服力的资料为基础，论述充分；以精确的数据为依托，论据有力，其结论自然令人信服。

再如《汉沽区志》概述，在论述人才问题时，在分析了区内人才分布状况后指出：“在人才分布上，区街和乡镇企业相对薄弱。就全区讲缺乏素质较高的管理人才，广延人才已是当务之急”。这段记述，一针见血地切中人才问题之症结所在，为主政者广招人才提供了决策的依据。

纲领性特征。述体的纲领性特征，是指它在志书中独有的地位和作用。这个特征，特别是在述体的第一个层次“概述”中，表现尤为突出。

新编志书以概述为纲，在志界已成共识，其纲领性地位自然无可争议。概述的纲领性地位，又是通过其在志书中无可替代的几项重要作用显示出来。

首先，概述对全志具有统摄作用。概述是志书大体轮廓和主要脉络的“聚集篇”，一地的概貌在概述中清晰明了。志书所把握的主线和记述的重点、要项、特色亦是概述所要阐述的主要对象。总之，概述对志书的统摄作用通过对地情的概括和对主线、特点的阐述表现出来。

其次，它对读者具有导言作用。这是志书设立概述的初衷，亦是一般概述所具备的基本功能。一篇概述一般三五千字至万字左右，相对于几十万言乃至百十万言的志书来说，其可读性要强得多。一篇成功的概述，应该是概要精当、寓意深刻、笔触凝练、词句优美的上乘佳作。它不但能牢牢地吸引住读者，更重要的是能让读者对志书的内容梗概，有清晰的了解，对一地地情及特点有基本的认知。

再次，它对各级领导机构具有直接资政作用。概述是最容易直接发挥资政功能的一种文体。概述的特殊笔法，使它可以从宏观上阐明一地各门类、系统之间的内在联系，并互相融会贯通，这是其他体裁所无法做到的。例如：一地的自然条件同经济发展之间的相互影响；一地的政治同文化之间的相互渗透；一地的文化同经济之间的相互制约等。阐明它们各自在这些联系中所处的地位和作用，以及它们之间的各种错综复杂的关系，从而彰显因果、揭露本质、探索规律、预见未来，达到资政的目的。

二、述体的主要作用

述体的有些作用，是与其基本特征密不可分的。如前所述，概述的纲领性特征，恰恰是通过其一系列的独特作用反映出来。所以，在谈到述体结构的基本特征时，已经对概述的某些作用做了阐述，这里不再赘述。仅就述体结构的第二、三个层次的主要作用，进行必要的说明。

志书各编（卷）前的简述，是述体结构的第二个层次。综合性志书一般以门类、专业分编（卷），各编（卷）之间互不统领、自成体系。这就为各编（卷）前简述规定了两个作用：其一，为记述本门类、专业主要事项，意在概括本门类、专业之兴衰起伏发展进程及现状，以揭示特点、探索规律。其二，为沟通本门类、专业与其他门类、专业间的横向联系，从而增强志书的整体性。

简述的作用不容忽视，它不是可有可无的一个层次，而是上乘佳志所必须具备的。还以《绍兴市志》为例，《绍兴市志》“城乡建设卷”在卷前简述中有这样一段文字：“1978年后，随着社会经济的迅速发展，城乡建设受到广泛重视。特别是1982年2月，国务院把绍兴市列为全国第一批24个历史文化名城之一，绍兴古城的重大历史价值被重新认识；1983年国务院又批准撤销绍兴地区，设绍兴市，入省辖市之列。市政府根据社会主义经济发展需要，加强历史文化名城保护，编制《绍兴市城市总体规划》，确定为‘具有水乡风光的历史文化名城和旅游城市，以酿造为特色，轻工业为主体的中心城市’的城市性质和发展方向”。这段文字精辟阐述了绍兴的经济、城市地位、建置等方面的发展变化，决定了绍兴市城市总体规划的调整和重新确定，从而影响到绍兴城市建设的发展方向。这种门类间的相互影响、相互制约、互为因果的联系，只有在述体中才能叙述清楚。试想，如果在“城乡建设卷”前没有这段简述，各章的志文中就不可能将绍兴市总体规划定位的前因后果记述完整，这自然会影响到志书的记述深度。

可见，作为述体第二个层次的简述，其功能和作用与处于第一个层次的概述并无大的区别，只是它所记述的范围缩小为一个门类或一个专业。如前所述，它对于沟通各门类间的联系，增强志书整体性的作用，甚至是概述所无可替代的。

设立于各章之前的无题序，是述体结构的第三个层次。因为志书在“章”这个层次上所记述的事物范围更窄，既构不成完整的门类，又不成其为一个专业，无题序的功能也就比较单一。其作用可以概括为：或提示概要、或揭示重点、或阐明义例、或论述事项，主要起导读作用。由于其功能和作用的局限，无题序的文字一般不宜过长。像《绍兴市志》章首的无题序少者仅数十字，多者千余字，语言十分简练，表述非常清晰，对于引导读者了解志文起到了画龙点睛的功效。

各章之前的无题序，是容易被忽略的一个层次，一些志书在把握上表现出随意性。其主要原因在于编纂者轻视了述体在章这一层的作用或没有将述体作为一个完整的结构来认识。

由此可见，在重视写好述体内容的同时，还应强调搭建完整的述体结构。因为每个层次的“述”，都有其自身特殊地位和重要作用，缺少哪一个层次都会影响到其完整性，削弱其总体作用，从而影响到志书的总体质量。

三、志书概述（或称综述、总述）的撰写

从已经出版的志书来看，概述可以归纳为以下四种主要的撰写体式：

1. 分志浓缩式。即将各分志记述的主要内容加以提炼、浓缩，先分类、后纵述，写成一篇完整的概述。这种写法的好处是层次清晰，使读者阅后便知全志的主要内容。此种写法的不足是，因是全志主要内容的浓缩，难免与志文重复；因照顾到记述内容全面完整，记述文字亦容易过长。

2. 特点勾勒式。即将本地的特点或重点事物归纳为几个方面，集中笔墨写深写透。这种写法能有效突出一地的重点或特色事物，给人以深刻印象。这种写法的不足在于容易使各部分内容之间互无联系，整篇文章显得松散，欠缺整体性。

3. 史体纵述式，亦称“史纲体”。是将记述对象断限内的历史划分为若干阶段，然后对各时期的政治、经济、文化等内容进行扼要记述，反映一地古今情况。这种写法的优长是所记事物脉络清晰、主线突出，较好实现与志文的纵横向呼应。不足是容易写成史体，削弱述体的纲领性作用。

4. 述论结合式。即抛开志体“述而不作”的束缚，既有记述，又有论述。在记述事物状况的同时，可以评论事物的优劣，也可以阐述事物间的因果关系，还可以探索事物的发展规律。这种体式写好了，可以更充分地发挥述体的功能，提高志书的资政、教育作用。这种体式的书写难度较大，把握不好，容易产生空论，或带有主观偏见的不当议论。

以上几种概述体式，只是从写法上的大致分类，而在修志实践中，一篇概

述往往综合了以上两种甚至更多种体式并用。有的为分志浓缩式和述论结合式并用；也有的将史体纵述式与分志浓缩式结合；甚至还有的概述采用了更多类型体式，以至于不容易区分出主要采用的哪种体式。一篇高质量的概述，不在于使用的哪种体式形式，主要看在运用中如何扬长避短，综合利用好各种体式形式。

在述体撰写中，还要注意把握好以下几点：

1. 略写一般、详写特点。对于一般性事物、普遍性事物，要高度概括，略以记述；对于特色事物、重要事物，要浓墨重彩，下工夫记述好。

2. 记述语言要准确生动，文笔要流畅。要讲究文采，注意语言简洁、明快，文约事丰，使述体成文有很强的说服力和很高的可读性。

3. 志前概述（或综述、总述）应贯通全志。概述的纲领性作用就是应当将全志中的各部分内容串联起来，沟通各类目之间联系，进而揭示事物之间因果，彰显事物发展规律。

4. 概述应当述、论兼用。既是述体，就应重视对事物综合性、宏观性记述。同时，还要重视运用好论述文体，在掌握翔实资料基础上，得出准确的结论。

综上所述，述体结构已经成为新编方志体例不可或缺的重要组成部分。它具有志书其他体裁所无可替代的作用。可以说，以述体结构在志书中的确立为标志，使地方志在体例上跨入了一个新的里程碑。志书的科学性、著述性、学术性等方面，由于述体结构的设置，得到了新的升华。

（作者系天津市地方志办公室年鉴指导处原处长）

关于入志资料的收集与选用

霍贵兴

一、资料收集范围

收集资料的范围，包括区域性和时间性两个方面。

区域性，要求广征博采能反映本行业、本部门全貌和特点的资料。

时间性，要求收集续志时间断限内的基本资料，北辰区续志即是1979年至2009年这一时间范围内的有关资料。

上限是起点，起点年份的资料犹如故事的开头；下限是终点，终点年份的资料就犹如故事的结尾。开头和结尾当然必不可少也很重要，应该尽量全面具体地收集。缺少上下限的资料就是严重断限。

方志的编写结构简单说就是“两面一线”。“两面”就是上下限年份的资料，侧重开端和结束年份的情况。尤其是下限，是以后再续志的开端，必须要横向展开面的记述。“一线”就是各年中重要事物的发展脉络，是由一个个珠子串成，这珠子就是事物发展变化的节点。

二、资料的存在形式

一般可分为三种：即文字资料、实物资料、口碑资料。三种资料有各自的特点和价值，可以相互印证、补充，应尽量加以收集。

1. 文字资料。它包括档案资料、统计资料、报刊资料、调查资料、书籍、文献、谱牒(家谱、族谱、宗谱)和其他资料,是最主要的资料。从档案中收集资料,一般应着重从各个历史时期、各个方面的工作总结中、各种专题总结中摘取有历史意义或有时代意义的事件和工作中突出的成就、大事,对重要事件的经过,要注意详细摘录;工作计划、部署作为寻找资料的线索;还要注意从所属各部门各单位和下属单位的书面报告、专题资料以及上级机关文件中,选取有意义的或能说明问题的资料。反映现实成就和经验教训的重要资料,更要收细收全。统计资料也是编写志稿所必需的重要部分,许多问题的记述、证明、分析、比较都必须以准确的统计资料为依据,或辅以必要的统计表格、数字、图示,才能使问题说得充分、简单明了。

2. 实物资料。包括遗址、遗迹,文物资料,图片、照片、图纸、录像,碑刻等。二轮续志的一个重点要求是加大图、表、照的分量。

图片、照片等,虽然不是原始实物本身,但是客观事物的直接再现,具有实物的某些属性,是形象化的资料,能够真实地反映客观事物的面貌和场景。它具有文字资料、口碑资料表达不了的特殊效果,涵盖的信息量相当丰富。如:村居民情、票据、土特产品。收集实物资料的途径主要有征集、购置、拍照或录像等。

3. 口碑资料。俗称活资料,包括知情者的谈话录音、未公开的个人回忆录、民间传说和逸闻轶事等。口碑资料在修志中有突出价值,有补史之缺、纠史之错的作用。

三、收集资料的一般方法

首先,要紧紧围绕基本篇目制订出比较详细的收集提纲。按照收集提纲有计划、有步骤、有目的地全面展开。在收集资料过程中,如果发现篇目中没有涉及的重要资料也要充分收集,反过来再对原篇目进行检验、补充、丰富、修正、完善,使之更加科学完善、切实可行。

其次,合理安排好工作步骤,把握好先后顺序,提高工作效率。收集顺序:

先普查后细查，先易后难，先内后外，先急后缓。对口碑资料或要销毁的资料要抢救。收集方式有两种：一是分工合作，二是发动群众。

再次，广采博收，不可遗漏，与内容有关系的尽可能收录。

四、资料收集的重点

1. 体现时代特点的资料。本次修志，主要反映一个地区改革开放的时代特征。三十多年来，每个单位、行业，每个事物都不同程度地烙上时代印迹，应从自己的方位、角度精选资料，反映时代特点。反映时代特色不能用说教、渲染的方法，而应用客观的真实资料说话。

什么资料具有时代特征呢？工业、农业、流通体制改革；文化、教育、卫生方面的改革；人事、用工以及工资制度的改革。日新月异的城市化进程，居民生活衣、食、住、行、用各方面的巨大变化等。

2. 具有开创性的资料。具有开创性，通俗讲就是第一、首创的事物。例如第一片平房改造，居民家庭的第一辆轿车、第一台彩电，区内第一家大型超市，第一所社区医院，第一家（五）星级宾馆，第一个实行联产承包责任制的生产队，第一个万元户，第一个亿元村、厂，第一个旧村改造的村子，第一个养牛大户，全区第一个工业园区等。再如援疆援藏第一人，各类精神文明创建活动的第一个（批）创建单位、市级小康村、文明户，第一个（批）科技示范户，设立民事法庭以来的第一个民事审判案件等。

3. 具体确凿的资料。材料要记载的详细，对事件的基本要素应交代齐全，尽可能地具体确凿，切忌笼统、空泛。要充分发挥数据的作用，利用有关部门各种数据和统计。如某志记载水灾："夏季水灾是30年来所未有，灾区达30个乡镇，受灾农田23.9万亩，农作物损失八成以上，浸崩民房666间，灾民11万"。由于运用了统计数据，灾情记述就相当具体，让人一看明了。

4. 反映事物本质的资料。反映事物本质的资料是关键性的资料，没有它，就不足以说明事物的性质、本质。比如，在居民收入条目中，只写某某年人均收入多少，一些人年收入如何多，一部分人如何少，就根本反映不出当今社会两极分化的本质，如果加入这样一组统计资料：某市20%的人掌握着80%的财富，而80%的人只掌握20%的财富。这样就一下子把当前收入两极分化本质反映出来了。

5.反映节点、折点的资料。节点也叫折点，是一个事物发展过程中的能体现其兴、衰、起、伏等发生明显变化的点的资料。

例如供销体制改革，劳动人事、科技、教育、卫生等方面的改革。再如，产业结构调整的几次推进，工业园区发展或调整的几个阶段，国有和集体企业改革改制的几次深化，城市规划的几次演进，中小学布局的几次调整，城市改造几波大的浪潮（造成突出的人户分离现象）。再如乡镇企业改革，起点是生产队的副业（农、林、牧、副、渔），然后1984年形成乡镇企业异军突起，双轨制的影响，然后是乡镇企业产权制度改革。1992年以后又有乡镇企业二次创业，以及后来的上规模上水平，最后是深化产权改革等。农业社会化服务也是如此，经历了从小到大、从弱到强、从低级到高级的发展过程。还有医疗保险制度经历了镇村联保、新农合和全民保险几个阶段。精神文明创建经历了文明村镇、创“三户”、文明单位创建以及“百佳”综合文明创建活动等几次深化。

上面所提到的各个事物的发展都有几个节点、折点必须记述清楚。

节点、折点的资料查找收集比较困难。有些人不免产生为难情绪，知难而退，结果出现事物记述只有发端、结果而淡化发展变化过程的不完整现象。有的缺乏具体时间、具体做法，而只是简单笼统概括，出现纵向断线现象，缺乏节点变化，不能体现事物衍变的完整过程。因此要努力收集断线、缺失的资料，务使记述事物的资料丰富、节点清晰、内容充实、使用价值高。

6.重大的事故和工作失误及其如何转化、改进的资料。客观公正、秉笔直书，是编纂方志的重要原则。正面褒扬的资料自然是方志内容的主体，但挫折、失误也要记述。事物在发展过程中难免遇到挫折、出现失误，这也是构成事物整体的一部分。例如工商业企业的生产事故、环境污染事件、重大火灾、饮食业的中毒事件、重大交通事故等，有的领导对记述这些负面的事物有顾虑。但修志不记这些，这本志书就变味了。不客气地讲，只记成绩，不如干脆叫功劳簿。讲失误和事故，也要讲善后处理及如何转化、改进，体现坏事可以变成好事，失败是成功之母。更重要的是，使方志起到资政、教化作用。

7. 地域和行业的特点、亮点资料。地域特点不能仅从某事物的有与无、多与少、大与小、优与劣来判断，它主要表现出共性中的个性、一般中的特殊。行业特点，是指本行业所独有的、占优势的事物。反映行业特点的资料能够体现本行业的特色（如名优特产品），全面反映本地的长处与短处、优势与劣势，从而为制订发展本地战略规划，扬长避短，提供依据。收集反映一地或一个行业特点的资料，要特别留意横向的比较，"人无我有，人有我精，人少我多，人劣我优"，这就是特点亮点资料。

8. 各类事物的典型资料。续志虽然要写的只有1979年至2009年31年时间，但现存的档案资料却远远满足不了修志需要。要把行业的历史真实、准确而生动地写进续修志书之中，就一定要有方方面面、各行各业、各种各样的典型。应该选取最有代表性的典型事例，把那些呆板的、机械的史料精选提炼，赋予生命。否则，有闻必录，记流水账的志书，看似宏富详备，实则缺乏生机。把那些确实具有代表性的堪称典型性的资料选好用好，不仅可以说明事物特色，还能增加志书的鲜明性，给人以深刻的印象。

要关注平民百姓小人物的典型。旧志多是只记官府衙门，不重平民百姓。新方志则注意以事系人，多给平民百姓小人物立传。例如教育系统"三名工程"的名教师、名班主任、名校长，社会美德良风评选出的各类优秀人物。不够单独做传、做简介的，可以事系人。

9. 居民生活和民风民俗变化的资料。二轮修志提倡"三贴近"（贴近实际、贴近生活、贴近百姓）原则。要注意收集反映城乡人民自主创业、自学成才、自力更生及生活巨变的资料。

例如居民生活方面，聘礼数量的变化，各年代婚丧事礼金的变化，民居内部结构功能的变化。餐桌上的变化，过去不吃的东西现在却变成了美味佳肴。习俗方面，注意反映社会生活中的时尚和流（时）俗，如美容健身、养宠物、小姐称呼涵义的变化等。

10. 各类鲜活的资料。撰稿中易出现的问题是：旧资料多，新资料少；死资料多，活资料少；文字资料多，图表实物资料少。部分志稿的内容只是从文字到文字，缺少鲜活生动的事例和形式，也缺少新意。一个已有定论的事物，原资料简单到只剩下结论，这样的资料就不鲜活，也不具体完整，就需要采访亲为亲历亲闻者，补充当时的具体情形，使资料翔实、客观和全面。总之，撰稿人不要只局限在档案和老志、旧书中，要一竿子插到底，走出门深入实际查询、走访、拍照，深挖广掘，注重口碑资料、实物资料、音像资料等，在资料的新、活上下工夫。

五、不宜入志的资料

1. 无实质内容的空泛资料。主要是虚话、套话，好听但没有一点实质内容。在一些公文资料中经常出现，需要加以剔除。

2. 一般性的工作资料。本着详略得当、突出重点、突出特色的原则，一般性的组织推动，一般性的事件经过，存史意义不大的，都应简记或不记。

3. 专业性、释义性资料。志书里一般不做名词性解释。例如有的就把司法部门的严打、社区矫正、撤诉、抗诉，农业部门的粮食品种、农作物害虫等概念解释一番。

4. 通典性资料。方志的一条原则是“越境不书，通典不录”。对通典资料尽量不记或略记。

历代修志，都注重严守志界。所谓严守志界，就是严守地方志记述的区域范围、空间范围，不能随意突破这个界限范围。这是历代史志学家根据地方志的特性总结出来的一条基本的原则，也是由地方志的地方属性所决定的。

历代编纂的志书在凡例中已经有明确规定，如嘉靖《耀州志·序例》就规定：

“凡事涉国典，海内共有者，不书”。明隆庆《华州志·凡例》也有“礼乐遵有制书，食货、兵防、刑法守有时宪，不敢烦述”的论述。

前人“详独略同”的论述，原则上仍适用于今天的续志编纂工作。例如：税务中的税种、税率，全国一个样，属通典。又如：“三讲”教育的目的、意义、内容、重点，全国也一样，你只述本区是如何搞的就行了。再如：法定节日，不必把每个节日介绍一番，只重点记述当地这个节日庆祝与别地不一样的地方就可以了。

5. 工作计划、职能性资料。志书只记述史实，记述事物的实施情况、主要措施、最终结果。其内容类型是“完成式”，对工作计划、要求、部署以及规划的内容一般不记。如有需要也只能放在附录里。如遇政府报告之类的文稿，只取总结回顾部分，这是完成情况；而不取今后的工作部署，那是还没做的事，不是事实资料，究竟完成的怎样不好讲。

6. 达不到入志标准的资料。区县志侧重记述本级事物，一般不系统记述下一级单位的具体事物。镇街只记基本情况（概况），村居只记农村中的一村一品、专业村和社区中的特色亮点等；不能记述镇街、村居的具体情况。否则一是导致内容过细、标准过低；二是也一定会造成全书章节之间的重复。

有些达不到入志标准的资料隐身在表格里，不容易一眼看出。如：某街道幼儿园的统计表，表中有一列是幼儿园园长的姓名。中小学校长的名字尚且不记，幼儿园长的大名也只好委屈了。显然不是撰稿人有意为之，而是把整个统计表原封不动选进来，没有做认真分析。

总之，编纂志稿，不仅要在文字上精雕细刻，在体例上力求完善，更要着力对资料进行精确的考证和精选，使之成为科学的资料性著述，真实地反映事物的兴衰起伏，彰明因果，体现发展规律，反映时代特色和地方特点，真正把志稿的编纂质量提高一步。

（作者系北辰区委党史研究室、区地志办主任）

合理设置表体，提升志书著述水平

赵继华

表，是志书中重要记述体裁之一，分为类目表和统计表两类。类目表，以文字为主要表现形式，如人物表、物产表、大事年表等。统计表，是系统表述数字资料的表格，如人口统计表、各种经济数据统计表、各类社会事业统计表等。

2008年9月，中国地方志指导小组发布的《地方志书质量规定》中，对志书表体提出明确要求：设计合理，要素齐全，内容准确，不与正文简单重复。按照这一要求处理好表体的设置问题，看似简单，实际操作起来也会遇到很多实际问题，处理得好，会有效提升志书的总体质量和著述水平；处理不好，会影响到志书对事物的深入记述和全面反映。

从已经出版的志书看，一般能够充分发挥表体与文字记述的不同作用，兼顾到志书资料性和著述性这两个基本属性，既利用表体完整收入了大量有价值的资料，又使志书有一定的记述深度。应当说，这是编修精品良志的基本条件之一。但是，也有的志书在处理表体时不尽如人意，主要存在以下两个问题：

首先，表的设立随意性很大，有的志书表体运用存在数量过多、内容过细、项目过滥的问题

数量过多。在有的志书的一些编章中，表格占的篇幅远远超过文字，主要靠表格反映事物，而文字记述相对薄弱。有一部志书的“体育卷”，总共有26个版面，表格却占了22个版面，而这些表格所涉及的内容，大都是本行政区划内各类赛事的结果统计，没有太大的资料价值。同样在这一卷中，文字记述又过于简单，其中有一章，仅用了200余字，过于肤浅。该部志书记述乡镇企业，连续20个版面都是表格，看着很不舒服，志书的可读性大打折扣。

内容过细。表格列的过多，必然会使所记内容过细。一部志书“商业卷”列表记述各商业企业历年销售百货日用品及副食品数量情况，包括火柴、肥皂、保温瓶、蔬菜、肉类、禽蛋等数十项，记述内容细到如此程度，显然无实际意义。表体内容记述过细，主要表现为掌握入志标准过于宽泛，比如有一张记述科研成果的表，将获得区局级的一二三等奖悉数收入；记述体育赛事时，将本行政区内各类赛事的成绩照盘全收，因收入标准过低、记述内容过细，必然造成志书版面过分膨胀，影响到志书的存史价值。

项目过滥。列表没有严格的收入标准和统一的范围界定，造成不但表格数量过多，每一个表格所涉及的内容和事项亦过于泛滥。主要表现为：一是涉及事项层次过多，一个事项又划分为两三个层次，甚至四个层次。有一张反映离退休干部数量的统计表，第一个层次划分为离休、退休，第二个层次划分职级，第三个层次划分具体职务（处级、科级、员级）。还有一张反映银行存款情况的表，列了14个具体项目，包括国营企业、集体企业、国营商业、地方商业、集体商业、个体工商业等，这类表显然是从财务部门拿来就直接用了。二是由于表格设计不合理，使许多事项无相对内容可填，造成空格过多。有一张减免税情况统计表，表中空格超过三分之二。还有一张记述粮食系统机构设置情况表，有超过百分之八十的空缺内容，而这张表如果用文字记述，几行文字就能说清楚。

其次，表格内容与文字记述重复

处理好表格与文字记述的关系很重要。在已出版志书中，表格内容与文字记述简单重复的情况比较常见，这也是造成志书“臃肿”的重要原因之一。

为避免文字与表格简单重复，要处理好两个关系：一是处理好典型与一般的关系。文字记述一般注重典型资料的选用，围绕记述主线用典型资料说明问题，突出被记述事物的重点和特点，不面面俱到。而表格注重一般性资料，反映事物的基本情况和完整状态。二是处理好概括记述和一般反映的关系。文字记述一般概括性比较强，对记述的事物可以划分为几个主要阶段或主要方面，进行概括记述，避免写成流水账。而表格记述比较具体，可以完整反映事物历年的基本情况。

以上两个关系，也可以归纳为一个关系：即著述性与资料性的关系。文字记述要增强著述性，避免平铺直叙式记述，要有记述的深度。而表格记述突出资料性，收入有实用价值或存史价值的资料。

表格与文字记述的重复，不仅表现为记述数字或记述内容的重复，还表现为记述角度的重叠，这实际上也是一种重复记述。表格和文字记述应该或能够错开角度的，必须错开角度记述。例如记述党员队伍建设，文字记述侧重于对党员的教育管理，发展党员的方针及党员的发展数量；而表格可以从历年党员队伍结构的变化反映党员基本情况。例如：党员的性别结构、民族结构、年龄结构、文化结构、职业结构等，这样就从不同角度全面反映了党员队伍状况。再例如，记述刑事检察工作，文字可记述重点年份对刑事犯罪打击重点、专项斗争和对重大案件的侦察情况。表格可记述历年审查批捕、审查起诉情况，每年批准逮捕多少件、多少人，起诉多少件、多少人。这样，既使刑事检察工作能够完整记述，又避免了记述角度的重复。

处理好文字记述与表格记述的关系，要立足于整部志书完整性要求，着眼于全面而又深刻的记述事物，从而使资料性和著述性得以充分实现。对于一些事物的反映，文字记述不能面面俱到，要抓住主线，突出重点，概括出事物的主要方面；而表格通过多角度反映事物的状况，不仅能给人留下有价值的数据资料，也加深了人们对事物的全面认识，这自然是利用表体所达到的理想效果。还以上述党员队伍建设为例，文字记述反映了党员发展数量的变化，而表格通过记述历年党员结构的变化，所反映的是党员队伍总体质量的变化。从这个意义上讲，处理好表格的设置，不仅能全面反映事物的整体面貌，亦能增强事物的记述深度，从而达到提升志书著述水平的目的。

在设置表格时，还要注意充分利用好表格通过不同的项目全方位反映事物的优势，尽量避免使用事项比较单一的表格。例如，有一张反映某区建筑工程施工企业的表，将几十个企业的名称、经营范围、法人资格等列了一张表，占了很大的篇幅，价值不是很大。如果站在全区的角度将这张表做一下调整，设置一张根据不同的主营项目归类设置的表，例如分类为房屋施工企业、设备安装企业、市政设施施工企业、装饰装修企业等各是多少，总的效益情况如何，在建筑施工企业中各占有多大比重，这张表的价值就会有很大提升。所以说，志书中的表格，尽量多设置综合性、多角度反映事物的表，少设置单一性的表，既节省篇幅，又能加强对事物的记述深度。

表格设计要科学规范，这是对表体的原则性要求。具体讲，重点要把握好三个方面：一是表题，表的名称要准确。用简明的语言概括表的内容，表述表的主题。表题一般由三个要素构成，即时间、范围和主体内容。二是项目，即表中所要表述的主要内容，要划分清晰、立项严谨。三是数据或事项。在统计表中，数据要准确；在类目表中，文字记述要简练。

一部志书，表格占有多大比重比较适宜，虽说没有明确的量化规定，但也应当以适量为原则。志书的本质属性决定了表格不宜占有过大的比重，因为他毕竟是资料性的“著述”。我认为，表体在志书中所占的比重以百分之二十左右为宜，不能超过百分之三十。有人讲，表格的设置，应做到“多而不滥，少而不缺”。我认为这话说得还不太确切，不能简单地用“多”“少”来衡量。多了就可能滥用，而少了也可能会有缺失的内容。如果把这句话改两个字会更合适，即“全而不滥，精而不缺”。这个“全”字，不单指表的自身内容要全，更要从整部志书考虑，表体与文字记述应当是一个整体，完整全面地反映事物，每一张表都有他存在的价值，都能起到文字记述所未能起到的作用，不滥用一张表。这个“精”字，即指表格设置要“精简”，表格内容要“精确”，表格中所列项目要“精当”，避免记述上的缺漏和内容的缺失。

（作者系天津市地方志办公室年鉴指导处原处长）

志稿撰写十要义

霍贵兴

一、简洁文字求变化

1. 措词炼句。做到语言严谨准确，简练干净。去浮词，留要素；推敲打磨，“增一字则繁，少一字则残”文约事丰；文字洗练，行文流畅；用词讲求变化；正确使用标点符号。

2. 少用公文性常用词汇，力求变化。尽量少用已熟烂的公文动词。如：进行、开展、举办、按照、根据、加强、建设、落实、推进、推动、围绕、采取、总结、介绍、交流、提出、结合、部署、安排、贯彻、研究、制定、注重、取得、提高、继续、健全等。

尽量少用已熟烂的公文形容词、副词。如：认真、积极、进一步、主要、重要、大力、加大力度、紧紧、紧密、充分、明显、牢固地、更好地、稳步、逐步、广泛、深入、较好、较大、极大、努力、及时、真正、组织（召开）、有力地等。

3. 复句化单，长句化短。一般情况下少使用复句、长句，提倡短句。即使用复句，也力求各个分句尽量简短，一般记述不使用句群。

4. 合理安排段落。少用长段落，忌超长段落；忌流水记账式一句话段落；以时间点位成段，以事物转折点另起。

5. 忌用总结式收尾。去掉归纳式尾巴，择要概括在无题序中；革除成绩单，反映事物发展状态变化的放入相关节目，够标准的进入全书荣誉录。

6. 行文严谨、朴实、简洁、流畅。剔除现行公文中出现的新八股腔调如“十分重视”“极为重视”“作了重要指示”，以及各种空洞的形式化的语言；善用消极修辞手法，讲究炼字、用词、造句、谋篇；选用部分积极修辞手法，在一些篇目适当使用直抒、引用、对比、比喻、排比、摹状，前三种可运用的多一些。重点运用好对比手法，写出对比变化。

二、删削芜杂挤水分

1. 删削空话、大话、套话。删去开篇或段首套话:“领导下”“指导下”“影响下”等句式，中间的“建立……实行……”“通过……获得……”等句式，段末的“取得满意结果”“受到群众欢迎”等句式。

2. 不及入志标准的删去。一般性工作资料；建制较早的单位沿革及科室设置（前志已有详细记载）；把无价值或价值不大的资料挤压出去；注意删去穿鞋戴帽者、节外生枝者、枝蔓芜杂者、繁琐堆砌者、该略而详者。

3. 越域不书，通典不录。越时限者慎书；越地域者慎书；背景资料慎书，一项事物先记载中央怎么样，市里怎么样，不符合“言必及物”的方志要求；原则上通典不录，某些内容的记述，如果不写一点“通典”内容，可能会影响读者对事物的理解，但又不可照录，关键在于融“通典精神”于事物发展演变之中，做到浑然一体。

三、记述节点抓变量

1. 力求记述中反映量变到质变的过程。记明显节点，显重大量变；抓事物折点，显质变；量变不明显的不记略记，避免出现流水账。

2. 力求层次脉络清晰。展现事物“立体照”；简明记好始点，点明事物发生的内、外因；详细记述终点，摹一事物断面“全景图”。

3. 纵不断主线。并非连续纪年，而是择要记好显示主线的节点；复载的节点可适当拉开间距，近年的事物节点可适当加密。

四、突出时代详特色

1. 记“新”述“变”，突显改革年代。做记录时代变化的有心人；选好观察角度，找准时空位置；发现体味新变化；突出人变物变，由变出新，由新记变。

2. 详记地方、行业特色。

3. 突出人文社会新变化。

五、纵述变化点原因

1. 抓住兴衰起伏的转折点。

2. 点明主要事物发生显著变化的原因和背景。

3. 选用发生显著变化那个年份的数字列表。

六、酌情复载择要旨要义

1. 择要复载适于地质地貌、建制沿革等地情资料。

2. 推陈推新适于人口、民情、民俗、民族、民间用语等。

3. 新视角改记适于政治部类、经济部类、社会部类等有关内容。

4. 补记前志遗漏。限内内容在相关编章中补记；续志限外重大补遗，设专记。

5. 详略有别，详者略之，略者详之。

七、明晰事理循辩证

1. 客观记述经验及教训。记述经验忌言过其实，慎用“第一”等；记述失误、挫折应客观辩证，并记述其整改治理措施，而不是单独归咎。

2. 辩证记述事物正反两个方面。把握“一分为二”辩证视角，如网络的影响；分轻重、主次记述事物的另一个方面，如本地一些农民的质朴和慵懒。

3. **采撷域内人文精神**。详记时代强音——北辰精神；民风朴实的事例；创先争优各类典型。

4. **归结事物发展内在规律**。把握社会新事物的脉搏；把握新旧文化撞击的律动；各业经济发展的时代、地域特色所包含的内在规律。

八、处理详略现精髓

1. **“略”者有道，宜详则详，当略则略**。详近略远；详独略同；详动略静：“动”指事物的显著变化状态；“静”指事物的相对静止状态。

2. **惜字如金与泼墨挥洒**。叙事之工，简要为主。唐刘知畿评《汉书·张苍传》上“年老，口中无齿”时说，“夫此六文成句，而三字妄加，此为烦字也”。不适当的省字省句，也会导致词不达意，造成病句、破句甚至伤文害义，违背惜墨如金的原旨而走向反面。对一些特殊事物的记载，若体裁允许，也可表现泼墨挥洒的特点。

3. **把握繁简**。善用图表，能用表而用文字的是流水账，需用文字而用表的是白开水；一事物不可避免交叉的，应各有侧重，或详略互见；凡记述制度，交代背景，事涉通典，尽量简约；简化结构，减少层次；突出较高资政价值的资料。努力消除以下“十三多十三少”现象：一般内容多，重点内容少；管理工作多，管理经验少；管理主体多，管理对象少；机构会议多，重要活动少；官方行为多，民间行为少；流水记述多，节点记述少；静态事物多，动态事物少；泛泛记述多，典型记述少；记述事物多，以事系人少；有形事物多，无形事物少（思想、精神、观念）；领导出镜多，民众出镜少（含照片）；照搬复载多，归纳概括少；工作部署多，落实完成少。

九、巧设随文增厚度

1. **写好随文附**。增强可读性；利于加深记述深度、拓宽记述范围、活泼而不受体裁限制；精选典型和案例；随文附篇幅应精小。

2. 严选随文照。照片也是珍贵史料，图文并存，直观生动，凸显历史记忆。

3. 适当选用媒体链接，跳出北辰看北辰。

十、深作述体求精当

1. 编和章下设无题序。

2. 无题序写法。画龙点睛法；脉络节点归纳法；起点、折点、终点三点突出法；重点内容提示法；建制沿革交代法；特色亮点彰显法；以上各种写法也可综合运用。

3. 无题序内容要求。揭示规律性；叙议结合，以叙为主；议论重在巧妙自然；文字概括精辟，篇幅简短精干。

（作者系北辰区委党史研究室、区地志办主任）

分纂稿存在的问题及修改要求

霍贵兴

在初稿基础上，分纂稿的撰写经过两轮补充修改，在质量上有一定提高，但从整体水平上看，还存在不少问题，需要进一步明确分纂的主要目标任务，下大气力提升志稿质量。

一、目前分纂稿存在的优劣

1. 章节设置比较齐全，重点内容摆位不够。

2. 数据统计比较详尽，文字提示说明不够。

3. 记述事物比较清楚，重点特色彰显不够。

4. 主线记述把握较好，节点折点反映不够。

5. 记述事物比较完整，主次详略把握不够。

6. 资料占有比较丰富，入志标准把关不够。

7. 内容记述比较充分，两面一线记述不够。

二、修改分纂稿的主要目标任务

1. 以科学发展观为统领，以地域性反映改革开放进程及其成就，反映时代特色和社会风貌。

2. 记录城乡巨变，叙写新旧文化的撞击与交融。

3. 贴近民计民生、贴近社会生活、贴近基层民众，用志决定修志，力求服务社会。

4. 资料性与著述性有机结合，点线面各有侧重综合记述。

5. 篇目突出地域特色，资料突出亮点重点，内容突出时代特征，记述要突出节点要点，语言要突显朴实简洁。

6. 经济部类要有深度，社会部类要有广度，政治部类要有高度。

7. 站在全区高度上，记述大事、要情、特色、节点。

三、入志资料的把握

资料的大量占有是收集资料阶段必不可少的环节，而甄选鉴别资料是志稿撰写必经阶段。一般性的工作，各地皆如此，没有特点，没有新意，读之乏味，用之无力，鸡肋一般，不如忍痛舍之。特殊性的工作，系地方特色，于己于人皆有借鉴之效，可存史。在修改志稿过程中，应善于从文字记述中寻找具有地方特色、具有事物特殊性的资料，给予重点记述，将一般性、普遍性资料尽量压缩、精简甚至剔除出去。

处理好一般与重点的关系，就要把握好入志资料标准。总结首轮修志经验，我们提出二轮续志入志资料要遵循“三不书、三慎入”原则。

一是工作计划不书，标准要求慎入。在志稿中，此现象较为普遍。很多撰写者把事物开展部署状态大书特书，最终结果分量却很轻，既平庸又无特色。志书记述的应是已完成事项，而计划、要求是对事物开展的部署状态的描写，与志书体例要求不符，不宜入志。例如《精神文明建设》编中“区小康村主要标准是：党政建设好、经济繁荣兴旺、农民生活宽裕、农业社会化服务水平较高、群众文化生活充实、社会秩序良好、村镇建设规划落实、落实村级规范化管理规定……要求各单位制定行之有效的村规民约，各项标准均细化为数字指标。”此段文字看似具有地方特色，实则与其他地区大同小异，且依旧是计划要求类资料，入志则显平庸。

二是名词释义不书，具体过程慎入。有些志稿作者总是担心读者看不明白，对文中涉及到的名词术语都要或多或少地加以解释。有的作者在名词术语后面加了很长一段括注，以表严谨和负责态度。这些只求全面易懂的释义和括注，又犹如一部词典大全，与方志体例和记述原则悖离，必须加以必要剔除。

对于事物的发展过程，记述其节点、折点是必要的，而对于某些具体工作的记述，其过程如何记述就非常值得商榷。许多工作性过程的记述貌似有内容有特色，删去觉得可惜，而仔细分析后不难发现，这些仍属一般性资料，仍是工作活动过程的压缩版。如在《精神文明建设》编第一章中记述有关开展创建活动时，写到："学在农家活动主要以评选优秀家长为载体，以家长学校为平台，互相交流教子成才的体会和经验，树立了一批崇尚科学、渴求知识、教育子女成才，营造良好学习环境的模范家庭。美在农家活动重点开展了从我做起，共建美好家园活动，组织家庭美化、装饰现场观摩活动，树立了一批爱护环境、讲究格调、美化居住环境的模范家庭。"此内容为创建活动的具体开展过程，就不宜照抄照搬。

三是一般工作不书，普遍推动慎入。仔细分析之后，会发现志稿中有很多一般性工作记述。这些一般性资料常常与重要的史实、数据粘连在一起，往往被忽略，不深入解读，就难以将其剥离出去。例如体育编中记述："1996年1月4日，区政府下发《关于召开 X X 区体育场地普查工作会议的通知》，部署开展第四次全国体育场地普查工作，即对区内1995年12月31日前建成的体育场地进行普查。普查统计结果显示，截至1995年底，位于该区的体育场地共有运动场4座，小运动场32座，灯光篮球场9个，总计207处13座体育场地。"普查是一项具体工作，如何开会发文件，如何抓落实，都是一般性工作，所以文中前一句话应不作记述，只使用普查的时间、结果即可。志稿中所记的事物常常具有普遍性。比如计划生育工作中的"婚育新风进万家"活动，文化、科技、医疗"三下乡"活动，扶持"小巨人"科技企业，文明单位创评、"首问负责制"等，都是在全国或省市范围内普遍开展的工作，如果没有创新的举措和超出一般的数据，就不应该做泛泛的记述。当然，如何鉴别界定哪些是一般性普遍性的工作资料，与编撰者的阅历和知识面密切相关。许多地区的方志编撰者大多是没有从事党务政务基层经验的人员，他们经常会把这些普遍性工作当做特色工作来写。因此，志稿修改工作就显得尤为重要，其修改者的选用也更应谨慎。

四、把握好以下几个具体问题

1. 把握好随文附的选材和节选。典型事迹、媒体链接等作随文附事时，应根据资料的篇幅大小决定是否需要做节选。文件规定、意见等尽量不选作随文附。例如工业编科技园区一章的“园区管理服务”中选载了“园区服务理念与做法要点”作为随文附，但记述没有过多实质内容，属于措施招法之类，不宜作附。

2. 把握好事物选介的内容繁简。内容的选介不宜超过正文标准。例如文化编第二章“群众文化”中主要花会选介，选介的标准应符合入志标准，内容介绍应言简意赅，不宜过多过长过细。

3. 把握好一个事物的“两面一线”。“两面”是指续志的上下限年份记述，即事物的起始面和终止面。“一线”是指事物发展变化的主线，避免头重脚轻、肚子大、两头小。志稿中至少要有下限2009年横断面的介绍。

例如政府编行政许可审批章第一节“审批体制改革”记述：“2005年，中心规范审批职能，协调各审批单位，将审批权限下放到窗口。2006年，规范审批行为，实现政务公开、现场审批。2007年，规范审批流程，简化审批手续。2008年，创新运行机制，实施现场审批和网上审批。2009年，减少文件、压缩时限、优化流程，提速增效。”虽然记述了2009年如何，但缺乏2009年横截面的内容记述，过于单薄，缺少具体事项。

4. 把握好图表内容的入志标准。不符合入志标准内容的图表一律删除，部分符合标准的可以用示意图、函数图记述。

五、节、目与子目设置问题

1. 分类记述，互不纠缠。例如教育编第十章第一节第一目“中学、小学、幼儿园建设”，按照时间节点记述了中小学建设情况，但缺少幼儿园建设情况，新建、拆建、改建、迁建学校情况不清晰，学校建设布局不明朗。同时，学校建设情况后接着介绍校舍情况，体育馆建设状况，记述较为混乱，建议设子目，分类记述。

2. 资料较少的事物，目下不要强设子目。子目的设置要有实质性的资料，无实质内容的坚决不设子目。经济行政管理编第三章税务管理第三节第四目“涵养税源”下设“促产增收”“加强税源管理”“表彰先进”三个子目，鉴于缺乏实质性资料，建议此目不再设子目，直接按时间顺序记述要情。

3. 节、目的分类应以事物的内在关系或逻辑关系分类，不能以某项综合性活动分类。例如文化编第二章群众文化第四节“节庆活动”，记述的是不同类型、不同形式的节庆活动，而原稿第二目是“万民同乐大联欢”，属于区内组织的一项综合性活动，在这里逻辑分类不当。

4. 子目设置不宜太细。不要按照业务分工、职能分类设置。例：人事劳动与社会保障编人事编制管理第一节第四目“镇事业单位机构改革”，下设“促进职能转变”“科学设置事业机构”“规范机构编制管理”“推行人员聘用制”“进行人员分流”“改革后机构设置”“人员编制”，子目设置过细，内容也空虚，建议根据内容删除前5个条目，整合实质内容，重新设立子目。

（作者系北辰区委党史研究室、区地志办主任）

关于地方志行文规范性问题（节选）

赵继华

要掌握地方志行文规范性问题，首先应当了解有关文件规定。国务院《地方志工作条例》公布以后，中国地方志指导小组先后印发了两个文件，对二轮修志工作提出指导性意见，并对保障志书编纂及出版质量做出规定。

一是《关于第二轮地方志书编纂的若干意见》，2007年11月由中国地方志指导小组印发。对二轮修志工作有关指导思想、基本原则、编纂方式、体例篇目、内容记述、志书名称、出版印刷、质量保障等八个方面做出原则规定。

二是《地方志书质量规定》，2008年9月由中国地方志指导小组印发。内容由9章50条组成，主要涉及总则、观点、体例、内容、记述、资料、行文、出版、附则等内容。

以上两个文件都是在2006年《地方志工作条例》公布后制定的，体现了修志工作逐步进入法制化轨道，从而也使我们的工作有法可依，有章可循。

除此之外，各地依照国家的有关规定，结合本地的实际情况自行制定的行文规范，一经制定就应当严格执行。行文规范的制定应当比较详细、内容涉及范围广泛，主要应包括记述原则和方式，名称及称谓，体裁的运用，时间的表述，数字的用法，计量单位及符号的使用，引文及注释的使用等内容。

一、志书记述文体基本要求

掌握好志书记述文体，是落实好行文规范的重要内容，重点要把握好诸种题材的运用。《地方志质量规定》明确指出，要“体裁运用得当，以志为主。”

1. 述体

规定中要求“述体”的设立要“根据志种和内容层次的不同，合理设置，概述事物发展全貌和特点等。”

“述体”是新方志创立并普遍使用的一种新的体裁。在志书中“述体”由综述(概述)、简述、无题概述等组成。他在写法上与志体有所不同，可以有必要的议论文字。述体有四个基本特征：一是结构性特征。即“述体”不仅仅在某一个层面上设置，而且形成了志前列“概述”(或“综述”)，各编(卷)设“简述”，重点章有“无题序”的完整述体结构。二是概括性特征。即在写法上高度概括。重点是对记述主线和地方特点、专业特色的概括记述。三是论述性特征。“志体”一般“述而不作”“寓观点于记述之中”。而“述体”可以有必要的论述，可以用简练的笔法揭示事物本质，阐述事物的发展规律，甚至可以有对事物发展前景的展望或预见。四是纲领性特征。新编志书一般以“概述”为纲，对全志书各部类之间具有融会贯通的作用。志书的著述水平，很大程度上由述体体现。

2. 记体

记体主要指大事记，还包括专记、编后记等。规定中要求“大事记选录大事得当，严格掌握大事标准，重要事项不漏，时间、地点、人物(单位)、结果等要素齐备。”

写好大事记，首先是要科学地确定大事的标准，既不能标准太高，也不能太低。太高则条目必然很少，使得历史发展线索不能贯通，难以起到全书之经的作用；太低则像记流水账，事无巨细，繁琐庞杂，反而淹没了历史发展的主线，还容易造成与各门类具体记述内容的重复。一般来说，大事记条目的选择标准要把握四个字：大、要、新、特。大，所记事情要大，指断限内本地域(或单位、部门)所发生的具有全局性影响的大事。要，所记事情重要，有些事看起来并不是很大，但从历史的角度看，很重要，也许具有关键性、转折性意义。新，所记事情要新，无论什么新鲜事物，有的可能是得风气之先，有的也许只是昙花一现，但只要是新生事物，大事记就应予记载。特，所记事情特别、特殊，这也是很有价值的，大事记应予记载。

规定要求“专记设置因事制宜，选题严格，数量适度。”“专记”是二轮修志中普遍采用的一种新的记述方式。列入专记的内容应当具备两个基本条件：一是被记述事物有入志价值；二是该事物不便于以志体方式记述，或以志体方式记述不能充分反映事物。适合用志体记述的事物，尽量不列入专记。一部志书专记不宜过多，要严格掌握数量。

“编后记重点反映修志始末。”

3. 志体

志体是志书的主要体裁。主要特点是横排门类，纵写史实。规定要求“门类设置合理。纵述史实把握事物的发端、变化和现状，不缺失主要事物、事物的主要方面和事物发展的重要阶段”。

一部综合性志书，一般都由若干专志组成，这些专志在书中以篇章的形式设置，分类的标准必须统一，各专志之间具有排他性，也就是说，各专志均具有相对独立性和完整性。编写专志最易出现的问题是掌握不好就容易写成某一方面事物的大事记。这里的关键点是：第一，选定基本记述单位后，要紧紧抓住事物主体，以事物为中心而不是以时间为中心展开笔墨；第二，把握事物发展的主线、要点、转折点等要素，不要事无巨细，累赘絮叨，像记流水账一样。

4. 传体

规定指出“立传人物为在本行政区域有重大影响者，以及本籍人物在外地有重大影响者”。

人物志（编）的体裁多采用人物传、人物传略、人物简介、人物录、人物表5种形式。“传略”是比较简略的传记，一般只记传主的主要事迹，不详细记述传主的生平。“人物简介”主要记载在世人物，比传略更简，一般只记简历。人物录一般只录人名和简略事项。“人物表”是以表的形式记述人物，所列事项要素要全，诸如姓名、性别、出生年月、任职时间等不能缺项。

5. 图（照）

各种图和照片，也是志书中不可或缺的重要内容，选择好图、照，可以提升志书的存史和资料价值。规定中要求“图、照注重典型性、资料性，从不同角度反映事物发展变化的情况”。

6. 表体

表是志书的重要记述手段，它将大量的地情数据资料进行系统规范的处理，节约了大量文字，具有信息量大、简明扼要、精确直观、便于阅读、实用性强等特点。正因为如此，表体在方志中被普遍采用。

表体包括文字表（事类表）和数字表（统计表），或分类编排事项，或处理统计数据，其作用是对正文内容提供重要的、基本的辅助资料或补充说明资料，反映事物存在的状态、内部结构及其发展规律。

表格包括表序、表题、表体和必要的表注等。表格要求“设计合理，要素齐全，内容准确，不与正文简单重复”。

7. 录体

可分为随文附录和志书后面总的附录。规定要求“附录的原始文献、补遗考订等资料具有重要存史价值”。

附录不是可有可无的，而是志书不可缺少的重要组成部分，它一般收录有重要存史价值的资料。附录还能够帮助读者加深理解正文，便于查考，增加志书的使用价值。

二、志文竖写层次的确定

志书体例的最重要特征是“横排竖写”，确定基本记述层次对竖写好志稿十分重要，对突出记述主线，完整反映事物的发展进程及特征，加强记述深度，都有直接关联。新编志书大多采用编章节目体，竖写的层次既不能提得太高，也不能压得太低，要视记述对象合理掌握。如将竖写层次提得太高，会造成记述内容庞杂，不便于突出重点或特点事物，会降低志书的“资政”作用。反之，把竖写层次压得太低，又会将本来完整的事物分解得支离破碎，不利于对事物的完整记述，削弱志书的“存史”价值。

有一部记述“城区建设”的志稿，下设第一节“城区基本建设”，从节这个层次开始竖写，记述了从2001—2010年城区基本建设状况，逐年记述住宅开工多少平方米、竣工多少平方米；公共设施开工多少平方米、竣工多少平方米；标准厂房开工多少平方米、竣工多少平米。整个是流水账式的记述，记述内容显得很凌乱，可读性很差。这样记述，即为没有把握好竖写的层次，将竖写层次提得过高。本节如果再划分为几个目，将记述事物进一步分类，会使记述更加清晰，更便于对事物完整、深入地记述。可划分为：住宅建设、厂房设施建设、公用设施建设（文化场馆，医疗、体育设施，休闲娱乐设施等）。还有一部志稿，记述武警部队执行安全保卫任务情况，也是按年度历年记述每年出动多少兵力、车辆，完成了哪些具体安全保卫任务，其中有重大活动方面安全保卫工作，有日常巡逻执勤工作，有节假日期间保卫工作，还有应对突发事件执行任务情况。这些都混在一起按时间顺序记述，没有进行必要的归类，看不出记述主线和重点。应当分类设目，才更符合志体。根据记述内容可划分为：巡逻执勤（记述日常保卫工作）、重要活动保卫（记述大型演出、赛事，重要会议等保卫工作）、突发事件处置（记述突发事件应对，在“非典”“禽流感”时期防控工作，灾害救援等）。这样划分会更为清晰，也便于在记述中突出重点、特点工作。

从以上两例中可以看出，将记述层次提得过高，没有进一步对事物进行必要的分类，会使记述杂乱无章，不能充分反映重点工作和特色事物，自然会削弱志书的资政功能和存史价值。

将竖写的层次压得太低，把本来完整的事物肢解的支离破碎，同样不可取。例如，有一篇“检察”稿，在“经济检查”一节中列了两目，一目是“检举揭发”，二目是“大案要案”，两目均为记述受理群众检举举报案件办理情况，原一目中自然包括了二目的内容，二目的内容应当是一目中重点记述内容，完全无必要分开记述。还有，在“控告申诉检察”一节中，同样设立了两目，一目“受理来信来访"，二目"举报中心"，两目也均为记述受理群众来访式举报情况，如合并为一目来写，更便于完整反映事物。

总之，在撰写志稿时，一定要掌握好竖写的起始层次，应当分类撰写的事物，一定要先分类，再竖写，才能既反映事物的全貌，又能突出记述主体，增强志稿的记述深度。分类也要适度，既要能够完整反映事物，又应当便于突出重要工作，突出特色事物。一般情况下，按照编章节目体设置的志稿，在第四个层次开始竖写较好，即在"目"这个层次比较适宜。当然，在掌握中也不要过于机械，有的事物比较单一，在节的层次上不好再细分，也可以直接竖写。而有的事物比较复杂，在目这个层次上还可以细分，亦可划分为几个子目，再行竖写。

三、行文中常见的文体性问题

在修志实践中，常常会有一些不符合志体的写法，特别是在初稿撰写阶段，像工作总结报告式、教科书式、论文式、新闻报道式等类似写法的稿件比较常见。

（一）工作总结报告式写法

工作总结或工作报告是一种应用文，在各行各业、各个单位应用广泛。这类文体一般是将一段时间的工作进行全面系统地总结、分析，阐述成绩、查找不足、归纳经验、明确方向等，是通过对已经做过的工作进行理性地思考，对下一步的工作起到借鉴作用。工作总结或工作报告中，一般会有大量有价值的资料供地方志使用，但绝不能将总结或报告的表述文字照搬到志书中来。

地方志书要求"述而不作"，工作总结的检查、评价、分析、研究等，都不是志书的表达方式，其写法是不合乎志书文体要求的。在一些志稿中，这种写法比较多见。下面有2个比较典型的例子：

例一：有一部文化编志稿，记述报社队伍建设情况，有这样一段表述：

"2006年，加强党建工作，发挥党员模范作用。报社党支部围绕报社任务和目标，探索创新党员管理新路子，提高党内组织生活质量，不断改进工作方式，把支部活动与全面完成报社任务、加强党员思想教育、弘扬党的先进性、增强党的凝聚力有机结合起来，发挥党员的主动性和实效性，推动报社各项工作有效开展。开展“三创”大讨论活动，明确发展方向，增强责任意识、服务意识、精品意识，促进报社更快发展，员工认识问题、分析问题、解决问题的能力不断增强，整个队伍得到锻炼。坚持以人为本，注重队伍建设，增强报社向心力、战斗力、凝聚力。完善规章制度，加强内部管理，注重队伍建设，加快和谐报社建设，克服经营困难，推动报社稳步发展。”

这段文字是比较典型的总结报告式写法，完全是分析、论述式记述，内容很空，缺乏有价值的资料。

例二：还有的志稿，在记述中不自觉的使用总结报告中常用的记述语言，形成习惯式写法，甚至直接用总结的体式书写。例如，有一篇志稿记述深化农村经济体制改革，有这样一大段记述：

“深化农村经济体制改革，1985年至1989年，本县主要是不断完善统分结合的双层经营体制，深化农村经济体制改革。着重抓了以下几个方面的工作：

1. 努力建立健全社会化服务体系，搞好产前、产中、产后的社会化服务。这是完善双层经营体制、深化农村经济改革的重要内容。县委，县政府把做好社会化服务工作作为农村工作的一项重要内容来抓……

2. 积极发展农村集体经济，增强集体的经济实力。这是完善双层经营体制、深化农村经济体制改革的物质基础……

3. 理顺农村基层组织体制，加强农村基层组织建设。这是完善双层经营体制、深化农村经济体制改革的组织保证……”

这是工作总结中的“体会”部分的典型写法，既不合志体，又很不简洁。这与志书的记述方式和记述内容相差甚远。

（二）教科书式或释义性写法

教科书的特点是对要讲述的对象下明确的定义、指出其学科属性，目的是为传授某学科专门知识或基础知识。而志书是资料性的著述，在记述事物时，主要记述事物的产生、发展和存在状态，无须解释事物的性质、属性，或给事物下一番定义、或阐述事物的存在意义。在修志实践中，经常遇到此类的志稿。

例一：有一篇志稿记述水资源时，有这样一段表述："水资源是农业自然资源的重要组成部分，是自然界中一切生物赖以生存和发展的重要物质基础，也是国民经济生产建设的必要条件。水质是水资源中的一个重要问题，质量不好的水，它的量也失去了实用意义。因此，在记述水资源时同时考虑了它的量和质。"

这里既然是写水资源，主要应当记述水资源的变化和存在状况，而不需要对水资源作教科书式的定义、阐述他的存在价值。

还有如记述某个部门的业务工作，先将该部门各处室的职责分别逐条列出，通篇记述的是"应当做什么"，而不是"怎样做的"，这都不是志书应当记述的内容。还有的志稿在记述某事物时，先给该项事物下个定义，也属于这类写法。有一篇志稿记述地方牲畜中的役畜，开始有这样一段话：

"牲畜·役畜：通常指在农业生产当中，能减轻繁重的劳动量，代替人工而使用的大型牲畜，北方一般指马、骡、驴。"

先为役畜下定义，这是很典型的教科书式写法。

（三）论文式写法

论文，一般是作者为发表其科研成果或思想观念而撰写的文章。其内容虽然也有对事实的记述，更主要的是阐发作者的思想观念或对研究成果的论证。而地方志书以记述事物的客观存在和发展变化状况为主，不需要对事物的任何方面进行论证，更不能直接阐述对所记述事物的认识和看法。在一些志稿中，论文式的写法也较为多见。这与"工作报告总结式"的写法有些类似，但其表现形式是论证性很强。作者往往在记述中突然站出来代替客观事实强调一些观点或看法。

例一：有一篇记述人口结构的书稿，开始有这样一大段话：

“人口结构与经济发展的关系是相互影响的，不同年龄的人口对社会需求和贡献不同。社会的生产、消费、分配、交换等经济活动，都将随着人口年龄结构的不同而相应地发生变化，人口过度年轻化会产生赡养指数高、劳动者的比重低，在人才资源和资金积累上都不利于经济的发展，人口过度老化会造成退休公职人员、老工人过多，中青年劳动力过少，重体力劳动力、第一线生产工人及兵源短缺，根据1982年第三次人口普查资料，全县人口中，14岁和14岁以下的少年儿童 ××× 万人，占总人口32%……”

这段志稿的前部分，(“根据1982年第三次人口普查资料”以前)是学术论文的写法，不是志书应当记述的，可删去。

还有些志稿，在记述中不时的发表一些议论和看法，边记边议，有悖于志体“述而不作”的原则，例如：“任何一门科学技术，都是从人类社会的实际需要而兴起的，归根结蒂它又要为生产服务。”

(四)新闻报道式写法

新闻报道在现实生活中最为常见，其特点是即时性很强，倾向性明显，感情色彩浓烈，文字表达方式灵活多样。而地方志书记载的是沉淀的历史，是经过冷静思考进行的客观记述，与此类表达方式大相径庭。但在一些志稿中，这些情况也很普遍，其共同特点是空虚议论多，宣传色彩浓。

例一：“如今，一座欣欣向荣的社会主义小城市在冀中平原崛起了！它是改革开放的产物，是发展社会主义市场经济的必然结果。”

例二：“北区，带状公园3.1万平方米，公园以整洁的面貌、秀丽的身姿迎接五洲宾朋、商贾。”

以上例句，在写法上既使志文宣传色彩浓烈，又使稿件空洞得没有实际内容，显然会削弱志书的存史价值。

四、志稿中其他常见问题

(一)表述语言不精练，空话、套话较多

“随着生产责任制的逐步完善，社员积极性越来越高，经济效益上升幅度越来越大，广大农村出现了欣欣向荣的景象，这是建国三十多年来从没有过的大好形势。”

这段话是某县志《经济体制改革》章《生产责任制》节最后一段话，太空洞，缺乏定量分析。若此前已有具体数字，此段可删去，若没有，则应改写。

“1980年，为了体现党和政府的关怀，社会主义制度的优越性，某某区民政部门共为102户、197人，发放定期定量补助8980元。”

前半部分文字为套话，应删除。

（二）表述逻辑有误，叙事不清，容易产生歧义

“（肃反运动）在‘左’地干扰下，有些扩大化，逮捕了一些可捕可不捕的人，捕了一些不该捕的人，也错捕了一些好人。”捕了一些不该捕的人和捕了一些好人意思基本相同，不必重复，句子结构累赘，这三句可改为“……逮捕了一些可捕可不捕的人和不该捕的人”。

“在新民主主义革命斗争中，萧山人民的优秀儿女李成虎、钟阿马等一批烈士，献出了自己的生命。”

“烈士”已是牺牲之人，“烈士献出生命”，这样的记述逻辑不通，禁不住推敲。

（三）滥用描述修饰性词语，或夸大事实

“1979年1月以后，县委和县政府认真贯彻执行中共中央《关于加快农业发展若干问题的决定（草案）》……极大地调动了农民的生产积极性，使农业生产有巨大的发展……农村面貌焕然一新，粮油满布，百业俱兴，市场如花似锦，人人笑逐颜开……。”

从“农村面貌焕然一新”起，均为描述性词语，无资料价值，应记述实实在在的资料。

某志稿写建国前工人劳动情况：“……工人打着赤膊，手拉风箱，抢把大锤，面对红红烈焰、火花四溅的工体，挥汗如雨，斗大的汗珠，从身上往下淌，工人站立的位置，也成了小水塘……”

上述志稿，过度夸张，没有具体资料信息，应该删去。

（四）用词不当，或口语化严重，有失严谨

“1980年10月1日，本县在县城镇举办全县第一次集体结婚……”

“集体结婚”的提法不当，应改为“集体婚礼”。

有一部军事志稿有这样一段话：

“对带病退伍军人的优抚：随着时间的推移，这些人的年龄会不断增长，病情只能日趋加重，反之劳动能力会逐渐丧失，收入会相对降低，因此，困难会越来越突出。”

这段文字过于口语化，表达的内容也不够清晰严谨。

（五）表述数字增减时，概念模糊，表达错误

有一部志稿记述土地利用规划（1999–2010年）：

“依照《天津市某某区土地利用总体规划（1999–2010年）》，2005年，经区土地变更调查，……建设用地总规模15727.49公顷，超过2010年规划目标13980.78公顷。”这样表述概念模糊，易产生歧义。其实，不会是超过了2010年规划目标13980.78公顷，而应是超过了13980.78公顷的规划目标。

还有一部志稿记述财政管理，有这样一句话：“区行政事业性收费金额，由1998年的4075万元，增加到2007年的8986万元，增长了2.2倍。”从两个数字对比中可以看出，表述是错的。不是“增长了”2.2倍，而应是“是原来的”2.2倍。

以上关于文体和表述方面的问题，既涉及文体把握问题，也涉及文风问题；既有表述方法方面的问题，也有语法方面的具体记述问题。写好地方志稿，一定要按照有关规定去做。这些规定，既有普遍适用于所有文体的通用规则、规定，也有对于地方志这个特定的体例所制定的专门的规范性要求，都要在修志实践中运用好、落实好。

（六）记述角度错误，削弱了收入内容的资料价值

在撰写志稿时，选准记述角度非常重要，关系到能否完整而深入地记述事物，也关系到被记述内容的资料价值大小。在实际工作中，经常看到一些志稿因记述角度的错误，或不准确，影响到对事物的完整反映，削弱了记述内容的资料价值。

例如，有一篇有关计划生育的志稿，通篇大部分内容记述了国家和地方有关计划生育政策的制定和政策的详细内容，包括违反计划生育政策的处罚办法，记述得非常详细，占了绝大部分篇幅。这就属于记述角度错误。地方志记述计划生育，应当记述对国家的政策和地方的法规、规定的执行情况，是怎么落实的，采取了哪些措施，落实的结果怎么样，而不是连篇累牍的罗列和阐释各种政策、法规和规定。

还有一部政法志稿，记述公安工作中的户籍管理，整个一节的内容，记述了人口状况、总人口数、户籍人口数、人口密度等。记述角度完全错了，这些内容均应在人口篇中记述。本节应从公安管理角度记述，公安部门是怎么对人口进行管理的，对常住人口、流动人口有哪些管理办法和措施，落实的怎么样。这些才是本节应记述内容。

地方志行文中的规范性问题，主要涉及以上的几个方面，在工作中要认真学习有关的规定，了解和掌握地方志体例特点和与其他文体的区别，才能使写出的志稿更符合行文规范。文中所引用的例句除部分从志书中摘录，大多是从初稿中选录的，并不说明对该篇初稿的整体评判。一篇完整的志稿不能因为有某些不符合志体的写法和表述而被全盘否定，也许该稿在结构完整性或资料性等方面有许多优长值得借鉴。也有一些写得一塌糊涂的志稿，反而找不出可以说明问题的例句。一篇志稿写得如何，应当在编章结构设置、体裁掌握运用、资料真实完整、语言表述规范等方面做出全面质量评价。

（作者系天津市地方志办公室年鉴指导处原处长）

编后记

《北辰志语》是北辰区地情资料丛书第九辑，也是天津市二轮修志中第一部汇集地方志专家、编修人员对志书点评、志稿审读及编修体会的专集。

全书总计30余万字，设有回顾篇、志评篇、蓝本篇、感悟篇和讲稿篇5部分。其中回顾篇以图文的形式，全面回顾了北辰区二轮修志以来区志编纂、上下同修、开发服务的全过程。所选用照片大部分为区地志办提供，少数选自中国方志网。志评篇收录了多位全国知名专家的评论文章，占位高、立意远，颇具前瞻性和学术性。蓝本篇收录了《北辰区志（1979—2009）》蓝本评审意见和中国地方志学会城市区志专业委员会2014年学术年会上专家对部分志稿的评议意见，其中多数文章为节选，部分题目为编者所加。感悟篇精选了18篇编修人员在编修过程中如何分析解决遇到的问题以及反复修改的体会文章，操作性强，很接地气。讲稿篇选录了结合北辰续志编修、有一定针对性的培训讲稿，以点带面，直接指导续志工作。

在成书过程中得到中指办及天津市地志办领导、全国及天津市修志专家等的大力支持、指导和帮助，在此一并表示诚挚的感谢。

由于时间较为匆忙以及编者水平所限，本书在内容和编排方面难免有不妥之处，敬请广大读者批评指正。

编者

2016年10月